Das deutsche Erbrecht

nach dem

Bürgerlichen Gesetzbuche

vom 18. August 1896.

In kurzgefaßter Darstellung.

Von

Dr. Emil Strohal,
Professor der Rechte in Leipzig.

Berlin SW.[48]
Wilhelmstraße 119/120.
J. Guttentag, Verlagsbuchhandlung.
1896.

Vorwort.

Die vorliegende Arbeit ist aus einem Vortrage herausgewachsen, welchen der Verfasser am 2. Mai d. J. in der Juristischen Gesellschaft zu Berlin über das Erbrecht der Reichstagsvorlage eines B.G.B. gehalten hat. Zugleich mit diesem Vortrage, welcher sich auf skizzenhafte Andeutungen beschränken mußte, und als Ergänzung desselben ausgearbeitet und schon von vornherein als systematische Darstellung des behandelten Stoffes angelegt, hätte sie in ihrer ursprünglichen Gestalt als ein überall die hohe Achtung vor dem Werke der Gesetzgebungskommission bekundender, aber doch auch einzelne Bedenken nicht unterdrückender Beitrag zur sachlichen Beurtheilung der Reichstagsvorlage noch im Sommer d. J. zur Veröffentlichung gelangen sollen. Allein genau zur Zeit, als der Druck beginnen sollte, war bereits mit Sicherheit vorauszusehen, daß die Verabschiedung des B.G.B. nicht erst im Spätherbste, wie man bisher annehmen zu dürfen geglaubt hatte, sondern noch im Laufe des Juli erfolgen werde. Bei solcher Sachlage mußte auf die Veröffentlichung der Arbeit in ihrer ursprünglichen Gestalt verzichtet, die Verabschiedung des B.G.B. abgewartet und der Darstellung sodann statt der Reichstagsvorlage das B.G.B. selbst zu Grunde gelegt werden. Die Vergleichung des letzteren mit der ersteren lieferte dem Verfasser übrigens den für ihn erfreulichen Beweis, daß einige der von ihm in seinem Vortrage gegebenen Anregungen nicht ganz erfolglos geblieben sind. Vgl. z. B. §§ 1973, 1974, 2055, 2101, 2327, 2347 B.G.B. mit den entsprechenden §§ 1948, 1949, 2030, 2076, 2300, 2320 der Reichstagsvorlage.

Die angeführte Entstehungsgeschichte der Arbeit hat einige — wesentlich darauf, daß Schwierigeres vor weniger Schwierigem bevorzugt wurde, beruhende — Ungleichmäßigkeiten in der Behandlung des Gegenstandes mit sich gebracht, welche der Verfasser zu entschuldigen bittet. Eine allseitig erschöpfende und überall auch das reiche Detail verarbeitende Darstellung des Erbrechts nach dem B.G.B. konnte und wollte auf den folgenden Bogen nicht gegeben werden. Hierzu hätte es nicht nur längerer Zeit, sondern vor Allem auch eines größeren Raumes bedurft, als ihn der Verfasser vorläufig in Anspruch nehmen wollte. Aus demselben Grunde ist auf die Verwendung eines umständlichen Apparates verzichtet worden. Daß der Verfasser sich seine Aufgabe trotzdem nicht leicht gemacht hat, sondern, obschon auf neuem und für den ersten Bearbeiter recht gefährlichem Boden sich bewegend, in nicht seltenen Fällen in die Erörterung von Fragen eingetreten ist, welche jedenfalls nicht an der Oberfläche liegen, wird dem sachkundigen Beurtheiler nicht entgehen.

Leipzig, den 18. Oktober 1896.

Der Verfasser.

Inhalt.

Dritter Abschnitt.

Erwerb der Erbschaft.

Vierter Abschnitt.

Haftung des Erben für die Nachlaßverbindlichkeiten.

Anmerkung. Die in Aussicht genommenen Paragraphen der CPO. und der KO. sind nach der Denkschrift citirt; diese selbst nach der von der Guttentag'schen Verlagshandlung veranstalteten Ausgabe. Die ohne weitere Bezeichnung berufenen Paragraphen sind die Paragraphen des B.G.B.

Einleitung.

Eine der gefährlichsten Klippen für die mit der zweiten Lesung des Entwurfs zum B.G.B. betraute Kommission bildete das dem Erbrecht gewidmete fünfte Buch. Dasselbe war in der ersten Lesung sehr wenig gelungen, und der großen und kleinen Fehler gab es hier so viele, daß man gerechten Grund zur Besorgniß hatte, es werde auch aus den Berathungen der zweiten Kommission ein wirklich befriedigendes Erbrecht noch nicht hervorgehen können.[1])

Um das Maß der auf unserem Gebiete zu überwindenden Schwierigkeiten richtig abzuschätzen, muß man sich vor Allem vergegenwärtigen, daß die Literatur des römischen und gemeinen Erbrechts, über welches die moderne Entwickelung schon längst hinausgewachsen ist, für die Kodifikationsarbeit nur geringe Ausbeute gewährte. Die Hauptquelle, aus welcher die Redaktoren die erbrechtlichen Sätze des Entwurfs schöpften, waren — und zwar mit Recht — die partikularrechtlichen Kodifikationen und deren Literatur. Bei der Benutzung dieses Materials mußte sich aber alsbald herausstellen, daß die partikularrechtlichen Entscheidungen in vielen Punkten weit auseinandergingen und daß sehr wichtige Fragen grundsätzlich noch nicht einmal gestellt, geschweige denn gelöst waren. Für eine Gesetzgebungskommission, welche ihre Aufgabe so hochgestellt hatte wie die von 1874, ergab sich hieraus die große Versuchung, ganz neue Wege zu gehen und so gerade das Erbrecht zum Experimentirfeld für noch nirgends dagewesene Lösungen zu machen. Die wesentlich hierauf beruhenden großen Mängel der erbrechtlichen Bestimmungen des ersten Entwurfs sind von der Kritik nur zum Theil

[1]) Vgl. über das Erbrecht des Entwurfs I: Gierke, der Entwurf und das deutsche Recht S. 505 ff. (daselbst S. 505 Anm. 1 auch weitere Literatur); Petersen, Berufung zur Erbschaft in Bekker und Fischer's Beiträgen Heft 16; Eck, die Stellung des Erben in denselben Beiträgen Heft 17; Bähr, Gegenentwurf S. 345 ff. (woselbst auch weitere Arbeiten Bähr's zum Erbrecht d. E. berufen sind). S. auch des Verfassers dieser Darstellung: Anfechtung letztwilliger Verfügungen im deutschen Entwurf (1892).

scharf herausgestellt worden. Nur einige Hauptfragen hatten die ihnen gebührende kritische Würdigung gefunden, vieles Andere war fast ganz unerörtert geblieben.

Um so gespannter mußte man auf die Ergebnisse der zweiten Lesung des fünften Buches sein. Alle unbefangen Urtheilenden durften sich zu ihrer Freude gestehen, daß die von ihnen gehegten, freilich nicht allzu hochgespannten Erwartungen durch das Elaborat der zweiten Kommission[2]) erheblich übertroffen waren. Unleugbar ist nicht minder, daß das Erbrecht des Entwurfs zweiter Lesung nicht allein bei der durch die Kommission selbst vorgenommenen Schlußrevision, sondern auch durch Einflußnahme des Bundesraths und der Reichstagskommission einige Verbesserungen erfahren hat. Allseitig befriedigend ist das Erbrecht des endlich errungenen deutschen B.G.B. trotzdem nicht geworden, und die Genugthuung darüber, daß die auf das große nationale Werk verwandte Arbeit nicht vergeblich gewesen ist, darf uns für die Mängel nicht blind machen, welche dem B.G.B. überhaupt und dem Erbrecht desselben insbesondere noch anhaften. Auch diese sollen daher in der folgenden Darstellung nicht verschwiegen werden. Denn nichts wäre für die weitere Entwickelung unseres Privatrechts verhängnißvoller, als wenn wir uns dem Wahne hingeben wollten, daß das B.G.B. auf der Höhe gesetzgeberischer Kunst stehe. Je mehr wir uns von solcher Selbsttäuschung freihalten, desto besser werden wir zur Lösung der großen Aufgaben befähigt sein, welche uns durch das B.G.B. gestellt werden. Sie sind vierfacher Art und bestehen: in der Herausstellung des Inhalts des neuen Rechts, in der Ausgestaltung und Fortbildung der großen Zahl entwicklungsfähiger Rechtssätze, welche uns das Gesetzbuch bietet, in der Ueberwindung des formalistischen Zuges, welcher sich als Ueberrest einer älteren juristischen Bildungsperiode im Gesetzbuch noch fühlbar macht, und in der unbefangenen Nachweisung der Mängel, welche dem neuen Rechte anhaften und deren Verbesserung früher oder später nothwendig werden wird.

Nur Thoren können glauben, daß diese Aufgaben rasch erledigt werden können. Allein sie werden gelöst werden, wenn wir, weder der Ueberhebung noch der Muthlosigkeit uns ergebend, bescheiden und unverdrossen an die Arbeit gehen und nicht versäumen, die lebendige Kraft zu nützen, welche uns aus der — jedenfalls freudig zu begrüßenden — Rechtseinheit allmählich erwachsen muß.

[2]) Vgl. zu demselben **Bingner** im sächsischen Archiv Bd. V S. 593 ff.

1. Abschnitt.

Der Nachlaß und die Nachlaßbetheiligten.

§ 1.

I. Das Erbrecht giebt Antwort auf die Frage nach dem Schicksale des von einem Verstorbenen hinterlassenen Vermögens, welches man kurzweg als Nachlaß oder Erbschaft zu bezeichnen pflegt. In, man darf wohl sagen, selbstverständlichem Anschluß an das vom römischen Recht genial entwickelte und von allen modernen Gesetzgebungen angenommene Prinzip der Universalsukzession entscheidet auch das B.G.B., daß die Erbschaft „als Ganzes" (§ 1922) auf einen oder mehrere Erben übergeht. Dieser Uebergang heißt Erbfolge und wird wesentlich dadurch charakterisirt, daß hierbei ein einheitlicher Eintritt in den ganzen Komplex von Rechtsverhältnissen[1]) stattfindet, welche die Erbschaft bilden. Zu diesem Komplex gehören nicht nur die dem Erblasser bisher zuständig gewesenen und durch dessen Tod nicht erloschenen Berechtigungen, sondern in gleicher Weise auch die Verbindlichkeiten des Erblassers, vorausgesetzt natürlich, daß sie dessen Tod überhaupt überdauern. Das Vorhandensein eines Ueberschusses der Aktiven über die Passiven wird durch den Begriff der Erbschaft nicht vorausgesetzt. Auch bei einem Ueberschuß der letzteren über die ersteren ist eine Erbschaft vorhanden, und eine solche kann möglicherweise sogar nur aus Verbindlichkeiten bestehen. In die Erbschaft als Ganzes in diesem Sinne also tritt der Erbe an Stelle des Erblassers ein, oder mit anderen Worten: der Erbe wird Gesammtnachfolger (Universalsukzessor) des Erblassers.

In der Durchführung des Gedankens der Universalsukzession geht aber das B.G.B. über das römische Recht noch erheblich hinaus: Ihm

[1]) Die vom Verfasser der vorliegenden Darstellung in seiner Schrift: Sukzession in den Besitz (1885) S. 232 ausgesprochene Erwartung, daß das deutsche B.G.B. sich für den Uebergang des Besitzes auf den Erben entscheiden werde, hat sich erfreulicher Weise erfüllt. Vgl. § 857 B.G.B.

zufolge muß jeder Erblasser einen Erben haben[2]) und darf die Erbschaft auch nicht einen Augenblick erblos sein. Schon mit dem Zeitpunkte des Todes des Erblassers, d. i. des Erbfalls, ist die Erbschaft dem berufenen Erben von selbst (ipso iure), aber allerdings mit der Möglichkeit der Ausschlagung erworben (§ 1942). Macht der zunächst berufene Erbe von dieser Möglichkeit Gebrauch, so gilt die Erbschaft nach rückwärts hin, aber ebenfalls wieder mit dem Rechte der Ausschlagung, als von demjenigen erworben, welcher schon von vornherein berufen gewesen wäre, dafern der Ausschlagende den Erbfall nicht erlebt hätte (§ 1953). In Ermangelung eines anderen Erben gilt endlich der Fiskus als Erbe, und zwar als nothwendiger Erbe in dem Sinne, daß er die ihm als gesetzlichen Erben zufallende Erbschaft gar nicht ausschlagen kann (§ 1942 Abs. 2).

Zu einem tempus vacuum, während dessen die Erbschaft keinen (wirklichen oder doch wenigstens fingirten) Herrn hat, kann es darnach gar nicht kommen. Entfallen aber hierdurch auch die zwar praktisch wenig erheblichen, aber doch theoretisch sehr subtilen Fragen über die rechtliche Natur der ruhenden Erbschaft (hereditas iacens), so bringt die vom B.G.B. angenommene Behandlung doch die Konsequenz mit sich, daß der Fiskus als nothwendiger Erbe aller Menschen, deren Erbschaft von Anderen mit Grund abgelehnt worden ist, in eine Unzahl von Angelegenheiten verwickelt wird, von welchen man glauben möchte, daß sie für den Staat ganz und gar gleichgiltig sind.

II. Mit dem unter I Gesagten hängt es nothwendig zusammen, daß der Erbe, welcher übrigens auch eine juristische Person[3]) sein kann, zur Zeit des Erbfalls bereits existent sein muß. In Betreff eines zwar erst nach dem Erbfall geborenen, aber zu dieser Zeit schon erzeugt gewesenen Erben behilft sich das Gesetz jedoch mit der Annahme, daß der

---

[2]) Dies gilt selbst dann, wenn für den Erben mit Rücksicht auf die Ansprüche der Gläubiger des Erblassers oder, weil der gesammte Nachlaß an Vermächtnißnehmer vergeben ist, nichts verbleibt. Vgl. dagegen Bernhöft: Zur Reform des Erbrechts (1894) S. 39 ff.

[3]) Durch das B.G.B. unberührt bleiben die landesgesetzlichen Vorschriften, welche den Erwerb von Rechten durch juristische Personen beschränken oder von staatlicher Genehmigung abhängig machen, soweit diese Vorschriften Gegenstände im Werth von mehr als fünftausend Mark betreffen (Art. 86 E.G.), ferner die landesgesetzlichen Vorschriften, nach welchen Mitglieder religiöser Orden oder ordensähnlicher Kongregationen nur mit staatlicher Genehmigung von Todeswegen erwerben können (Art. 87 Abs. 2 E.G.; vgl. aber auch Abs. 3 desselben Art.).

Erbe als schon vor dem Erbfall geboren zu gelten hat (§ 1923; vgl. hierzu auch § 84 und desgleichen Art. 86 Satz 2 E.G.).

III. Die Erbschaft kann nicht nur auf einen Erben (Alleinerben), sondern auch auf mehrere Erben nebeneinander (Miterben) übergehen; sie wird im letzteren Falle gemeinschaftliches Vermögen aller Miterben, sei es zu gleichen oder ungleichen Antheilen (§§ 2032 ff.).

IV. Die Berufung des Erben beruht entweder auf einer vom Erblasser, sei es einseitig, sei es vertragsmäßig, getroffenen Verfügung von Todeswegen (Testament, Erbvertrag) oder auf Gesetz. Diese Berufungsgründe können auch nebeneinander wirksam sein, d. h. neben dem durch Verfügung von Todeswegen zu einem Bruchtheil des Nachlasses berufenen Erben kann auch ein gesetzlicher Erbe zur Erbfolge gelangen. Der dem deutschen und modernen Rechtsbewußtsein widersprechende Grundsatz des römischen Rechts: nemo pro parte testatus pro parte intestatus decedere potest ist also nach dem Vorgange aller anderen modernen Gesetzgebungen auch im B.G.B. aufgegeben.

V. Die Erbenstellung kann auch mehreren Personen nacheinander zukommen. Z. B.: der Erblasser setzt den A zum Erben ein und bestimmt, daß die Erbschaft nach des A Tode an den B gelangen soll. Der zunächst erwerbende Erbe heißt: Vorerbe, der nach diesem in die Erbschaft eintretende: Nacherbe. Schon an dieser Stelle aber ist zugleich zu bemerken, daß die Anordnung einer Nacherbfolge, zu welcher auch eine Person berufen werden kann, welche zur Zeit des Erbfalls noch nicht existirt, an gewisse Schranken gebunden ist. Vgl. §§ 2100 ff.

VI. Dem Erben stehen die übrigen Nachlaßbetheiligten als Forderungsberechtigte gegenüber. Hierher gehören insbesondere:

1. Die Gläubiger des Erblassers; ihnen haftet an Stelle des letzteren nunmehr der Erbe (§ 1967). In gleicher Weise wie für die vom Erblasser herrührenden Schulden hat der Erbe auch für die Kosten der standesmäßigen Beerdigung des Erblassers zu haften (§ 1968).

2. Die Pflichttheilsberechtigten. Gewisse dem Erblasser nahestehende Personen (dessen Abkömmlinge, Eltern, überlebender Ehegatte) haben kraft Gesetzes ein Recht darauf, daß ihnen aus dem Nachlasse desselben mindestens die Hälfte des Werthes desjenigen Erbtheils zukomme, welcher ihnen bei eintretender gesetzlicher Erbfolge zugefallen wäre. Hiermit ist bereits ausgedrückt, daß der Pflichttheilsberechtigte keineswegs verlangen kann, die Hälfte des gesetzlichen Erbtheils, selbst gegen den Willen des Erblassers, als Erbe zu erhalten. Gerade daraus vielmehr, daß und insoweit der Pflichttheilsberechtigte von der Möglich-

keit, in Ansehung der Hälfte des gesetzlichen Erbtheils Erbe zu werden, durch die Verfügung des Erblassers ausgeschlossen ist, erwächst ihm der Pflichttheilsanspruch, d. i. eine Forderung gegen denjenigen, welcher Erbe wirklich wird, auf Zahlung der Hälfte des Werthes des gesetzlichen Erbtheils bezw. des von diesem Werthe ihm noch fehlenden Betrags. Nur aus den vom Gesetz bestimmten Gründen kann der Erblasser dem Pflichttheilsberechtigten diesen Anspruch auf den Pflichttheil entziehen oder beschränken. Vgl. §§ 2303 ff. u. 2333 ff.

3. Die Vermächtnißnehmer, neben welchen auch die betreffs Erfüllung einer Auflage zwar nicht Forderungs-, aber doch Klagberechtigten zu nennen sind. Durch einseitige oder vertragsmäßige Verfügung von Todeswegen kann der Erblasser einem Anderen, ohne ihn zum Erben einzusetzen, einen Vermögensvortheil zuwenden. Eine solche Anordnung heißt Vermächtniß[4]), der Begünstigte: Vermächtnißnehmer. Derselbe erlangt auf Grundlage der Vermächtnißverfügung in allen Fällen nur ein Forderungsrecht gegen den beschwerten Erben oder, wenn ein Vermächtnißnehmer beschwert ist, gegen diesen, niemals unmittelbar das Eigenthum der vermachten Sache. Das gemeinrechtliche Vindikationslegat ist also dem B.G.B. fremd. Eine Gesammtnachfolge kann durch Vermächtniß nicht herbeigeführt werden. Denn hat der Erblasser bestimmt, daß die Erbschaft als Ganzes auf mehrere Personen nacheinander übergehen soll, so kommen die Vorschriften über die Nacherbfolge zur Anwendung. Das römische und gemeinrechtliche Universalvermächtniß hat dadurch seine Daseinsberechtigung eingebüßt. Vgl. §§ 1939, 1941, 2147, 2174.

Durch Verfügung von Todeswegen kann der Erblasser endlich den Erben oder wohl auch einen Vermächtnißnehmer mit einer Auflage

[4]) Unter den Gesichtspunkt eines sogenannten gesetzlichen Vermächtnisses [über diesen Ausdruck vgl. Schiffner: Gesetzliche Vermächtnisse (1895) S. 2 ff.] fällt die dem Erben durch § 1969 auferlegte Verpflichtung, „Familienangehörigen des Erblassers, die zur Zeit des Todes des Erblassers zu dessen Hausstande gehört und von ihm Unterhalt bezogen haben, in den ersten dreißig Tagen nach dem Eintritt des Erbfalls in demselben Umfange, wie der Erblasser es gethan hat, Unterhalt zu gewähren und die Benutzung der Wohnung und der Haushaltungsgegenstände zu gestatten". Für die Eingangs vertretene Auffassung spricht sowohl Satz 2 von Absatz 1 als auch Absatz 2 des berufenen § 1969; denn nach der ersteren Bestimmung kann der Erblasser durch letztwillige Verfügung eine abweichende Anordnung treffen und nach der letzteren haben auf die vorerwähnte Verpflichtung des Erben die Vorschriften über Vermächtnisse entsprechende Anwendung zu finden. Angeregt wurde die Vorschrift durch die Reichstagskommission. Vgl. den Bericht derselben über das Erbrecht S. 8.

(man denke z. B. an die Verpflichtung zur Errichtung eines Denkmals) beschweren. Wie im Falle des Vermächtnisses ist der Beschwerte auch hier zu einer Leistung verpflichtet. Im Gegensatz zum Vermächtniß steht jedoch bei der Auflage dem Beschwerten nicht eine forderungsberechtigte Person gegenüber, an welche die Leistung zu bewirken ist. Trotzdem bleibt die Erfüllung der Auflage nicht dem Belieben des Beschwerten überlassen. Gewisse Personen sind nämlich, obschon bezüglich der dem Beschwerten auferlegten Leistung nicht forderungsberechtigt, doch als befugt erklärt, vom Beschwerten die Erfüllung der Auflage zu verlangen. Außerdem treffen den Beschwerten, wenn die Vollziehung der Auflage in Folge eines von ihm zu vertretenden Umstandes unmöglich wird, gewisse rechtliche Nachtheile. Vgl. § 1940 u. §§ 2192 ff.

VII. Für die Nachlaßverbindlichkeiten haftet der Erbe, sobald sein Erbschaftserwerb ein definitiver geworden ist, abgesehen von besonderen Voraussetzungen, nicht nur mit den zum Nachlaß gehörenden Gegenständen, sondern auch mit seinem sonstigen Vermögen. Allein das Gesetz giebt dem Erben doch zugleich auch Mittel an die Hand, durch deren entsprechende Verwendung verschiedenartige Beschränkungen der Haftung für die Nachlaßverbindlichkeiten herbeigeführt werden können. Vgl. die erst später eingehend zu würdigenden §§ 1967 ff.

VIII. Durch das B.G.B. unberührt bleiben:

1. Die landesgesetzlichen Vorschriften über Familienfideikommisse und Lehen mit Einschluß der allodifizirten Lehen, sowie über Stammgüter (Art. 59 E.G.).

2. Die landesgesetzlichen Vorschriften über das Anerbenrecht in Ansehung landwirthschaftlicher und forstwirthschaftlicher Grundstücke nebst deren Zubehör. Das Recht des Erblassers, über das dem Anerbenrecht unterliegende Grundstück von Todeswegen zu verfügen, können jedoch die Landesgesetze nicht beschränken (Art. 64 E.G.).

2. Abschnitt.

Die Nachlaßbetheiligten im Einzelnen.

1. Kapitel. Gesetzliche Erbfolge.

1. Im Allgemeinen.

§ 2.

I. Für die gesetzliche Erbfolge ist nur Raum, wenn und soweit es zu einer auf Verfügung von Todeswegen beruhenden Erbfolge nicht kommt. Sie tritt also ein:

1. Wenn es an einer wirksamen Verfügung von Todeswegen gänzlich fehlt, oder wenn der von dem gewillkürten Erben gemachte Erbschaftserwerb hinterher aus irgend einem Grunde (Ausschlagung, Erbunwürdigkeitserklärung) als nicht erfolgt anzusehen ist (§§ 1953, 2344).

2. Neben der gewillkürten Erbfolge, wenn der Erblasser den testamentarisch oder vertragsmäßig eingesetzten Erben auf einen Bruchtheil der Erbschaft beschränkt hat; der gesetzliche Erbe wird dann in Ansehung des unvergeben gebliebenen Bruchtheils der Erbschaft Miterbe des gewillkürten Erben (§ 2088).

3. Vor der gewillkürten Erbfolge. So, wenn der testamentarisch oder vertragsmäßig eingesetzte Erbe die Erbschaft erst nach Ablauf einer bestimmten Zeit, nach Eintritt einer zur Zeit des Erbfalls noch schwebenden aufschiebenden Bedingung haben soll.[1]) Der gesetzliche Erbe wird in solchem Falle Vorerbe, der gewillkürte Erbe Nacherbe (§ 2105).

---

[1]) Die abweichende Entscheidung des römischen Rechts, welchem zufolge während der Zeit des Schwebens der Bedingung, unter welcher der Erbe eingesetzt ist, Niemand berufen wird, hängt mit dem spezifisch römischen und der modernen Auffassung fremden Satze: semel heres semper heres zusammen. Auf demselben Satze beruht es bekanntlich, daß nach römischem Rechte der einer Erbeinsetzung beigefügte Anfangs- oder Endtermin, oder eine derselben beigefügte auflösende Bedingung grundsätzlich (anders beim Soldatentestament) als nicht beigefügt behandelt wird.

4. Nach der gewillkürten Erbfolge. So, wenn der gewillkürte Erbe nach der Bestimmung des Erblassers die Erbschaft nur für eine gewisse Zeit, bis zum Eintritt einer auflösenden Bedingung haben soll. Hier ist der gewillkürte Erbe Vorerbe, der gesetzliche Erbe Nacherbe.[2]) Vgl. § 2104, nach dessen, in anderem Zusammenhange zu besprechender Schlußbestimmung der Fiskus hier als gesetzlicher Erbe nicht in Betracht kommen soll.

II. Die Frage, wer der gesetzliche Erbe ist, ist grundsätzlich nach dem Zeitpunkte des Erbfalls, d. i. nach dem Zeitpunkte des Todes des Erblassers, zu beurtheilen. So verhält es sich im Gegensatz zum römischen Recht selbst dann, wenn und soweit sich erst einige Zeit nach dem Erbfall entscheidet, daß es zur gewillkürten Erbfolge nicht kommt, oder daß der zunächst berufene gesetzliche Erbe nicht zum definitiven Erwerbe gelangt. Auch in solchen Fällen ist also nicht etwa der Zeitpunkt, in welchem feststeht, daß die Berufung des gewillkürten Erben oder des zunächst in Betracht kommenden gesetzlichen Erben erfolglos bleibt, sondern der Zeitpunkt des Erbfalls für die Bestimmung der Person des gesetzlichen Erben maßgebend, mag auch der hiernach ermittelte gesetzliche Erbe inzwischen (nach dem Erbfall, aber vor der Ausschlagung seitens des gewillkürten oder näheren gesetzlichen Erben) gestorben sein;[3]) es ist dann anzunehmen, daß die Erbschaft von dem inzwischen verstorbenen Erben erworben worden und mit dem Rechte der Ausschlagung auf dessen Erben übergegangen ist (§ 1953).[4])

Eine hiervon abweichende Behandlung tritt nur ein, wenn es zur gesetzlichen Erbfolge[5]) erst nach der gewillkürten Erbfolge kommt. In diesen Fällen bestimmt sich die Person des zur Nacherbfolge berufenen

---

[2]) Nach der theoretischen Auffassung des Gesetzes liegt übrigens in den hierher gehörigen Fällen nicht wahre gesetzliche Erbfolge, sondern eine vom Gesetz angenommene Einsetzung der gesetzlichen Erben als Nacherben vor. Vgl. § 2104: „so ist anzunehmen, daß als Nacherben diejenigen eingesetzt sind, welche die gesetzlichen Erben des Erblassers sein würden" u. s. w.

[3]) Eingehende Ausführungen über die in diesem wichtigen Punkte zu Tage tretende Differenz zwischen römischer und moderner Auffassung enthält des Verfassers Schrift: Transmission pendente condicione (1879) S. 58 ff.

[4]) Das Gesetz anerkennt also, und zwar mit Recht, die Transmission eines Erbrechts, dessen Existenz zur Zeit des Erbfalls noch von dem Eintritt einer condicio iuris, nämlich dem Wegfall des zunächst berufenen gewillkürten oder des näheren gesetzlichen Erben, abhängig ist. Die innere Berechtigung dieser Behandlung hat der Verfasser in der Anm. 3 berufenen Schrift nachzuweisen versucht.

[5]) Vgl. hierzu Anm. 2.

gesetzlichen Erben nicht nach dem Erbfall, sondern nach dem Zeitpunkt des Eintritts der Nacherbfolge (§ 2104).

III. Gesetzliche Erben sind:

1. Die Verwandten des Erblassers in bestimmter Reihenfolge.

2. Neben diesen, in Ermangelung derselben, ja unter Umständen sogar vor ihnen, der überlebende Ehegatte.

3. Eventuell, wenn nämlich die Erbschaft keinen anderen Erben findet, der Fiskus, und zwar der Fiskus des Bundesstaats,[6]) welchem der Erblasser angehört hat,[7]) und wenn derselbe ein Deutscher war, ohne einem Bundesstaate anzugehören, der Reichsfiskus (§ 1936). Hierdurch unberührt bleiben übrigens die landesgesetzlichen Vorschriften, nach welchen im Falle des § 1936 an Stelle des Fiskus eine Körperschaft, Stiftung oder Anstalt des öffentlichen Rechts gesetzlicher Erbe ist (Art. 138 E.G.).[8])

2. Die Erbfolge der Verwandten.[1])

a) Berechtigung zur Verwandtenerbfolge.

§ 3.

Wer mit dem Erblasser verwandt ist, sei es auch noch so entfernt, kann, dafern er nur im entscheidenden Zeitpunkt, wenigstens als nasciturus bereits vorhanden ist, zur Verwandtenerbfolge berufen werden. Eine sogenannte „Erbrechtsgrenze",[2]) über welche hinaus Verwandte des Erblassers zur gesetzlichen Erbfolge nicht mehr berufen werden, ist im B.G.B.[3]) nicht gezogen (§ 1929). Hierbei ist jedoch wohl zu beachten,

[6]) Als Bundesstaat im Sinne des B.G.B. und des E.G. gilt auch das Reichsland Elsaß-Lothringen (Art. 5 E.G.).

[7]) „Hat der Erblasser mehreren Bundesstaaten angehört, so ist der Fiskus eines jeden dieser Staaten zu gleichem Antheile zur Erbfolge berufen" (§ 1936 Abs. 1 Satz 2).

[8]) Nach Art. 139 E.G. bleiben durch das B.G.B. auch diejenigen landesgesetzlichen Vorschriften unberührt, nach welchen dem Fiskus oder einer anderen juristischen Person in Ansehung des Nachlasses einer *verpflegten* Person ein Erbrecht, ein Pflichttheilsanspruch oder ein Recht auf bestimmte Sachen zusteht.

[1]) Vgl. E. *Heymann*, Die Grundzüge des gesetzlichen Verwandten-Erbrechts nach dem B.G.B. für das Deutsche Reich (Reichstagsvorlage), 1896.

[2]) Ueber und für die Erbrechtsgrenze vgl. *Bernhöft* a. a. O. S. 68 ff., *Heymann* a. a. O. S. 25 und S. 62 (daselbst auch weitere Literatur).

[3]) Anders Entwurf II und die Reichstagsvorlage, welche die gesetzliche Erbfolge der Verwandten mit der fünften Ordnung abschlossen. Ueber die nicht für Jedermann überzeugenden Erwägungen, aus welchen sich die Reichstagskommission veranlaßt sah, von der Normirung einer Erbrechtsgrenze abzusehen, vgl. den Bericht der Reichstagskommission über das Erbrecht S. 2.

daß zwischen einem unehelichen Kinde[4]) und dessen Vater eine Verwandtschaft im Rechtssinne gar nicht besteht (§ 1589). Im Verhältniß zur Mutter und deren Verwandten steht dagegen das uneheliche Kind dem ehelichen gleich (§ 1705). Ueberhaupt nicht als unehelich, sondern vielmehr als ehelich sind die durch nachfolgende Ehe der Eltern legitimirten Kinder zu behandeln; und für die Abkömmlinge des unehelichen Kindes hat die Eheschließung zwischen den Eltern die volle Wirkung der Legitimation auch dann, wenn das Kind vor der Eheschließung gestorben ist (§§ 1719, 1722). Die nach § 1723 auf Antrag des Vaters des unehelichen Kindes durch eine Verfügung der Staatsgewalt erfolgende „Ehelichkeitserklärung" begründet zwar wechselseitiges gesetzliches Erbrecht zwischen dem Vater einer- und dem Kinde und dessen Abkömmlingen andererseits, läßt aber die Verwandten des Vaters ganz unberührt (§§ 1736, 1737). Den ehelichen Kindern durchaus gleichgestellt sind dann wieder die aus einer Putativehe im Sinne des § 1699 hervorgegangenen Kinder. Dem Vater, welchem die Nichtigkeit der Ehe bei der Eheschließung bekannt war, kommen jedoch die aus der Vaterschaft sich ergebenden Rechte, zu welchen insbesondere auch das gesetzliche Erbrecht gegenüber dem Kinde und den Abkömmlingen desselben gehört, nicht zu (§ 1701). Das durch Annahme an Kindesstatt begründete Verhältniß steht erbrechtlich der ehelichen Abstammung nicht gleich. Der Angenommene zwar erlangt, soweit im Annahmevertrage Anderes nicht bestimmt worden ist, dem Annehmenden gegenüber auch in erbrechtlicher Beziehung die rechtliche Stellung eines ehelichen Kindes, und mit der Beschränkung des § 1762 Satz 2[5]) kommt dies auch den Abkömmlingen des Kindes zu Statten. Auf die Verwandten des Annehmenden erstreckt sich dagegen die Annahme an Kindesstatt nicht, und dem Annehmenden selbst ist ein gesetzliches Erbrecht gegenüber dem angenommenen Kinde und dessen Abkömmlingen versagt. An der erbrechtlichen Stellung des Angenommenen in seiner natürlichen Familie wird durch die Annahme an Kindesstatt nichts geändert. Vgl. §§ 1757, 1759, 1762 bis 1764, 1767.

---

[4]) Ueber sogenannte Brautkinder enthält das B.G.B. keine Bestimmung; sie stehen daher anderen unehelichen Kindern durchaus gleich.

[5]) Darnach erstrecken sich die Wirkungen der Annahme an Kindesstatt auf einen zur Zeit des Vertragsschlusses schon vorhandenen Abkömmling des Angenommenen und die später geborenen Abkömmlinge dieses Abkömmlings nur, wenn der Vertrag auch mit dem schon vorhandenen Abkömmling geschlossen wird.

b) Die Erbfolge der Verwandten im Einzelnen.

§ 4.

I. Das B.G.B. schließt sich in seinen Bestimmungen über die Verwandtenerbfolge grundsätzlich, aber mit einigen nicht unerheblichen Abweichungen, dem geltenden österreichischen Rechte[1]) an, welches die von ihm angenommene Gestaltung wieder aus älterem deutschen Rechte geschöpft hatte. Das angenommene System ist die Erbfolge nach Parentelen.[2]) Darnach schichtet sich die Gesammtverwandtschaft des Erblassers in übereinander stehende „Ordnungen" (Sippen, Parentelen) ab, deren erste durch die Abkömmlinge des Erblassers, und von welchen jede weitere immer durch die vom Erblasser dem Grade nach gleich weit abstehenden Ascendenten und deren Abkömmlinge gebildet wird. Die zweite dieser Ordnungen besteht demnach aus den Eltern des Erblassers und deren Abkömmlingen, die dritte aus dessen Großeltern und deren Abkömmlingen, die vierte aus den Urgroßeltern und deren Abkömmlingen und so fort. Die Zahl der erbrechtlich in Betracht kommenden Ordnungen ist, im Gegensatz zum österreichischen Recht, welches mit der sechsten Ordnung abschließt, eine unbeschränkte (§ 1929). Verwandte einer späteren Ordnung erben aber selbstverständlich nur in Ermangelung von Verwandten einer vorhergehenden Ordnung (§ 1930).[3])

II. 1. In der **ersten** Ordnung gestaltet sich die Erbfolge also: Es erben die Abkömmlinge des Erblassers ohne Unterschied des Grades, jedoch derart, daß entferntere Abkömmlinge durch den noch lebenden und zur Erbfolge gelangenden[4]) näheren Abkömmling, von welchem sie

---

[1]) Vgl. über dieses **Unger**, österr. Erbrecht §§ 32 ff.; **Pfaff** und **Hofmann**, Kommentar z. österr. allg. B.G.B. II S. 674 ff.

[2]) Ueber die vielbesprochene, aber noch immer nicht mit voller Sicherheit erledigte Frage, „ob in der Parentelenordnung wirklich der nationale Grundgedanke der Erbenfolge zum Ausdruck gelangt", vgl. jetzt E. **Heymann** a. a. O. S. 5, welcher mit Entschiedenheit für die bejahende Antwort eintritt.

[3]) Sind Verwandte einer vorhergehenden Ordnung zwar vorhanden, können oder wollen sie aber nicht erben, so haben sie erbrechtlich außer Betracht zu bleiben. Vgl. §§ 1953, 2344 und das in der folgenden Anmerkung zu § 2309 Gesagte.

[4]) Gelangt ein noch lebender näherer Abkömmling nicht zur Erbfolge, weil er ausschlägt oder für erbunwürdig erklärt ist oder durch Verfügung des Erblassers von der gesetzlichen Erbfolge ausgeschlossen ist, so sind doch dessen Abkömmlinge von der Erbfolge nicht ausgeschlossen. Vgl. §§ 1953, 2344 u. 2309. Die zuletzt berufene Bestimmung des § 2309 (Reichstagsvorlage § 2282) scheint von **Heymann** a. a. O. S. 53 übersehen worden zu sein; denn nur dadurch wird die von diesem Schriftsteller aufgestellte Behauptung erklärlich, daß im Falle der Ausschließung eines näheren Abkömmlings von der gesetzlichen Erbfolge durch letztwillige Verfügung des

abstammen, ausgeschlossen werden. Hat ein Abkömmling jedoch auf sein gesetzliches Erbrecht verzichtet, so erstreckt sich die Wirkung des Verzichtes im Zweifel auch auf dessen Abkömmlinge, gleichviel, ob der Verzichtende zur Zeit des Erbfalls noch oder nicht mehr am Leben ist (§ 2349). Gelangen nur Abkömmlinge ersten Grades zur Erbfolge, so erben sie zu gleichen Theilen. Treffen mit Abkömmlingen ersten Grades entferntere Abkömmlinge zusammen, oder erben nur entferntere Abkömmlinge, so tritt Erbfolge nach Stämmen ein, d. h. die Abkömmlinge eines Abkömmlings[5]) erhalten zusammen denjenigen Erbtheil, welchen dieser erhalten hätte, dafern er zur Erbfolge gelangt wäre.[6]) Vgl. § 1924.

2. In der zweiten Ordnung fällt die Erbschaft, dafern die Eltern des Erblassers noch leben, diesen zu gleichen Theilen zu. Ist ein Elterntheil bereits gestorben oder bleibt er bei der gesetzlichen Erbfolge aus anderen Gründen außer Betracht, so treten dessen Abkömmlinge an seine Stelle und erben nach den für die erste Ordnung geltenden Grundsätzen.[7]) Sind Abkömmlinge dieses Elterntheils nicht vorhanden, so fällt die ganze Erbschaft dem überlebenden Theile zu. Sind Vater und Mutter des Erblassers bereits gestorben oder haben beide aus anderen Gründen außer Betracht zu bleiben, so erben die Abkömmlinge des

---

Erblassers der Satz: vivi nulla repraesentatio zur Geltung komme. Die Unrichtigkeit dieser Behauptung ergiebt sich daraus, daß entferntere Abkömmlinge nach § 2309 pflichttheilberechtigt sind, wenn der nähere Abkömmling, welcher sie, abgesehen von einer besonderen Verfügung des Erblassers, von der gesetzlichen Erbfolge ausschließen würde, den Pflichttheil (wegen rechtmäßig erfolgter Entziehung desselben) nicht verlangen kann. Damit ist aber zugleich anerkannt, daß solchen entfernteren Abkömmlingen im Falle der vom Erblasser verfügten Ausschließung des näheren gesetzlichen Erben von der gesetzlichen Erbfolge gesetzliches Erbrecht zukommt, denn sonst könnten sie unter der früher erwähnten weiteren Voraussetzung nicht pflichttheilsberechtigt sein. Vgl. gegen Heymann außerdem noch die von ihm gleichfalls unberücksichtigt gelassene Vorschrift des § 2320 (Reichstagsvorlage § 2293).

5) Die Abkömmlinge des Abkömmlings erben in solchem Falle nicht kraft eines von dem letzteren abgeleiteten, sondern kraft eigenen Rechts.

6) Dieses sogenannte Repräsentationsrecht oder Eintrittsrecht bezieht sich also nur auf den im Texte bezeichneten Erbtheil, nicht auf die Erbberechtigung.

7) Hervorzuheben ist, daß der Verzicht eines Seitenverwandten des Erblassers auf das gesetzliche Erbrecht sich, sofern ein Anderes nicht bestimmt worden ist, auch auf die Abkömmlinge des Verzichtenden erstreckt. Im Falle des Verzichtes eines Ascendenten des Erblassers auf das gesetzliche Erbrecht tritt dagegen eine solche Erstreckung der Wirkung auf die Abkömmlinge des Verzichtenden nicht ein. Vgl. § 2349.

Vaters und der Mutter[8]) des Erblassers in der Weise, daß nach den für die erste Ordnung geltenden Grundsätzen auf die Abkömmlinge des Vaters das entfällt, was, dafern dieser selbst zur Erbfolge gelangt wäre, auf ihn, und auf die Abkömmlinge der Mutter, was im gleichen Falle auf sie entfallen sein würde. Vgl. § 1925.

3. Dritte Ordnung: Leben beide Großelternpaare, so fällt die eine Hälfte der Erbschaft den väterlichen, die andere den mütterlichen Großeltern zu gleichen Theilen zu. Kommt ein Theil oder kommen beide Theile eines Großelternpaares erbrechtlich nicht in Betracht, so gelten rücksichtlich der Vererbung derjenigen Hälfte der Erbschaft, welche auf diese Großeltern, dafern sie geerbt hätten, entfallen wäre, zunächst dieselben Grundsätze, welche in der zweiten Ordnung im Falle des Nichtvorhandenseins eines Elterntheils oder der Eltern überhaupt maßgebend sind. Ist jedoch auf einer Seite weder der Großvater noch die Großmutter mehr am Leben und sind auch Abkömmlinge weder des einen noch der anderen vorhanden, so erben die der zweiten großelterlichen Linie Angehörenden und zur Erbfolge überhaupt Berufenen allein. Vgl. § 1926.[9])

4. In der vierten Ordnung sind — im Gegensatz zum österreichischen Rechte, welches die für die dritte Ordnung maßgebenden Grundsätze auch bei den weiteren von ihm überhaupt noch zugelassenen Ordnungen festhält — Abkömmlinge von Urgroßeltern schlechthin ausgeschlossen, wenn auch nur ein Urgroßelterntheil zur Erbfolge gelangt. Mehrere Urgroßeltern erben immer zu gleichen Theilen, auch wenn sie verschiedenen Linien angehören. Kommen Urgroßeltern als Erben nicht mehr in Frage, so erbt von ihren Abkömmlingen derjenige, welcher mit dem Erblasser am nächsten verwandt ist; mehrere dem Erblasser gleich Nahestehende erben zu gleichen Theilen. Vgl. § 1928.

5. Die für die vierte Ordnung maßgebenden Grundsätze finden auch auf die fünfte Ordnung und die entfernteren Ordnungen entsprechende Anwendung (§ 1929).

---

[8]) Geschwister des Erblassers erben darnach nur in ihrer Eigenschaft als Abkömmlinge des nicht zur Erbfolge gelangenden Elterntheils, welchen sie mit dem Erblasser gemein haben, und an dessen Stelle sie iure repraesentationis treten. Vollbürtigkeit und Halbbürtigkeit der Geschwister begründet einen Unterschied in der Erbfolge nicht, sondern nur darin, daß vollbürtige Geschwister im Gegensatz zu nur halbbürtigen sowohl als Abkömmlinge des mit dem Erblasser gemeinsamen Vaters als auch als solche der gemeinsamen Mutter in Betracht kommen.

[9]) Wer verschiedenen Stämmen angehört, erhält in den ersten drei Ordnungen bei eintretender Erbfolge nach Stämmen auch mehrere Erbtheile (§ 1927).

3. Die Erbfolge des überlebenden Ehegatten.

§ 5.

Das B.G.B. giebt dem überlebenden Ehegatten im Anschluß an das in einem großen Theile Deutschlands schon bisher geltende Recht und in Uebereinstimmung mit den in den gemeinrechtlichen Gebieten laut gewordenen Wünschen der Bevölkerung auch bei Vorhandensein von nahen Verwandten, ja selbst von Abkömmlingen des Erblassers ein wirkliches gesetzliches Erbrecht, also nicht blos, obschon dies von Manchen für angemessener gehalten wird, einen Nießbrauch am Nachlaß oder an einem Theile desselben.[1]) Im Einzelnen gestaltet sich die Erbfolge des überlebenden Ehegatten also:

1. Neben Verwandten der ersten Ordnung ist er zu einem Viertheile, neben Verwandten der zweiten Ordnung zur Hälfte der Erbschaft berufen (§ 1931).

2. Neben den zur dritten Ordnung gehörenden Großeltern wird er mindestens Erbe zur Hälfte. Treffen jedoch mit Großeltern noch Abkömmlinge von Großeltern zusammen, so erhält der überlebende Ehegatte auch von der anderen Hälfte noch das, was nach den für die dritte Ordnung maßgebenden Theilungsgrundsätzen auf diese Abkömmlinge entfallen würde (§ 1931).

3. Erbt der überlebende Ehegatte neben Verwandten der zweiten Ordnung oder neben Großeltern, so gebührt ihm außer seinem Erbtheil noch ein nach Vermächtnißgrundsätzen zu behandelnder Voraus. Derselbe wird durch die zum ehelichen Haushalte gehörenden Gegenstände (soweit sie nicht Zubehör eines Grundstücks sind) und durch die Hochzeitsgeschenke gebildet. Vgl. die an älteres deutsches Recht[2]) anknüpfende Bestimmung des § 1932.

4. Gehört der überlebende Ehegatte zu den erbberechtigten Verwandten des Erblassers, so erbt er zugleich als Verwandter (§ 1934).[3])

5. Sind weder Verwandte der ersten oder der zweiten Ordnung, noch Großeltern vorhanden, so erhält der überlebende Ehegatte die ganze Erbschaft (§ 1931 Abs. 2).

---

[1]) Für diese Gestaltung mit sehr beachtenswerthen Gründen besonders Bähr, Gegenentwurf (1892) S. 348; Gierke, Das B.G.B. und der deutsche Reichstag (1896) S. 36; Bernhöft a. a. O. S. 78.

[2]) Vgl. hierzu die Nachweisungen in den Motiven V S. 373.

[3]) Der dem Ehegatten auf Grund der Verwandtschaft zufallende Erbtheil gilt als besonderer Erbtheil (§ 1934).

Das dem überlebenden Ehegatten als solchem zustehende gesetzliche Erbrecht wie dessen Recht auf den Voraus ist ausgeschlossen, wenn der Erblasser zur Zeit seines Todes auf Scheidung wegen Verschuldens des Ehegatten zu klagen berechtigt war und die Klage auf Scheidung oder Aufhebung der ehelichen Gemeinschaft auch schon erhoben hatte (§ 1933).

4. Der Fiskus als gesetzlicher Erbe.

§ 6.

I. Der Fiskus ist als gesetzlicher Erbe zu behandeln, sobald das Nachlaßgericht nach vorangegangener Ermittelung[1]) festgestellt hat, daß ein anderer Erbe als der Fiskus nicht vorhanden ist. Allein diese Feststellung begründet nur die Vermuthung, daß der Fiskus gesetzlicher Erbe sei, und ungeachtet derselben bleibt daher dem wahren Erben die Geltendmachung des Erbschaftsanspruchs gegen den Fiskus bis zum Ablauf der Verjährungszeit noch immer vorbehalten (§ 1964 ff.).

II. Dem Fiskus kann möglicher Weise nur die Stellung eines Vorerben zukommen, so z. B. wenn die Bedingung, unter welcher ein Erbe eingesetzt ist, beim Tode des Erblassers noch schwebt und rücksichtlich der Zeit vom Erbfall bis zur Erfüllung der Bedingung ein anderer Erbe als der Fiskus nicht vorhanden ist (§ 2105).

III. Nacherbe kann der Fiskus in seiner Eigenschaft als gesetzlicher Erbe nicht werden. Denn, obschon in Fällen, wo der Erblasser angeordnet hat, daß der Erbe die Erbschaft nur bis zum Eintritt eines bestimmten Zeitpunkts oder Ereignisses haben soll, in Ermangelung einer anderen Bestimmung anzunehmen ist, daß die Erbschaft bei Eintritt des Zeitpunkts, des Ereignisses den gesetzlichen Erben anzufallen hat, so gehört doch der Fiskus zu den gesetzlichen Erben in diesem Sinne nicht (§ 2104)[2]). Folge davon ist unter Anderem, daß dem von einem unverehelichten und verwandtenlosen Erblasser mit Beifügung einer auflösenden Bedingung eingesetzten Erben die Erbschaft selbst dann verbleibt, wenn er der Intention des Erblassers direkt zuwiderhandelt. Diese vom Gesetz auf Kosten des Fiskus geübte Großmuth wird man für gerechtfertigt kaum halten können.

---

[1]) Darüber, wie die Ermittelung zu erfolgen hat, vgl. § 1965.

[2]) Vgl. auch § 2149.

2. Kapitel. Verfügungen von Todeswegen.

I. Allgemeines.

§ 7.

Der Erblasser kann hinsichtlich seines Nachlasses auch rechtsgeschäftliche Anordnungen, Verfügungen von Todeswegen — so genannt, weil ihr Wirksamwerden den Tod des Verfügenden zur nothwendigen Voraussetzung hat — treffen. Diese Verfügungen sind entweder einseitige, auf dem einseitigen Willen des Erblassers beruhende und aus diesem Grunde jederzeit widerrufliche, oder zweiseitige, vertragsmäßige. Die einseitige Verfügung von Todeswegen heißt, auch wenn sie die Einsetzung eines Erben nicht enthält, nach der Terminologie des B.G.B. Testament oder letztwillige Verfügung[1]) (§§ 1937 bis 1940); sie führt die letztere Bezeichnung, weil sie, wenn bis zu des Verfügenden Tode unwiderrufen geblieben, in der That das letzte Wort enthält, welches der Erblasser in der gesetzlich vorgeschriebenen Form bezüglich seines Nachlasses gesprochen oder geschrieben hat. Die zweiseitige Verfügung von Todeswegen heißt Erbvertrag[2]) (§ 1941); durch sie ist der Erblasser in aller Regel unwiderruflich gebunden, mag auch das vertragsmäßig Verfügte seinem später in einem Testamente geäußerten letzten Willen **nicht** entsprechen.

II. Das Testament.

A. Errichtung des Testaments.

1. Fähigkeit zur Errichtung.

§ 8.

Die Fähigkeit zur Testamentserrichtung läßt sich nicht positiv, sondern nur negativ, d. h. dadurch bestimmen, daß diejenigen Personen bezeichnet werden, welchen diese Fähigkeit fehlt. Unfähig zur Testamentserrichtung sind:

1. Geschäftsunfähige (§ 104) und vorübergehend Sinnlose, solange der Zustand der Bewußtlosigkeit oder Störung der Geistesthätigkeit dauert (§ 105 Abs. 2).

---

[1]) Die beiden Ausdrücke sind übrigens nicht gleichbedeutend. Denn wenn schon das Testament mit Recht als letztwillige Verfügung bezeichnet wird, so gebraucht man den letzteren Ausdruck doch auch zur Bezeichnung einer einzelnen, in einem Testamente enthaltenen, Disposition.

[2]) Mit Unrecht und dem Sprachgebrauch des B.G.B. zuwider bezeichnet Gareis, Einführung in das Studium des B.G.B. (1896) S. 380 den Erbvertrag als „zweiseitige letztwillige Verfügung".

2. Personen unter sechzehn Jahren. Wer das sechzehnte Lebensjahr vollendet hat, kann dagegen, obschon in seiner Geschäftsfähigkeit noch beschränkt, ein Testament allerdings errichten, ohne daß es dazu der Zustimmung des gesetzlichen Vertreters bedarf (§ 2229).

3. Die wegen Geistesschwäche, Verschwendung oder Trunksucht Entmündigten. Die Unfähigkeit tritt schon mit der Stellung des Antrags ein, auf Grund dessen die Entmündigung erfolgt (§ 2229).[1]

4. Stumme oder aus anderen Gründen am Sprechen verhinderte Personen, dafern sie minderjährig sind oder Geschriebenes nicht zu lesen vermögen oder nicht schreiben können. Man wird hierbei die Frage nicht unterdrücken können, ob diese aus den §§ 2238, 2247 in Verbindung mit § 2243 sich ergebenden Beschränkungen der Testirfähigkeit nicht zu weit gehen.

2. Form.

§ 9.

I. Daß die Errichtung des Testaments an eine Form gebunden werden muß, unterliegt keinem Zweifel. Selbst dem Laien wird hier der praktische Werth der Form sofort einleuchtend. Durch die Testamentsform soll die erforderliche Bürgschaft dafür geschaffen werden, daß die vorliegende Erklärung des Erblassers nicht einen bloßen Entwurf oder vorübergehenden Einfall, sondern einen ernsten und gesammelten Entschluß enthalte. Andererseits darf die Testamentsform auch nicht zu streng sein, denn sonst läuft man Gefahr, einem ganz zweifellosen Willen des Erblassers wegen Versäumung von Formerfordernissen nicht gerecht werden zu können. Die richtige Bestimmung der Testamentsform ist deshalb nicht leicht. Neben der wichtigen Frage der Kosten der Testamentserrichtung kommt dabei insbesondere auch die bereits erfolgte Gewöhnung an bestimmte Formen in Betracht.

Die Entwürfe I und II und die Reichstagsvorlage entschieden sich im Anschluß an das im weitaus größeren Theile des Reiches bereits geltende Recht übereinstimmend dahin, daß ein Testament in ordentlicher Form nur vor einem Richter oder einem Notar errichtet werden kann. Hiergegen wurde jedoch in der Reichstagskommission[1]) geltend gemacht, daß die in den romanischen Ländern und in Oesterreich anerkannte Form des holografen Testaments auch in manchen Theilen Deutschlands (nämlich in Baden, in der bayrischen Pfalz sowie im Gebiete des rheinischen

[1]) Vgl. aber auch § 2230.

[1]) Vgl. den Bericht der Reichstagskommission S. 16 ff.

Rechtes) fest eingebürgert sei und daß jedenfalls kein Grund vorliege, die Wohlthat dieser durch Bequemlichkeit und Billigkeit sich auszeichnenden Testamentsform denjenigen, welche sich bereits im rechtlichen Genuß derselben befänden, zu entziehen; auch werde die Zulassung der holografen Form, die übrigens nur neben die gerichtliche oder notarielle Form treten und somit Niemandem aufgedrängt werden solle, zweifellos den kleinen Leuten zu Statten kommen und überhaupt den Vortheil bieten, daß die Erblasser ihren Absichten leichter die Verwirklichung sichern können, als wenn sie lediglich auf die strengeren und schwerfälligeren Formen des gerichtlichen oder notariellen Testaments angewiesen wären. Diese Auffassung, welcher sich der Reichstag angeschlossen hat, ist im B.G.B. (§ 2231) zum Siege gelangt.[2]) Darnach kann ein Testament in ordentlicher Form errichtet werden:

1. vor einem Richter oder vor einem Notar;

2. durch eine von dem Erblasser unter Angabe des Ortes und Tages[3]) eigenhändig geschriebene und unterschriebene Erklärung.

II. Die Form der Errichtung des Testaments vor Gericht oder Notar wird in den §§ 2233 bis 2245 genauer bestimmt.[3a])

A. Erfolgt die Errichtung des Testaments vor einem Richter, so muß derselbe einen Gerichtsschreiber oder zwei Zeugen, erfolgt sie vor einem Notar, so muß dieser einen zweiten Notar oder zwei Zeugen zuziehen[4]) (§ 2233). Als Aktsperson kann nicht mitwirken: 1. der Ehegatte des Erblassers, auch wenn die Ehe nicht mehr besteht; 2. wer mit dem Erblasser in gerader Linie oder im zweiten Grade der Seitenlinie verwandt oder verschwägert ist (§ 2234). Als Gerichts-

[2]) Als erfreuliche Konsequenz hiervon kann die Streichung der wenig befriedigenden Bestimmungen des § 2224 und des § 2227 Satz 3 der Reichstagsvorlage bezeichnet werden.

[3]) Wovon? darüber schweigt das Gesetz. Es kann sich aber doch wohl nur um Ort und Tag der Ausstellung handeln. Ungenauigkeiten, ja selbst Unrichtigkeiten der Angabe von Ort und Tag der Ausstellung machen jedoch das Testament noch nicht ungiltig.

[3a]) Durch die im Texte berufenen Bestimmungen des B.G.B. werden die allgemeinen Vorschriften der Landesgesetze über die Errichtung gerichtlicher oder notarieller Urkunden nicht berührt. Ein Verstoß gegen eine solche Vorschrift ist jedoch, unbeschadet der Vorschriften über die Folgen des Mangels der sachlichen Zuständigkeit, ohne Einfluß auf die Giltigkeit der Verfügung von Todeswegen. Vgl. Art. 151 E.G.

[4]) Durch das B.G.B. bleiben übrigens die landesgesetzlichen Vorschriften unberührt, nach welchen bei der Errichtung einer Verfügung von Todeswegen der Richter an Stelle des Gerichtsschreibers oder der zwei Zeugen eine besonders dazu bestellte Urkundsperson zuziehen kann (Art. 149 E.G.).

schreiber oder zweiter Notar oder Zeuge kann nicht mitwirken, wer zu dem Richter oder dem beurkundenden Notar in einem der soeben unter Z. 1 und 2 bezeichneten Verhältnisse steht (§ 2236). Nichtig ist ferner die an eine Aktsperson oder an eine mit einer solchen in einem der unter Z. 1 und 2 bezeichneten Verhältnisse stehende Person gemachte Zuwendung (§ 2235).[5]) Die Aktspersonen müssen während der ganzen Verhandlung zugegen sein (§ 2239).

B. Die Errichtung des Testaments vor Gericht oder Notar kann entweder durch mündliche Erklärung zu Protokoll oder durch Uebergabe einer, sei es vom Erblasser, sei es von einer anderen Person geschriebenen, offenen oder verschlossenen Schrift erfolgen, von welcher der Erblasser erklärt, daß sie seinen letzten Willen enthalte; wer minderjährig ist oder Geschriebenes nicht zu lesen vermag, kann sich jedoch nur der ersteren, und wer nach der Ueberzeugung des Richters oder Notars stumm oder sonst am Sprechen verhindert ist, nur der letzteren Form bedienen. Vgl. §§ 2238, 2243. Ueber die Errichtung des Testaments muß ein Protokoll, und zwar abgesehen von dem Falle des § 2245, in deutscher Sprache aufgenommen werden (§ 2240).

C. Das Protokoll muß enthalten: 1. Ort und Tag der Verhandlung; 2. die Bezeichnung des Erblassers und der bei der Verhandlung mitwirkenden Personen; 3. die nach B. erforderlichen Erklärungen des Erblassers und im Falle der Uebergabe einer Schrift die Feststellung der Uebergabe (§ 2241). Das dem Erblasser auf Verlangen zur Durchsicht vorzulegende Protokoll muß vorgelesen, von dem Erblasser genehmigt und von ihm eigenhändig unterschrieben werden. Erklärt der Erblasser nicht schreiben zu können, so wird seine Unterschrift durch die Feststellung dieser Erklärung im Protokoll ersetzt. Zur Solennität ist endlich noch erforderlich, daß das Protokoll von den mitwirkenden Personen unterschrieben wird. Vgl. § 2242.

Ist der Erblasser nach der Ueberzeugung des Richters oder des Notars stumm oder sonst am Sprechen verhindert, so muß er im Pro-

---

[5]) Nur Ordnungsvorschriften, deren Beobachtung für die Giltigkeit des Testaments nicht entscheidend ist, enthält § 2237; die daselbst bezeichneten Personen, nämlich: 1. Minderjährige; 2. der bürgerlichen Ehrenrechte für verlustig erklärte Personen während der Zeit, für welche die Aberkennung der Ehrenrechte erfolgt ist; 3. wer nach den Vorschriften der Strafgesetze unfähig ist, als Zeuge eidlich vernommen zu werden; 4. wer als Gesinde oder Gehilfe im Dienste des Richters oder des beurkundenden Notars steht — sollen bei der Errichtung des Testaments nicht mitwirken.

tokoll oder auf einem besonderen, dem Protokoll als Anlage beizufügenden Blatte die eigenhändig geschriebene Erklärung abgeben, daß die von ihm übergebene Schrift seinen letzten Willen enthalte. Daß dies geschehen, sowie die Ueberzeugung des Richters, daß der Erblasser am Sprechen verhindert ist, muß im Protokoll, welches vom Erblasser nicht mehr besonders genehmigt zu werden braucht, festgestellt werden. Vgl. § 2243.

Erklärt der Erblasser, der deutschen Sprache nicht mächtig zu sein, so muß zur Errichtung des Testaments in aller Regel ein vereideter Dolmetscher, auf welchen die für einen Testamentszeugen geltenden Vorschriften entsprechende Anwendung zu finden haben, zugezogen werden. Derselbe hat das (in deutscher Sprache aufzunehmende) Protokoll zu übersetzen und die Uebersetzung zu beglaubigen und vorzulesen. Dem auch vom Dolmetscher zu unterschreibenden Protokoll, welches die Erklärung des Erblassers, daß er der deutschen Sprache nicht mächtig sei, sowie den Namen des Dolmetschers und die Feststellung, daß die Uebersetzung vom Dolmetscher angefertigt, beglaubigt und vorgelesen worden ist, zu enthalten hat, muß die Uebersetzung als Anlage beigefügt werden. Vgl. § 2244. Nur wenn sämmtliche mitwirkende Personen ihrer Versicherung nach der Sprache, in der sich der Erblasser erklärt, mächtig sind, ist die Zuziehung eines Dolmetschers entbehrlich. Unterbleibt sie, „so muß das Protokoll in der fremden Sprache aufgenommen werden und die Erklärung des Erblassers, daß er der deutschen Sprache nicht mächtig sei, sowie die Versicherung der mitwirkenden Personen, daß sie der fremden Sprache mächtig seien, enthalten". Diese steife Vorschrift des § 2245 gilt auch für das gemeinschaftliche Testament, für den Erbvertrag (§ 2276, woselbst ausdrücklich ausgesprochen ist, daß § 2245 auf jeden der Vertragschließenden zur Anwendung zu bringen ist) und für die außerordentlichen Testamentsformen der §§ 2249 bis 2251. Die zweifellos vorhandene Möglichkeit, daß der Erblasser oder der dem Erblasser bei einem Erbvertrage gegenüberstehende Vertragstheil sich, obschon er der deutschen Sprache mächtig ist, aus anderem guten Grunde, nämlich um von denjenigen verstanden zu werden, welchen er sich verständlich machen muß, einer fremden Sprache bedient, ist in diesen Vorschriften unberücksichtigt geblieben.[6]) Die glück-

---

[6]) Beispiele: Eine aus England stammende, der deutschen Sprache nicht mächtige Frau als Erblasserin schließt mit ihrem deutschen Gatten vor einem deutschen Notar einen Erbvertrag. Alle mitwirkenden Personen sind der englischen Sprache mächtig und ein Dolmetscher wird daher nicht zugezogen. Nach dem Wortlaute der §§ 2245,

licher Weise nicht häufigen Fälle, bei welchen dieser Mißstand sich fühlbar machen kann, wird die Praxis mit Freiheit zu behandeln haben.

D. Das über die Errichtung des Testaments aufgenommene Protokoll soll nebst Anlagen, zu welchen natürlich auch die vom Erblasser übergebene Schrift gehört, von dem Richter oder Notar in Gegenwart der übrigen mitwirkenden Personen und des Erblassers mit dem Amtssiegel verschlossen und mit einer das Testament näher bezeichnenden, von dem Richter oder Notar zu unterschreibenden Aufschrift versehen und in besondere amtliche Verwahrung gebracht werden. Dem Erblasser ist über das in amtliche Verwahrung genommene Testament ein Hinterlegungsschein zu ertheilen. Vgl. § 2246.

III. Zur Giltigkeit eines eigenhändigen (holografen) Testaments genügt, daß der Erblasser dasselbe unter Angabe des Ortes und Tages der Ausstellung [7]) eigenhändig geschrieben und unterschrieben hat. In Betreff der Sprache und Schrift hat der Erblasser bei einem solchen Testamente im Allgemeinen freie Wahl. Ob Verwendung einer Zeichenschrift als genügend zu erachten ist, wird als quaestio facti zu betrachten sein. Wer minderjährig ist oder Geschriebenes nicht zu lesen vermag, kann ein Testament in holografer Form nicht errichten. Auf Verlangen

---

2276 ist der Erbvertrag nichtig, wenn das Protokoll nicht die Feststellung enthält, daß der deutsche Ehemann der deutschen Sprache nicht mächtig ist. Oder: ein der deutschen und polnischen Sprache mächtiger und in einem polnischen Dorfe in Posen nach § 2250 durch mündliche Erklärung vor drei Zeugen testirender Erblasser bedient sich der polnischen Sprache nur deshalb, weil die ihm zur Verfügung stehenden Zeugen der deutschen Sprache nicht mächtig sind; nach dem Wortlaut der §§ 2245, 2250 muß das Protokoll auch hier wieder, bei sonstiger Nichtigkeit des Testaments, die Erklärung des Erblassers enthalten, daß er der deutschen Sprache nicht mächtig ist. Oder: ein Deutscher befindet sich auf einer Seereise an Bord eines fremden, sagen wir englischen, Schiffes und errichtet daselbst vor drei, nur ihrer Muttersprache mächtigen Engländern als Zeugen und daher natürlich in englischer Sprache ein Testament. Dasselbe entbehrt vom Standpunkte des zunächst in Betracht kommenden deutschen Rechtes (Art. 11 E.G.) der Giltigkeit, wenn in dem über den Testirakt aufgenommenen Protokoll der mehrerwähnten Anforderung des § 2245 nicht genügt ist, und, wenn dies nicht der Fall ist, wird das Testament als giltig nur aufrecht erhalten werden können, wenn dasselbe den Formvorschriften des englischen Rechts entspricht (Art. 11 E.G.). Zu recht unerfreulichen Ergebnissen kann § 2245 endlich führen, wenn er auf in deutschen Schutzgebieten errichtete Testamente zur Anwendung gebracht wird. Bei alledem muß aber doch zugestanden werden, daß die Gefährlichkeit der Bestimmung des § 2245 sich dadurch wesentlich gemindert hat, daß im B.G.B. — im Gegensatz zur Reichstagsvorlage — die eigenhändige Testamentsform als ordentliche anerkannt ist.

[7]) Vgl. oben Anm. 3.

des Erblassers ist das von ihm errichtete eigenhändige Testament in amtliche Verwahrung zu nehmen und ihm hierüber ein Hinterlegungsschein zu ertheilen. Vgl. §§ 2231, 2247, 2248.

IV. Unter gewissen Voraussetzungen gestattet das B.G.B. auch den Gebrauch außerordentlicher Testamentsformen,[8]) welche sämmtlich mit einander gemein haben, daß bei ihnen ein Nachlaß von den bei der Testamentserrichtung vor einem Richter oder Notar geforderten Förmlichkeiten stattfindet. Hierher gehören folgende Fälle:

1. Ist zu besorgen, daß der Erblasser früher sterben werde, als die Errichtung eines Testaments vor einem Richter oder Notar möglich ist, so kann er vor dem Vorsteher der Gemeinde, in der er sich aufhält, oder vor dem Vorsteher des landesgesetzlich einer Gemeinde gleichgestellten Verbandes oder Gutsbezirkes testiren. Der Vorsteher, welcher hier an die Stelle des Richters oder Notars tritt, muß zwei Zeugen zuziehen. In dem aufzunehmenden Protokolle muß die Besorgniß, welche die Wahl dieser Testamentsform veranlaßte, festgestellt werden; daß sie in Wirklichkeit nicht begründet war, steht der Giltigkeit des Testaments nicht entgegen. Im Uebrigen kommen die für die Testamentserrichtung vor einem Richter oder Notar geltenden Vorschriften auch hier zur Anwendung. Vgl. § 2249.[8a])

2. Hält sich der Erblasser an einem Orte auf, der in Folge des Ausbruchs einer Krankheit oder sonstiger außerordentlicher Umstände dergestalt abgesperrt ist, daß die Errichtung eines Testaments vor einem Richter oder Notar nicht möglich oder doch erheblich erschwert ist, so kann er a) in der unter Z. 1 erwähnten Form oder b) mündlich vor drei Zeugen testiren. Auch im letzteren Falle muß ein Protokoll aufgenommen werden, auf welches die für das bei einem gerichtlichen oder notariellen Testamente aufzunehmende Protokoll geltenden Vorschriften Anwendung zu finden haben; unter Zuziehung eines Dolmetschers kann jedoch ein Testament in der unter b) angegebenen Form nicht errichtet werden. In Betreff der Zeugen gilt beim mündlichen

---

[8]) Die Bestimmung des § 2223 der Reichstagsvorlage über das sogenannte Diplomatentestament ist in Folge der Zulassung des eigenhändigen Testaments überflüssig geworden.

[8a]) „Unberührt bleiben die landesgesetzlichen Vorschriften, nach welchen im Falle des § 2249 des B.G.B. an Stelle des Vorstehers oder neben dem Vorsteher eine andere amtlich bestellte Person zuständig ist" (Art. 150 E.G.).

Testament vor drei Zeugen im Wesentlichen[9]) dasselbe wie beim gerichtlichen oder notariellen Testamente. Vgl. § 2250.

3. Wer sich während einer Seereise an Bord eines deutschen, nicht zur Kaiserlichen Marine gehörenden Fahrzeugs außerhalb eines inländischen Hafens befindet, kann sich der oben unter Z. 2 b erwähnten Testamentsform bedienen (§ 2251).

Hinsichtlich aller bisher unter Z. 1 bis 3 besprochenen Fälle ist jetzt noch zu bemerken, daß das in einer dieser außerordentlichen Formen errichtete Testament seine Wirksamkeit einbüßt, wenn seit der Errichtung drei Monate verstrichen sind und der Erblasser noch lebt. Solange der Erblasser „außer Stande ist",[10]) ein Testament vor einem Richter oder Notar zu errichten, sind Beginn und Lauf dieser Frist gehemmt, und im Falle des Seetestaments des § 2251 wird die Frist durch eine von dem Erblasser vor Ablauf derselben unternommene neue Seereise unterbrochen, so daß sie von der Beendigung der letzteren an neuerdings voll zu berechnen ist. Ist der Erblasser für todt erklärt worden, so behält das in außerordentlicher Form errichtete Testament seine Kraft, dafern nur die Frist zu der Zeit noch nicht verstrichen war, auf welche die letzte Nachricht vom Leben des Erblassers zurückreicht. Vgl. § 2252.

4. Bezüglich des Militärtestaments vgl. § 44 des Reichsmilitärgesetzes vom 2. Mai 1874 und bezüglich der Testamentserrichtung an Bord eines zur Kaiserlichen Marine gehörenden Fahrzeuges vgl. Art. 44 E.G.

B. Inhalt des Testaments.

1. Im Allgemeinen.

§ 10.

I. Das Testament kann einen sehr verschiedenen Inhalt haben und insbesondere enthalten: Erbeinsetzungen, Ernennungen von Nacherben, die Ausschließung eines Verwandten oder des Ehegatten von der gesetzlichen Erbfolge (§ 1938), Pflichttheilsentziehungen (welche freilich nur

---

[9]) Die Ordnungsvorschrift des § 2237 Nr. 4 (vgl. oben Anm. 5) gilt jedoch hier nicht (§ 2250 Abs. 2).

[10]) Ein Testament kann in der Form des § 2250 und unter der dort angegebenen Voraussetzung auch schon errichtet werden, wenn die Errichtung eines Testaments vor einem Richter oder einem Notar „erheblich erschwert" ist. Solange diese erhebliche Erschwerung andauert, wird man annehmen müssen, daß der Erblasser im Sinne des § 2252 zur Errichtung eines Testaments vor einem Richter oder einem Notar „außer Stande" ist.

bei Vorhandensein der hierzu erforderlichen Voraussetzungen wirksam sind), Bestimmungen über die unter mehreren Erben zu treffende Auseinandersetzung, über die Berücksichtigung oder Nichtberücksichtigung von Gaben, welche der Erbe vom Erblasser vorausempfangen hat, bei der Berechnung des Erbtheils, über die Nichtberücksichtigung[1]) gewisser Vorausempfänge bei der Berechnung des Pflichttheils, die Ernennung von Testamentsvollstreckern, Vermächtnißverfügungen, Auflagen, Anordnungen über das dem Erblasser zu gewährende Begräbniß, familienrechtliche Anordnungen.[2])

II. Während nach römischem und gemeinem Recht die Erbeinsetzung den wesentlichen Inhalt des Testaments bildet, so daß ohne sie auch die übrigen testamentarischen Anordnungen nicht bestehen können, braucht das Testament des B.G.B. eine Erbeinsetzung überhaupt nicht zu enthalten, und ist die Wirksamkeit der im Testamente neben der etwa vorhandenen Erbeinsetzung getroffenen letztwilligen Verfügungen durch die Wirksamkeit der Erbeinsetzung grundsätzlich nicht bedingt (§ 2085).

III. Wenn schon dem Erblasser durch sein Testirrecht in weitem Umfange die Möglichkeit eröffnet ist, seinen Willen auch für die Zeit nach seinem Tode zur Geltung zu bringen, so ist ihm doch nicht die Anordnung gestattet, daß in dieser Beziehung statt seines Willens der Wille eines Anderen schlechthin maßgebend sein solle. In Konsequenz hiervon kann der Erblasser eine letztwillige Verfügung auch nicht in der Weise treffen, daß ein Anderer zu bestimmen hat, ob sie gelten oder nicht gelten soll, und kann er ebensowenig die Bestimmung der Person, welcher eine Zuwendung zukommen soll, oder des Gegenstandes der Zuwendung einem Anderen überlassen (§ 2065). Bei Vermächtnissen und Auflagen, deren Zweck der Erblasser bestimmt hat, kann er jedoch die Bestimmung der Leistung dem billigen Ermessen des Beschwerten oder eines Dritten überlassen und bei Auflagen kann er unter derselben Voraussetzung auch die Bestimmung der Person, an welche die Leistung erfolgen soll, dem Beschwerten oder einem Dritten anheimstellen (§§ 2156, 2192, 2193).

---

[1]) Eine Bestimmung des Inhalts dagegen, daß eine dem Pflichttheilsberechtigten durch Rechtsgeschäft unter Lebenden gemachte und nach dem Gesetze bei der Pflichttheilsberechnung nicht zu berücksichtigende Zuwendung hierbei doch berücksichtigt werden soll, kann vom Erblasser letztwillig nicht getroffen werden.

[2]) Vgl. hierzu die §§ 1369, 1598, 1638, 1639, 1651, 1687, 1688, 1777, 1782, 1797, 1803, 1856, 1868, 1880, 1909, 1917.

IV. In letztwilligen Verfügungen spielen Bedingungen und Befristungen eine nicht unerhebliche Rolle. Die hierauf sich beziehenden Bestimmungen des Gesetzes zeigen weise Zurückhaltung und sind sachlich entsprechend. Für Bedingungen und Befristungen bei letztwilligen Verfügungen gelten im Wesentlichen die für rechtsgeschäftliche Bedingungen und Befristungen überhaupt maßgebenden Grundsätze. Die für unsere Rechtsauffassung — besonders hinsichtlich der unmöglichen und unerlaubten Bedingungen — befremdlichen Entscheidungen des römischen und auch des gemeinen Rechts entfallen damit von selbst.[3]) Aus den Entscheidungen des B.G.B. hervorzuheben sind nur vier Punkte: 1. Ist eine letztwillige Zuwendung unter einer aufschiebenden Bedingung gemacht, so ist im Zweifel als Wille des Erblassers anzunehmen, daß der Bedachte die Erfüllung der Bedingung erleben muß (2074); allein im Gegensatz zum römischen Recht ist hierdurch, weil es sich nach dem Rechte des Gesetzbuchs nur um eine Interpretationsfrage handelt, die Vererblichkeit des bedingten Erb- und Vermächtnißrechts nicht schlechthin ausgeschlossen.[4]) 2. Eine letztwillige Zuwendung unter der Bedingung, daß der Bedachte während eines Zeitraums von unbestimmter Dauer etwas in seiner Willkür Gelegenes unterläßt oder fortgesetzt thut, ist im Zweifel als Zuwendung unter der umgekehrten auflösenden Bedingung zu behandeln (§ 2075).[5]) 3. Bezweckt die Bedingung den Vortheil eines Dritten, so gilt sie im Zweifel als eingetreten, wenn der Dritte die zum Eintritte der Bedingung erforderliche Mitwirkung verweigert (§ 2076).[6]) 4. Durch die Beifügung von Bedingungen und

---

[3]) In Ermangelung besonderer Bestimmungen muß, im Gegensatz zum römischen Recht, als selbstverständlich gelten, daß eine unter Beifügung einer unmöglichen oder unerlaubten aufschiebenden Bedingung getroffene letztwillige Verfügung unwirksam ist. Daß auflösende Bedingungen einer Erbeinsetzung wirksam beigefügt werden können, ist schon an anderer Stelle bemerkt worden. Ueber die Behandlung der unmöglichen oder unerlaubten auflösenden Bedingungen vgl. Motive I S. 265 und S. 267.

[4]) Vgl. hierzu des Verfassers Schrift: Transmission pendente condicione S. 23 ff.

[5]) Diese an die modernen Gesetzgebungen sich anschließende Vorschrift ist eine Fortbildung des in der cautio Muciana des römischen Rechtes (vgl. Dernburg, Pandekten III § 83) sich ausprägenden Gedankens. Der praktische Unterschied in der Behandlung besteht darin, daß nach dem Rechte des B.G.B. dem Eingesetzten, Bedachten, welcher der Absicht des Erblassers zuwiderhandelt, die Früchte der Zwischenzeit verbleiben, während nach römischem Rechte der Kautionssteller im gleichen Falle diese Früchte herauszugeben hat.

[6]) Vgl. übrigens noch die allgemein durchgreifende und daher auch für das Erbrecht maßgebende Bestimmung des § 162.

Befristungen kann der Erblasser nicht eine Gebundenheit ins Unendliche schaffen, sondern nur innerhalb unüberschreitbarer zeitlicher Grenzen (§§ 2109, 2162, 2163, 2210).

V. Die §§ 2066 bis 2073 des B.G.B. enthalten eine Reihe von Auslegungsregeln, welche ebenso vorsichtig angewendet sein wollen, als sie vorsichtig gefaßt sind. Bleibt dies nicht unberücksichtigt, so werden sich diese Vorschriften als zutreffend bewähren.

2. Erbeinsetzung.

§ 11.

I. Zur Einsetzung eines Erben ist der Gebrauch besonderer Wortformeln nicht erforderlich. Ob ein Bedachter als Erbe oder als Vermächtnißnehmer behandelt werden soll, ist nach Maßgabe des Inhalts der ganzen Verfügung zu beurtheilen. Ist Jemand auf den ganzen Nachlaß oder einen Bruchtheil desselben eingesetzt, so ist er, wenn auch vom Erblasser als Erbe nicht bezeichnet, doch als Erbe zu behandeln. Der vom Erblasser als Erbe geradezu Bezeichnete ist dagegen im Zweifel als Erbe doch nicht zu betrachten, wenn ihm nur einzelne Nachlaßgegenstände zugewendet sind;[1]) anders wird es sich aber z. B. verhalten, wenn dem Bedachten diejenigen Gegenstände zugewendet sind, von welchen der Erblasser mit gutem Grunde annehmen durfte, daß sie praktisch den ganzen Nachlaß ausmachen (§ 2087).

II. Hat der Erblasser nur einen Erben, und zwar ohne Beschränkung auf einen Theil des Nachlasses, eingesetzt, so wird dieser Alleinerbe. Im Falle der Beschränkung des Erben auf eine Quote des Nachlasses kommt es in Ansehung des Restes zur gesetzlichen Erbfolge; dasselbe gilt, wenn bei Einsetzung mehrerer Erben durch die allen zusammen zugewiesenen Bruchtheile der Nachlaß nicht erschöpft wird. Sind mehrere Erben ohne Theilbestimmung eingesetzt, so erben sie zu gleichen Theilen. Der Erblasser kann aber die Theile auch anders bestimmen, und zwar nicht nur direkt, sondern auch indirekt. Eine indirekte Theilbestimmung kann insbesondere in der Weise erfolgen, daß der Erblasser einige der von ihm eingesetzten Erben zu einer Gruppe zusammenfaßt, um dadurch auszudrücken, daß von den zu bildenden Hauptbruchtheilen der Erbschaft nur einer auf alle zu dieser Gruppe gehörenden Erben zusammen (als „gemeinschaftlicher Erbtheil") entfallen soll. Der Erblasser kann selbstverständlich auch mehrere solcher Gruppen

[1]) Die römische Lehre von der institutio ex re certa ist, wie den modernen Gesetzgebungen überhaupt, so auch dem B.G.B. fremd.

nebeneinander und innerhalb einer Gruppe auch wieder Untergruppen bilden. Bei der Entscheidung der Frage, ob und inwieweit vom Erblasser solche Gruppenbildung gewollt ist, ist der Auslegung der freieste Spielraum gegeben. Ist den auf Bruchtheile der Erbschaft eingesetzten Erben zusammen mehr zugewiesen als ein Ganzes, so tritt verhältnißmäßige Minderung der Bruchtheile ein; ist dagegen, obschon der Erblasser die Erbschaft unter die auf Bruchtheile eingesetzten Erben ganz vertheilen wollte, das Ganze nicht erschöpft, so kommt es zur verhältnißmäßigen Erhöhung der Bruchtheile. Sind von mehreren Erben die einen auf Bruchtheile, die anderen ohne Bruchtheile eingesetzt, so erhalten die letzteren den Rest; dafern sich aber ein solcher nicht ergiebt, wird für jeden ohne Bruchtheil eingesetzten Erben ein Bruchtheil in Ansatz gebracht, welcher dem geringsten der vergebenen Bruchtheile gleichkommt, und dann zur verhältnißmäßigen Minderung aller Bruchtheile geschritten.[2]) Vgl. §§ 2088 bis 2093.

III. Die nach Maßgabe von II sich ergebenden Erbtheile testamentarischer Erben können sich in Folge des vor oder nach dem Erbfall eintretenden Ausfalls von Miterben durch Anwachsung[3]) vergrößern (§ 2094).

1. Die Anwachsung tritt nur mit Rücksicht auf den vermuthlichen Willen des Erblassers[4]) ein und kann deshalb von diesem sowohl direkt als indirekt ausgeschlossen werden (§ 2094 Abs. 3). Als dem vermuthlichen Willen des Erblassers entsprechend ist die Anwachsung zweifellos anzusehen: a) Im Falle der Einsetzung mehrerer Erben auf einen gemeinschaftlichen Erbtheil; fällt einer dieser Erben aus, so tritt Anwachsung zu Gunsten der übrigen ein (§ 2094 Abs. 1 Satz 2). b) Im

---

[2]) Wesentlich anders geht im gleichen Falle bekanntlich das römische Recht vor; vgl. Dernburg, Pandekten III § 86 unter 2c.

[3]) Bei der gesetzlichen Erbfolge kennt das Gesetz eine „Anwachsung" im technischen Sinne nicht, sondern nur eine, in Folge des vor oder nach dem Erbfall eintretenden Wegfalls eines von mehreren gesetzlichen Erben, nach Maßgabe der für die betreffende Ordnung geltenden Vertheilungsgrundsätze, stattfindende Erhöhung der Erbtheile der zum definitiven Erwerbe gelangenden Erben (§ 1935). Trotzdem geht die gedankenmäßige Anknüpfung der Bestimmung des § 1935 an die Theorie der Anwachsung noch zu weit. Denn bei der gesetzlichen Erbfolge sollte man von einer Erhöhung des gesetzlichen Erbtheils eines Erben durch vor dem Erbfall eintretenden Wegfall eines anderen gesetzlichen Erben überhaupt nicht reden, und zwar deshalb nicht, weil die Zahl der gesetzlichen Erben vor dem Erbfall keine geschlossene ist.

[4]) Ueber die prinzipielle Verschiedenheit des modernen und römischen Anwachsungsrechts vgl. des Verfassers Schrift: Transmission p. c. S. 90 ff.

Falle der Einsetzung mehrerer Erben zur ganzen Erbschaft ohne feste Bestimmung der Erbtheile, wobei sich übrigens doch wieder aus der Art und Weise der getroffenen Verfügung ein bevorzugtes Anwachsungsrecht einzelner Erben ergeben kann.

Das Gesetz (§ 2094) geht aber hierüber noch erheblich hinaus, indem es den Erbtheil eines ausfallenden Erben den übrigen Erben, selbst wenn diese lediglich auf Bruchtheile der Erbschaft eingesetzt sind, ganz allgemein schon dann anwachsen läßt, wenn mehrere Erben in der Weise eingesetzt sind, daß sie (dafern alle zum definitiven Erwerb gelangen würden), die gesetzliche Erbfolge ausschließen. Dies führt unter Umständen zu befriedigenden Ergebnissen; z. B. der Erblasser setzt seine Enkel A, B und C zu Erben ein, jeden zu $^1/_3$ der Erbschaft. Es ist ganz entsprechend, daß hier Anwachsung Platz greift, wenn einer der eingesetzten Erben ausfällt. Wesentlich anders liegt die Sache bei folgender Verfügung: „Mein Haupterbe soll mein Bruder A sein, $^1/_5$ meiner Erbschaft soll jedoch der B erhalten." Auch in diesem Falle ist es zwar wieder ganz entsprechend, wenn der Bruder A bei Wegfall des B Alleinerbe wird; nicht aber auch, daß es B wird, wenn des Erblassers Bruder ausfällt. Gerade zu diesem Ergebnisse führt aber der Wortlaut des § 2094 Abs. 1, und zu befriedigender Entscheidung kann man nur bei sehr freier Behandlung durch die Annahme gelangen, daß die Anwachsung in dem berührten Falle vom Erblasser indirekt ausgeschlossen worden ist.

Hat der Erblasser nur über einen Theil der Erbschaft durch Erbeinsetzung verfügt, so daß in Ansehung des Restes gesetzliche Erbfolge stattfindet, so soll (nach § 2094 Abs. 2) Anwachsung unter den eingesetzten Erben nur eintreten, „soweit sie auf einen gemeinschaftlichen Erbtheil eingesetzt sind". Auch hiermit gelangt man nicht durchaus zu befriedigenden Ergebnissen. Ein Erblasser verfügt etwa: „Hinsichtlich der einen Hälfte meiner Erbschaft soll es bei der gesetzlichen Erbfolge bewenden; hinsichtlich der anderen Hälfte bestimme ich, daß A $^1/_3$ dieser Hälfte, B das Uebrige bekommen soll". A fällt aus. Hält man sich genau an die Bestimmung des Gesetzes, so gelangt man zu der wenig befriedigenden Entscheidung, daß dem B ein Anwachsungsrecht nicht zukommt und daß der durch den Wegfall des A freigewordene Erbtheil also den gesetzlichen Erben zufällt. Auch hier kann nur durch sehr freie Behandlung Abhilfe geschaffen werden.

2. Soweit nach dem unter Z. 1 Gesagten die Voraussetzungen der Anwachsung zu Gunsten mehrerer Erben nebeneinander überhaupt

vorhanden sind, erfolgt sie nach dem Verhältniß der ursprünglichen Erbtheile dieser Erben (§ 2094).

3. Der einem Erben durch Anwachsung anfallende Erbtheil gilt in Ansehung der Vermächtnisse und Auflagen sowie in Ansehung der Ausgleichungspflicht als besonderer Erbtheil (§ 2095).[5])

IV. Wie das Gesetz für den Fall, daß der zunächst berufene gesetzliche Erbe nicht zum definitiven Erwerbe gelangt, entferntere gesetzliche Erben beruft, so kann auch der Erblasser für den Fall, daß der von ihm zunächst als Erbe Eingesetzte nicht Erbe sein kann oder will, einen Anderen als Erben einsetzen, d. h. einen Ersatzerben (Vulgarsubstituten) ernennen. Selbst wenn der Erblasser nur die eine der beiden vorerwähnten Möglichkeiten hervorgehoben hat, so gilt die Einsetzung des Ersatzerben im Zweifel doch für beide. Nach römischem und gemeinem Recht wird die Berufung eines Ersatzerben als Berufung unter einer gewillkürten aufschiebenden Bedingung behandelt und muß demgemäß der Ersatzerbe nicht nur den Erbfall, sondern auch den Wegfall des Vorberufenen erleben. Nach dem B.G.B. verhält sich dies mit Recht anders: denn gelangt der Ersteingesetzte nicht zum definitiven Erwerbe, so wird der Anfall an ihn als gar nicht erfolgt behandelt und gilt somit der Ersatzerbe als schon vom Erbfalle an berufen, mag er auch inzwischen verstorben sein (§ 1953).[6]) Der Erblasser kann auch einen Miterben als Ersatzerben für den anderen Miterben oder mehrere Miterben gegenseitig als Ersatzerben einsetzen. Es tritt dann in Ermangelung einer besonderen Be-

---

[5]) Dasselbe gilt auch hinsichtlich einer bei der gesetzlichen Erbfolge eintretenden Erhöhung des Erbtheils eines gesetzlichen Erben durch vor oder nach dem Erbfall erfolgenden Wegfall eines anderen gesetzlichen Erben (§ 1935).

[6]) Die Ersatzberufung (Vulgarsubstitution) gehört nach moderner Auffassung mit zu denjenigen Fällen, bei welchen die Berufung einer Person zur Erbfolge von der condicio iuris abhängig ist, daß eine vorberufene Person nicht zur Erbfolge gelangt. Denn es verhält sich bei der Ersatzberufung in der That genau so wie mit der eventuellen Berufung des gesetzlichen Erben bei Vorhandensein eines zunächst berufenen gewillkürten Erben oder wie mit der eventuellen Berufung eines entfernteren gesetzlichen Erben bei Vorhandensein eines zunächst berufenen näheren gesetzlichen Erben. In allen diesen Fällen gleichmäßig wird es nach dem Wegfall des Vorberufenen so gehalten, als ob dieser gar nicht vorhanden gewesen wäre (§§ 1953, 2344). Folge davon aber ist wieder, daß der Nachberufene sein eventuelles Erbrecht auf seine Erben transmittirt, wenn er zwar nicht den Wegfall des Vorberufenen, aber doch den Erbfall erlebt hat. Vgl. des Verfassers Schrift: Transmission p. c. S. 58 ff.

stimmung des Erblassers praktisch wesentlich [7]) dieselbe Behandlung ein wie in den Fällen der Anwachsung. Während jedoch diese auf dem nur vermutheten Willen des Erblassers beruht, liegt bei der Einsetzung von Miterben als Ersatzerben eine hierauf gerichtete besondere Erklärung des Erblassers vor. Wie überhaupt, so geht daher auch hier die Ersatzberufung der Anwachsung vor. Vgl. §§ 2096 bis 2099.

Nach römischem und gemeinem Recht macht es unter Umständen, z. B. wenn A, B und C zu gleichen Theilen als Erben eingesetzt sind, einen wesentlichen Unterschied, je nachdem es wegen des nach dem Erbfall erfolgenden Wegfalls, etwa des C, zu einer Anwachsung an A und B kommt, oder zu einer solchen deshalb nicht kommt, weil A und B durch besondere Bestimmung des Erblassers auf den Erbtheil des A als Ersatzerben berufen sind. Denn ist z. B. A nach dem Erbfalle, aber noch vor der Ausschlagung des C gestorben, so kommt nach römischer Auffassung zwar die Anwachsung den Erben des A noch zu Statten, nicht aber die Einsetzung des A zum Ersatzerben, so daß also der noch lebende Ersatzerbe B den ganzen Antheil des C mit Ausschluß der Erben des A erhalten würde. Das B.G.B. hat diese Subtilität durch seinen § 1953 mit Recht beseitigt.[8])

3. Einsetzung eines Nacherben.[1])

§ 12.

1. Der Erblasser kann ausdrücklich anordnen, daß die Erbschaft zunächst einem Vorerben zufallen und von diesem sodann auf einen Nacherben übergehen soll. Nicht selten kommt es aber zu einer Nacherbfolge auch ohne ausdrückliche Ernennung eines Nacherben. So sind im Falle des § 2104 (Einsetzung eines Erben mit Beifügung eines Endtermins oder einer auflösenden Bedingung) in Ermangelung einer besonderen Bestimmung des Erblassers dessen gesetzliche Erben als zur Nacherbfolge berufen anzusehen, während nach § 2105 (im Falle der Einsetzung eines Erben unter Beifügung eines Anfangstermins oder einer im Zeitpunkt des Erbfalls noch nicht erfüllten aufschiebenden Bedingung) der eingesetzte Erbe als Nacherbe behandelt wird, welchem des Erblassers gesetzliche Erben als Vorerben vorangehen.

---

[7]) Vgl. aber auch den erst im vierten Abschnitt dieser Darstellung zu besprechenden § 2007.

[8]) Vgl. hierzu des Verfassers mehrgenannte Schrift S. 157 ff.

[1]) Vgl. Hachenburg, Studien zum Erbrecht, Heft 1, die Einsetzung eines Nacherben (1896).

Ein besonders wichtiger Fall der Nacherbfolge ist gegeben, wenn der Nachlaß als Ganzes nach der Bestimmung des Erblassers einer erst nach dem Erbfall erzeugten Person zukommen soll. Zufolge der Bestimmung des § 1923 kann eine solche Person keinesfalls Erbe werden, sondern nur Nacherbe, und dem entsprechend soll daher auch im Zweifel angenommen werden, daß sie, wenn schon vom Erblasser als „Erbe" bezeichnet, doch nur als Nacherbe eingesetzt werden wollte (§ 2101 Abs. 1 Satz 1). Was soll aber gelten, wenn diese Annahme der Absicht des Erblassers offenbar widerspricht? Beispiel: Ein Erblasser hat unter ausdrücklicher Ausschließung jeder vorläufigen gesetzlichen Erbfolge bestimmt, daß sein Nachlaß dem ältesten Sohne seines nach Amerika ausgewanderten Bruders aus der bevorstehenden Ehe des letzteren mit der N zufallen solle. Im Uebrigen enthält das Testament noch Anordnungen, durch welche nicht allein die zwischenzeitige Verwaltung des Nachlasses durch einen Testamentsvollstrecker, sondern außerdem auch noch sichergestellt werden soll, daß der eingesetzte Erbe nach Eintritt eines gewissen Lebensalters in Deutschland erzogen werde. Obschon diese letztwillige Verfügung für die unbefangene Beurtheilung durchaus nichts Ungehöriges enthält, so kann sie nach den Bestimmungen des B.G.B. doch so, wie sie vom Erblasser gewollt ist, nicht zur Verwirklichung gebracht werden. Immerhin wird man aber sagen müssen, daß man dem Willen des Erblassers doch noch besser gerecht wird, wenn in unserem Falle der als Erbe Eingesetzte wenigstens als Nacherbe behandelt wird, als wenn man die Verfügung, weil sie die wirksame Einsetzung eines Erben nicht sein kann und als Einsetzung eines Nacherben zunächst nicht gewollt ist, als schlechthin unwirksam behandelt. Die Entscheidung im ersteren Sinne ermöglicht § 2101 Abs. 1 Satz 2.[2])

II. Die Einsetzung einer Person als Nacherbe enthält im Zweifel zugleich auch die Einsetzung als Ersatzerbe, nämlich für den Fall, als der Vorerbe ausfallen sollte, und unter der Voraussetzung, daß der als Nacherbe Eingesetzte zur Zeit des Erbfalls (im Sinne des § 1923) bereits lebt. Ist zweifelhaft, ob Jemand als Ersatzerbe oder als Nacherbe eingesetzt ist, so hat man sich für das Erstere zu entscheiden (§ 2102).

III. Die Einsetzung von Nacherben darf nicht schrankenlos zugelassen werden, denn sonst wäre der Erblasser, besonders mit Rücksicht

[2]) Anders noch der recht bedenklich gefaßte Satz 2 von Abs. 1 des dem § 2101 B.G.B. entsprechenden § 2076 der Reichstagsvorlage. Vgl. hierzu den Bericht der Reichstagskommission S. 15.

darauf, daß die Nacherben zur Zeit des Erbfalls noch nicht erzeugt zu sein brauchen, in der Lage, seine Erbschaft zu einem auf unabsehbare Zeit gebundenen Vermögen, d. i. zu einer Art Fideikommiß zu machen. Der Entwurf erster Lesung hatte, um solche dauernde Vinkulirung auszuschließen, festsetzen zu müssen geglaubt, daß die Nacherbfolge nur einmal eintreten dürfe.[3]) Schon bei der zweiten Lesung ist dies mit Recht aufgegeben worden. Die der Einsetzung von Nacherben gezogenen gesetzlichen Schranken sind jetzt § 2109 folgende:[4]) Die Einsetzung eines Nacherben wird in aller Regel unwirksam, wenn der Fall der Nacherbfolge vor Ablauf von 30 Jahren nach dem Erbfall noch nicht eingetreten ist. Die starre Durchführung dieser Regel würde jedoch in nicht gerade seltenen Fällen zu ganz unbefriedigenden Ergebnissen führen. Das Gesetz gestattet daher unter Umständen auch die Ueberschreitung der dreißigjährigen Frist, und zwar: 1. Wenn die Nacherbfolge für den Fall angeordnet ist, daß in der Person des Vorerben oder des Nacherben ein bestimmtes Ereigniß eintritt und derjenige, in dessen Person dieser Eintritt erfolgen soll,[5]) zur Zeit des Erbfalls lebt. Beispiele: Die Nacherbfolge soll eintreten beim Tode des zur Zeit des Erbfalls bereits erzeugt gewesenen Vorerben; derselbe stirbt aber erst vierzig Jahre nach dem Erbfalle. Es wäre widersinnig, wenn in diesem und in ähnlichen Fällen der Ablauf der dreißigjährigen Frist die Einsetzung des Nacherben hinfällig machen würde. Oder die Verfügung lautet: „Meine Erbschaft soll zunächst meiner Heimathsgemeinde zukommen, welche

[3]) Vgl. hierzu des Verfassers Ausführungen in Jherings Jahrbüchern Bd. 30 S. 168 ff.

[4]) Vgl. Hachenburg a. a. O. S. 17 ff.

[5]) Nicht einzusehen ist, warum es sich dabei nothwendig um ein gerade in der Person des Vorerben oder des Nacherben eintretendes Ereigniß handeln muß. Beispiel: Ein Erblasser setzt seinen Bruder A zum Erben und den zur Zeit des Erbfalls bereits erzeugten X für den Fall zum Nacherben ein, daß des A Sohn B in einen geistlichen Orden eintreten sollte. Nach dem Tode des A, dessen Erbe B wird, und nachdem dreißig Jahre seit dem Erbfall bereits abgelaufen sind, tritt B in einen geistlichen Orden ein. Da man in dieser Handlung des B ein in der Person des Vorerben A oder des — es soll angenommen werden noch lebenden — Nacherben X eingetretenes Ereigniß unmöglich erblicken kann, so ist die Einsetzung des X als Nacherbe nach dem Wortlaute des § 2109 als unwirksam zu behandeln, obschon es dafür an einem sachlichen Grunde fehlt. Dieses Resultat wäre vermieden worden, wenn sich das Gesetz an die vom Verfasser in Jherings Jahrbüchern Bd. 30 S. 177 vorgeschlagene Fassung angeschlossen hätte. Sollte ein Fall der vorerwähnten Art übrigens wirklich vorkommen, so wird eine schöpferische Praxis über den Wortlaut des § 2109 Abs. 1 Nr. 1 hinwegzukommen wissen.

meinem Neffen A eine lebenslängliche Rente von 1500 Mk. auszubezahlen hat. Sobald sich A jedoch verehelicht, soll er die ganze Erbschaft als Nacherbe erhalten." Auch wenn sich der Neffe erst verehelicht, nachdem dreißig Jahre seit dem Erbfall bereits vergangen sind, so soll seine Einsetzung als Nacherbe doch wirksam sein. Allen hierher gehörigen Fällen ist übrigens gemeinsam, daß der Zustand der Gebundenheit ein langes Menschenleben nicht überdauern kann;[6]) denn wenn der Vorerbe oder der Nacherbe, in dessen Person das Ereigniß eintreten soll, eine juristische Person ist, so bewendet es bei der dreißigjährigen Frist. 2. Die Nacherbenernennung ist ohne weitere Beschränkung[7]) zulässig, wenn der eingesetzte Nacherbe ein zu erwartender Bruder oder eine zu erwartende Schwester des Vor- oder Nacherben ist. Man hat hierbei vorzugsweise an eine Verfügung etwa folgenden Inhalts gedacht: „Meine Erbschaft soll zunächst dem A zufallen, nach dessen Tode zu gleichen Theilen den Kindern des B, und zwar derart, daß die beim Tode des A zum Erwerbe gelangenden Kinder an ihre etwa noch nachgeborenen Geschwister die entsprechenden Portionen abzugeben haben."[8])

IV. Bei der Nacherbfolge muß man zwei maßgebende Zeitpunkte wohl auseinander halten. Es kommt in Betracht:

1. Der „Fall der Nacherbfolge" (§§ 2108, 2109), d. i. der Zeitpunkt, in welchem die Nacherbfolge sich verwirklicht, mit welchem der Nacherbe in die Erbenstellung eintritt; im § 2106 wird im Hinblick auf diesen Zeitpunkt die nach der Terminologie des Gesetzes zutreffende, aber doch leicht mißzuverstehende[9]) Wendung gebraucht, daß die Erbschaft dem Nacherben „anfällt". Die Bestimmung des Falles der Nacherbfolge hängt, innerhalb der gesetzlichen Schranken, vom Willen des Erblassers ab. Fehlt es an einer besonderen Bestimmung, so tritt der Fall der Nacherbfolge regelmäßig mit dem Tode des Vorerben ein. Ist aber ein als Erbe Eingesetzter nur deshalb als

---

[6]) Dies deshalb nicht, weil nach § 2109 Abs. 1 Nr. 1 derjenige, in dessen Person das Ereigniß eintreten soll, zur Zeit des Erbfalls bereits gelebt haben muß.

[7]) Trotzdem ist eine feste zeitliche Schranke schon durch die Lebensdauer des Vaters oder der Mutter desjenigen gegeben, welchem ein Bruder oder eine Schwester geboren werden soll.

[8]) Vgl. hierzu des Verfassers Ausführungen in Iherings Jahrbüchern Bd. 30 S. 171 ff.

[9]) Ein Mißverständniß würde nämlich vorliegen, wenn man diesen Zeitpunkt des „Anfallens" als für die Vererblichkeit des Rechtes des Nacherben allein entscheidend betrachten wollte.

Nacherbe zu behandeln, weil er zur Zeit des Erbfalls noch nicht erzeugt war, so tritt die Nacherbfolge mit der Geburt des Nacherben ein (§§ 2106, 2108 Abs. 1, 1923).

2. Ein zweiter maßgebender Zeitpunkt, er soll in Ermangelung eines gesetzlichen Termins als Zeitpunkt des Voranfalls bezeichnet werden, ist derjenige, mit welchem der Nacherbe eine vererbliche Anwartschaft auf den Eintritt der Nacherbfolge erwirbt.[10]) Der als Nacherbe Eingesetzte braucht also keineswegs unter allen Umständen den Fall der Nacherbfolge selbst zu erleben, es genügt in der Regel, wenn er auch nur einen früheren Zeitpunkt: den Voranfall der bevorstehenden Nacherbfolge erlebt hat. Welcher Zeitpunkt ist dies? Derselbe kann keinesfalls vor dem Erbfalle liegen, fällt aber mit diesem regelmäßig zusammen, wenn der als Nacherbe Eingesetzte zur Zeit des Erbfalls bereits bzw. noch lebt. Beispiel: Der Erblasser hat den A zum Erben und den bereits lebenden B mit der Bestimmung, daß die Erbschaft auf ihn mit des A Tode übergehen soll, zum Nacherben eingesetzt. Stirbt B nach dem Erblasser, aber vor dem A, so überträgt er seine Anwartschaft auf die Nacherbfolge auf seinen Erben (§ 2108, Abs. 2). Eine abweichende Behandlung tritt jedoch ein, a) wenn ein anderer Wille des Erblassers anzunehmen ist; b) in denjenigen Fällen, wo sich die Person des Nacherben erst nach dem Zeitpunkte des Falles der Nacherbfolge bestimmt;[11]) c) wenn der Nacherbe unter einer aufschiebenden Bedingung eingesetzt ist, in welchem Falle es bei der Regel zu bewenden hat, daß der bedingt Eingesetzte die Erfüllung der Bedingung im Zweifel zu erleben hat (§§ 2108 Abs. 2, 2074). Einen eigenthümlichen, in diesen Zusammenhang gehörenden Fall enthält § 2107. Darnach soll die Verfügung, durch welche der Erblasser seinem, zur Zeit der Errichtung derselben noch nachkommenlosen oder von ihm für nachkommenlos doch gehaltenen Abkömmling für die Zeit nach dessen Tode einen Nacherben bestimmt, mit Rücksicht auf die vermuthliche Absicht des Erblassers nur für den Fall gelten, daß der Abkömmling ohne Nachkommenschaft stirbt. Im ersten Augenblicke könnte man daher vielleicht geneigt sein, zu sagen, daß die Einsetzung des Nacherben in diesem Falle als aufschiebend bedingt anzusehen sei und daß der Nacherbe somit nach der Regel des § 2074 den Zeitpunkt erleben müsse, in welchem der Vorerbe ohne Nachkommenschaft gestorben ist. Und doch

---

[10]) Vgl. hierzu des Verfassers Transmission p. c. S. 179 ff.

[11]) Vgl. § 2104.

wird regelmäßig anders zu entscheiden sein. Beispiel: Der Erblasser setzt seinen blödsinnigen Sohn A zum Erben und den B zum Nacherben ein. B wird hier nicht das nachkommenlose Versterben des A, sondern nur den Tod des Erblassers zu erleben brauchen. Denn der offenbare Zweck der Auslegungsregel des § 2107 erfordert nicht die gänzliche Ausschließung eines zu Gunsten des Nacherben eintretenden Voranfalls, sondern nur, daß dieser Voranfall sich als bedeutungslos erweist, wenn der Vorerbe Nachkommenschaft hinterläßt.[12]) Von einem Nacherben, welcher erst nach dem Erbfall geboren oder gar erst erzeugt worden ist, kann man natürlich nicht sagen, daß er diesen Fall noch erlebt habe. Der Voranfall, d. h. die vererbliche Anwartschaft auf den Eintritt der Nacherbfolge, kann daher in solchen Fällen nicht vor der Geburt des Nacherben eintreten. Erfolgt diese jedoch noch vor dem Fall der Nacherbfolge, so ist für den als Nacherbe Eingesetzten, soweit nicht eine der früher erwähnten Ausnahmen Platz greift, eine vererbliche Anwartschaft auf den Eintritt der Nacherbfolge bereits begründet. (§ 2108, Abs. 2.[13])

V. So lange der Fall der Nacherbfolge noch nicht eingetreten ist, kommt die Erbenstellung dem Vorerben zu, wenn schon derselbe der Erbschaft sehr viel weniger frei gegenübersteht als ein anderer Erbe, welchem eine Ablösung durch einen Nacherben nicht bevorsteht.[14])

Die praktische Stellung des Vorerben ist übrigens nicht unter allen Umständen die gleiche.

A. Regelmäßig gelten folgende Grundsätze:

1. Der Vorerbe hat dem Nacherben auf Verlangen ein Verzeichniß der zur Erbschaft gehörenden Gegenstände mitzutheilen (§ 2121) und hat ihm, wenn die Umstände ein solches Begehren rechtfertigen, auch Auskunft über den späteren Bestand der Erbschaft zu geben (§ 2127); auf Verlangen des Vorerben oder des Nacherben kann es ferner zu einer Feststellung des Zustandes der zur Erbschaft gehörenden Sachen und rücksichtlich gewisser Objekte (Wald, Bergwerk u. dgl.) zur Feststellung eines Wirthschaftsplanes kommen (§§ 2122, 2123).

---

[12]) Durch die bereits eingetretene Vererblichkeit des Rechtes des Nacherben ist ja auch sonst die Möglichkeit nicht ausgeschlossen, daß die Einsetzung des Nacherben hinterher unwirksam wird; vgl. § 2109.

[13]) In der Fassung des entsprechenden § 2083 der Reichstagsvorlage war dieser Fall unberücksichtigt geblieben; vgl. den Bericht der Reichstagskommission S. 15.

[14]) Vgl. hierzu Hachenburg a. a. O. S. 32 ff.

2. Der Vorerbe hat die Erbschaft ordnungsmäßig zu verwalten, er hat dem Nacherben für diejenige Sorgfalt einzustehen, welche er in eigenen Angelegenheiten anzuwenden pflegt, und haftet, abgesehen von jedem Verschulden, für den Werth eines Erbschaftsgegenstandes, den er für sich verwendet hat. Die auf die Zeit der Vorerbschaft entfallenden Früchte verbleiben dem Vorerben, der aber dem Nacherben gegenüber auch die gewöhnlichen Erhaltungskosten zu tragen hat. Vgl. §§ 2119, 2120, 2124 bis 2126, 2130 bis 2134.

3. Eine Beschränkung der Verfügungsmacht des Vorerben[15]) tritt von Rechtswegen in folgenden Fällen ein: a) In Betreff von Verfügungen über zur Erbschaft gehörende Grundstücke[16]) und Rechte an Grundstücken, sodann b) rücksichtlich unentgeltlicher Verfügungen über Erbschaftsgegenstände überhaupt, soweit durch solche Verfügungen nicht etwa einer sittlichen Pflicht oder einer auf den Anstand zu nehmenden Rücksicht entsprochen wird. Verfügungen im Sinne von a) und b) sind insoweit unwirksam, als sie das Recht des Nacherben vereiteln oder beeinträchtigen würden (vgl. § 2113). c) In Betreff der zur Erbschaft gehörenden Hypothekarforderungen, Grundschulden und Rentenschulden ist noch besonders zu bemerken, daß dem Vorerben neben dem Rechte der Kündigung auch das Recht zur Einziehung zusteht, aber nur in der Weise, daß das Kapital an ihn nach Beibringung der Einwilligung des Nacherben gezahlt oder daß es für ihn und den Nacherben hinterlegt wird (§ 2114). d) Verfügungen über einen Erbschaftsgegenstand, die im Wege der Zwangsvollstreckung oder der Arrestvollziehung oder durch den Konkursverwalter erfolgen, sind, dafern sie nicht in Folge der Geltendmachung des Anspruchs eines Nachlaßgläubigers oder eines an einem Erbschaftsgegenstand bestehenden und dem Nacherben gegenüber wirksamen Rechtes vorgenommen worden sind,[17]) im Falle des Eintrittes der Nacherbfolge insoweit unwirksam, als sie das Recht des Nacherben vereiteln oder beeinträchtigen würden (§ 2115).[18])

[15]) Ist zur ordnungsmäßigen Verwaltung der Erbschaft eine Verfügung erforderlich, die der Vorerbe nicht mit Wirkung gegen den Nacherben vornehmen kann, so ist der letztere dem ersteren gegenüber zur Ertheilung seiner Einwilligung verpflichtet (§ 2120).

[16]) Ueber den durch § 2113 nicht getroffenen Fall, daß der Vorerbe ein zur Erbschaft gehörendes Grundstück vermiethet oder verpachtet hat, vgl. § 2135.

[17]) Ueber den in die CPO. einzustellenden § 293e (Wirkung der res indicata in dem Prozesse zwischen dem Vorerben und einem Dritten gegenüber dem Nacherben) vgl. des Verfassers Ausführungen in Iherings Jahrbüchern a. a. O. S. 179 ff.

[18]) Gegen diese Bestimmung (mit welcher der in Aussicht genommene § 690b

Abgesehen von den Fällen unter a) bis d) ist die rechtliche Verfügungsmacht des Vorerben — unbeschadet natürlich der Verantwortlichkeit desselben — vorerst eine unbeschränkte (§ 2112). Der Nacherbe ist aber jederzeit befugt, die Vornahme gewisser, in den §§ 2116 bis 2118 genauer bezeichneten Maßregeln zu verlangen, welche eine ihm nachtheilige Verfügung des Vorerben über zum Nachlaß gehörende Werthpapiere oder Buchforderungen gegen das Reich oder einen Bundesstaat ausschließen. Wird aber durch das Verhalten des Vorerben oder durch seine ungünstige Vermögenslage die Besorgniß einer erheblichen Verletzung der Rechte des Nacherben begründet,[19]) so kann dieser vom Vorerben Sicherstellung und, wenn diese nicht geleistet wird, die Anordnung einer unter gerichtlicher Aufsicht stehenden Verwaltung verlangen, wodurch der Vorerbe das Recht, über Erbschaftsgegenstände zu verfügen, gänzlich einbüßt (§§ 2128, 2129).

B. Anders gestaltet sich die Stellung des Vorerben, wenn der Erblasser Besonderes bestimmt hat, und zwar, je nach Inhalt dieser Bestimmung, möglicher Weise so, daß dem Vorerben die Verwaltung des Nachlasses durch Einsetzung eines Testamentsvollstreckers ganz entzogen ist (§ 2209, vgl. übrigens auch § 2222), oder auch so, daß dem Vorerben eine gegenüber der regelmäßigen Gestaltung freiere Verfügung zugestanden ist.[20]) Letzteres kann insbesondere in der Weise geschehen, daß der Nacherbe nur auf das eingesetzt wird, was von der Erbschaft bei dem Eintritt der Nacherbfolge übrig sein wird. In solchem Falle hat der Vorerbe grundsätzlich nicht mehr als die bei ihm noch vorhandenen Nachlaßgegenstände herauszugeben. Nur wegen der von ihm vorgenommenen unentgeltlichen und der von ihm in der Absicht, den Nach-

---

C.P.O. und der gleichfalls in Aussicht genommene § 5b K.O. zu vergleichen sind) spricht folgendes Bedenken. Wenn der Vorerbe den Grundsätzen einer ordnungsmäßigen Verwaltung zuwider zum Nachlaß gehörende bewegliche Sachen verkauft und dem Käufer übergiebt, so ist die Eigenthumsübertragung nach § 2112 auch dem Nacherben gegenüber wirksam. Ist dagegen der Käufer, weil der Verkäufer die Erfüllung verweigert, genöthigt, zu klagen, und zur Zwangsvollstreckung zu schreiten, so ist die im Wege der Zwangsvollstreckung erfolgte Uebereignung der gekauften Erbschaftsgegenstände an den Käufer nach § 2115 dem Nacherben gegenüber unwirksam. Als konsequent wird man das nicht bezeichnen können.

[19]) Eine solche Besorgniß kann offenbar auch dadurch begründet sein, daß der Vorerbe seinen Wohnsitz außerhalb des Reiches hat; dieses Falles wird aber im Gesetze nicht besonders gedacht.

[20]) Ueber das Maß der Befreiungen, welche dem Vorerben zugestanden werden können, vgl. § 2136.

erben zu benachtheiligen, vorgenommenen Verfügungen hat der Vorerbe Ersatz zu leisten (§§ 2137, 2138).

VI. Mit Eintritt des Falles der Nacherbfolge tritt der Nacherbe ohne Weiteres in die Erbenstellung ein. Hierzu bedarf es also nicht erst der Herausgabe der Erbschaft; auch schon vor dieser ist der Nacherbe Eigenthümer der Erbschaftsgegenstände, Gläubiger und Schuldner in Betreff der Nachlaßforderungen und Nachlaßverbindlichkeiten u. dgl. (§ 2139).

So lange sich jedoch der Vorerbe in schuldloser Unkenntniß von dem Eintritte des Falles der Nacherbfolge befindet, werden seine Verfügungen über Nachlaßgegenstände so behandelt, als ob dieser Eintritt noch nicht erfolgt wäre. Diese Vorschrift bezweckt sowohl die Wahrung des Interesses des Vorerben, wie den Schutz dritter Personen, welche sich mit dem Vorerben eingelassen haben. Dieser Schutz wird aber solchen Dritten versagt, welchen zur Zeit des für ihre Rechtsstellung maßgebenden Zeitpunktes der bereits erfolgte Eintritt des Falles der Nacherbfolge bekannt war oder bekannt sein mußte; sie können sich im bezeichneten Falle auf die Wirksamkeit der vom Vorerben getroffenen Verfügung nicht berufen (vgl. § 2140).[21])

VII. Der Vorerbe hat dem Nacherben herauszugeben, was er als Erbe hat, daher im Zweifel auch einen ihm durch Anwachsung oder Ersatzberufung angefallenen Erbtheil,[22]) nicht aber, was er nur vermächtnißweise erhalten hat. Dabei kommt die Erbschaft als ein Ganzes in Betracht, welches der Veränderung und des Wachsthums fähig ist (§§ 2110, 2111).

Besonders hervorzuheben ist, daß die in Folge des Erbfalls durch Vereinigung von Recht einer- und Verbindlichkeit oder Belastung andererseits erloschenen Rechtsverhältnisse bei Eintritt der Nacherbfolge als nicht erloschen zu gelten haben (§ 2143).

VIII. Der zur Nacherbfolge Berufene kann die Erbschaft auch ausschlagen, und zwar — vorausgesetzt, daß er bereits existirt — sobald der Erbfall eingetreten ist. Hat der Nacherbe ausgeschlagen, so verbleibt die Erbschaft in Ermangelung einer anderen Bestimmung des Erblassers dem Vorerben (vgl. § 2142).

---

[21]) Diese Bestimmung war in der Reichstagsvorlage noch nicht enthalten. Vgl. den Bericht der Reichstagskommission S. 15.

[22]) Vgl. hierzu des Verfassers Ausführungen in Iherings Jahrbüchern Bd. 30 S. 178 ff.

4. Vermächtnisse.

a) Im Allgemeinen.

§ 13.

I. Bei Vermächtnissen kommen drei Personen in Betracht: die des Vermächtnißgebers, des Vermächtnißträgers (Beschwerten) und des Vermächtnißnehmers (Bedachten). 1. Vermächtnißgeber ist selbstverständlich der Erblasser. 2. Vermächtnißträger (Beschwerter) kann sowohl der Erbe wie ein Vermächtnißnehmer sein. Im Zweifel ist Ersteres anzunehmen (§ 2147). Mehrere mit demselben Vermächtniß beschwerte Erben sind im Zweifel nach dem Verhältniß der Erbtheile, mehrere Vermächtnißnehmer unter der gleichen Voraussetzung nach dem Verhältniß des Werthes der Vermächtnisse beschwert (§ 2148). Fällt der ursprünglich Beschwerte aus, so bleibt das Vermächtniß regelmäßig doch bestehen; es gilt dann derjenige als beschwert, welchem der Ausfall des zunächst Beschwerten unmittelbar zu Statten kommt (§ 2161). 3. Vermächtnißnehmer ist der mit dem Vermächtniß Bedachte. Er kann sowohl eine natürliche wie eine juristische Person sein. Daß er bereits zur Zeit des Erbfalls existent sei, ist nicht erforderlich; die Wirksamkeit des Vermächtnisses ist jedoch ausgeschlossen, wenn der Bedachte zur angegebenen Zeit zu existiren bereits aufgehört hat (§ 2160). Hat der Erblasser bestimmt, daß ein Erbschaftsgegenstand dem eingesetzten Erben nicht zukommen solle, so gilt der Gegenstand als den gesetzlichen Erben (jedoch mit Ausschluß des Fiskus) vermacht (§ 2149). Auch dem Erben, welcher praktisch zur Erbfolge gelangt, kann ein Vermächtniß gewährt werden (Vorausvermächtniß), welches im Gegensatz zum römischen Recht auch insoweit, als der Erbe zur Entrichtung selbst beizutragen hat, als Vermächtniß zu behandeln ist (§ 2150).[1] Letzteres wird wichtig, wenn in Frage steht, ob und in wieweit die Erbschaft mit Vermächtnissen überschwert ist, ferner wenn der Erbe die Erbschaft später an einen Nacherben herauszugeben hat.

Mit einem Vermächtniß können auch Mehrere bedacht sein, und zwar in sehr verschiedener Weise: a) So, daß der Beschwerte oder ein Dritter zu bestimmen hat, wer das Vermächtniß erhalten soll (§§ 2151, 2152). b) So, daß der Beschwerte oder ein Dritter zu bestimmen hat, was jeder der Bedachten von dem vermachten Gegenstand erhalten soll (§ 2153). c) Einfach so, daß die Bedachten den vermachten Gegenstand

---

[1] Die komplizirte Theorie des römischen Prälegats ist hierdurch vollständig beseitigt.

zusammen haben sollen. Fehlt es hier an einer anderweitigen direkten oder wenigstens indirekten Theilbestimmung, so kommt der vermachte Gegenstand den Bedachten zu gleichen Theilen zu; fällt einer der Bedachten vor oder nach dem Erbfall aus, so wächst, dafern der Erblasser Anderes weder direkt noch indirekt bestimmt hat, der Antheil des Ausgefallenen den übrigen Bedachten nach Verhältniß ihrer Antheile zu. Dadurch allein, daß die Antheile der Bedachten vom Erblasser bestimmt worden sind, ist die Anwachsung noch nicht als ausgeschlossen zu betrachten. Vgl. §§ 2157, 2158.

II. Den gesetzlichen Schranken, welche der Ernennung von Nacherben gezogen sind, entsprechen bei Vermächtnissen die analogen Bestimmungen der §§ 2162, 2163. Unwirksam ist ferner ein Vermächtniß, das auf eine zur Zeit des Erbfalls[2]) unmögliche[3]) Leistung gerichtet ist oder gegen ein zu dieser Zeit bestehendes gesetzliches Verbot verstößt (§ 2171).

III. Das Recht aus dem Vermächtniß erwirbt der Vermächtnißnehmer von selbst, jedoch mit der Möglichkeit der Ausschlagung (§§ 2174, 2176). Hierbei sind in ähnlicher Weise wie bei der Nacherbfolge (vgl. oben S. 34 ff.) zwei Zeitpunkte auseinanderzuhalten.

1. Der eine derselben ist der Anfall des Vermächtnisses, d. i. der Zeitpunkt, mit welchem „die Forderung[4]) des Vermächtnißnehmers", unbeschadet des Rechtes, das Vermächtniß auszuschlagen, „zur Entstehung kommt" (§ 2176). Er trifft regelmäßig mit dem Erbfall zusammen, tritt aber unter Umständen erst später ein, und zwar: wenn der Bedachte zur Zeit des Erbfalls noch nicht erzeugt ist, erst mit dessen Geburt, wenn die Persönlichkeit des Bedachten durch ein erst nach dem Erbfall eintretendes Ereigniß bestimmt wird, mit dem Eintritt des Ereignisses, und wenn das Vermächtniß unter einer aufschiebenden, zur Zeit des Erbfalls noch schwebenden Bedingung oder unter Bestimmung eines zur Zeit des Erbfalls noch nicht eingetretenen Anfangstermins angeordnet ist, mit dem Eintritte der Bedingung oder des Termins (§§ 2176 bis 2178). Was das Gesetz als „Anfall des Vermächtnisses" bezeichnet, fällt weder mit dem dies legati cedens noch mit dem dies

²) Dadurch, daß die Zeit des Erbfalls als maßgebend erklärt ist, erscheint die regula Catoniana des römischen Rechtes als beseitigt.

³) Ueber einen besonderen Fall der Unmöglichkeit der Leistung der vermachten Sache vgl. § 2172.

⁴) Darüber, daß das Vermächtniß des B.G.B. immer nur Damnationslegat, niemals Vindikationslegat ist, vgl. oben S. 6.

legati veniens des römischen und gemeinen Rechtes vollständig zusammen. Nicht mit dem letzteren, weil die Erfüllung des Vermächtnisses möglicher Weise noch über die Zeit des Anfalls hinausgeschoben sein kann (§§ 2181, 2186), und nicht mit dem ersteren, weil der Bedachte den Anfall des Vermächtnisses nicht nothwendig zu erleben braucht.[5])

2. Unter Umständen kommt es vielmehr wie bei der Nacherbfolge so auch hier zu einem Voranfall, mit dessen Eintritt der Bedachte bereits eine vererbliche Anwartschaft auf das Vermächtniß erlangt. So z. B. bei einem unter Beifügung eines Anfangstermins (in welchem eine Bedingung auch nicht verborgen ist) angeordneten Vermächtnisse. Hier tritt der Voranfall zu Gunsten des beim Tode des Erblassers bereits geborenen Vermächtnißnehmers schon mit dem Erbfall, der Anfall des Vermächtnisses selbst erst mit dem Eintritt des Termins ein. Ebenso kann es sich aber auch bei einem unter einer aufschiebenden Bedingung angeordneten Vermächtnisse verhalten, wenn im konkreten Falle die Auslegungsregel des § 2074 nicht zutrifft.[6])

IV. Die Ausschlagung des Vermächtnisses erfolgt durch Erklärung gegenüber dem Beschwerten; dasselbe gilt für die Annahme, welcher Bedeutung insofern zukommt, daß durch sie die Möglichkeit der Ausschlagung ausgeschlossen wird. Die Erklärung kann erst nach dem Eintritte des Erbfalls, aber doch schon vor dem Anfalle des Vermächtnisses abgegeben werden. Vgl. § 2180.

V. Der Vermächtnißanspruch unterliegt gewissen Beschränkungen, vermöge welcher er eine Kürzung erfahren oder wohl auch ganz undurchsetzbar werden kann. Hierbei ist zu unterscheiden, je nachdem der Erbe oder ein Vermächtnißnehmer der Beschwerte ist.

1. Dem beschwerten Erben kommen a) unter hier noch nicht zu besprechenden Voraussetzungen wie den Nachlaßgläubigern gegenüber überhaupt so insbesondere auch den Vermächtnißnehmern gegenüber die Bestimmungen des Gesetzes über die Beschränkung der Haftung des Erben für die Nachlaßverbindlichkeiten zu Statten. b) Ist die Erbschaft mit einem Pflichttheilsanspruch belastet, so ist der Erbe berechtigt, die ihm auferlegten Vermächtnisse derart zu kürzen, daß die Pflichttheilslast von ihm und den Vermächtnißnehmern verhältnißmäßig getragen wird (§ 2318). c) Ein Recht darauf, daß ihm wenigstens ein Theil

[5]) Ueber die rechtliche Bedeutung des Vermächtnißanfalls vgl. §§ 2162, 2163, 2179, 2184.

[6]) Hierbei ist es aber immerhin möglich, daß das Vermächtniß ungeachtet des bereits eingetretenen Voranfalls hinterher nach § 2162 unwirksam wird.

des Nachlasses rein, d. h. unbeschwert durch Vermächtnisse verbleibe, hat dagegen der Erbe nicht. Die falcidische Quart ist dem B.G.B. fremd.

2. Ein beschwerter Vermächtnißnehmer kann, a) dafern er selbst eine Kürzung seines Vermächtnisses erfahren hat, auch die ihm auferlegten Beschwerungen verhältnißmäßig kürzen (§ 2188), und er kann b) die Erfüllung der ihm auferlegten Vermächtnisse und Auflagen insoweit verweigern, als dasjenige, was er aus dem Vermächtniß erhält, zur Erfüllung nicht ausreicht (§ 2187).

b) Einzelne Arten von Vermächtnissen insbesondere.

α) Vermächtniß eines bestimmten Gegenstandes.[1])

§ 14.

I. Das Vermächtniß eines bestimmten Gegenstandes ist regelmäßig nur wirksam, wenn und soweit dieser zur Zeit des Erbfalls zum Nachlaß gehört.[2]) Bei dieser Regel bewendet es selbst dann, wenn der Erblasser eine dem Erben gehörende Sache vermacht hat.[3]) Die Anwendung der Regel entfällt jedoch, wenn erhellet, daß der Gegenstand dem Bedachten auch für den Fall zugewendet sein soll, daß er nicht zur Erbschaft gehört. Trifft diese Voraussetzung zu, so hat der Beschwerte den Gegenstand dem Bedachten zu verschaffen, dafern er aber hierzu außer Stande ist, den Werth zu entrichten; ist die Verschaffung zwar möglich, aber mit unverhältnißmäßigen Aufwendungen verbunden, so kann sich der Beschwerte durch Entrichtung des Werthes befreien. Abgesehen von dem soeben besprochenen Falle wird das Vermächtniß eines nicht zur Erbschaft gehörenden Gegenstandes unter Umständen als Vermächtniß des Besitzes oder als Vermächtniß eines dem Erblasser bezüglich des Gegenstandes zustehenden Anspruches aufrecht erhalten werden können. Vgl. §§ 2169, 2170.

II. Das Vermächtniß einer Sache erstreckt sich im Zweifel auf das zur Zeit des Erbfalls vorhandene Zubehör und im Falle einer nach der Anordnung des Vermächtnisses erfolgten Beschädigung der Sache

---

[1]) Ueber das Verhältniß des Begriffs: Gegenstand zu dem Begriff: Sache vgl. § 90. Darnach ist Gegenstand der weitere Begriff und giebt es im Sinne des Gesetzes außer den körperlichen Gegenständen (= Sachen) auch unkörperliche Gegenstände, z. B. Forderungen.

[2]) Ein solches Gehören des Gegenstandes zum Nachlaß ist dann nicht anzunehmen, wenn der Erblasser zu dessen Veräußerung verpflichtet ist (§ 2169 Abs. 4).

[3]) Anders entscheidet bekanntlich das römische Recht; die Entscheidung des B.G.B. verdient jedoch aus sachlichen Gründen den Vorzug.

auch auf den für den Erblasser hieraus entstandenen Anspruch auf Ersatz der Werthverminderung. Die von dem, zur Erbschaft gehörenden vermachten Gegenstande seit dem Anfall des Vermächtnisses gezogenen Früchte sowie das sonst auf Grund des vermachten Rechtes (etwa durch Zuwachs) Erlangte hat der Beschwerte dem Vermächtnißnehmer herauszugeben. Anders verhält es sich mit den zu den Früchten nicht gehörenden Nutzungen;[4]) für sie hat der Beschwerte Ersatz nicht zu gewähren.[5]) In Betreff der nach dem Erbfall auf die vermachte Erbschaftssache gemachten Verwendungen sowie der zur Bestreitung von Lasten derselben erfolgten Aufwendungen kann der Beschwerte vom Vermächtnißnehmer nach den für das Verhältniß zwischen dem Besitzer und dem Eigenthümer maßgebenden Vorschriften Ersatz verlangen. Vgl. §§ 2164, 2184, 2185.

III. Ist der vermachte Gegenstand belastet, so kann der Vermächtnißnehmer im Zweifel Beseitigung der Lasten nicht beanspruchen (§ 2165),[6]) und besteht diese Last in einer Hypothek, so hat der Vermächtnißnehmer dem Erben gegenüber im Zweifel (anders bei einer Sicherungshypothek mit Höchstbetrag im Sinne des § 1190) nach Maßgabe des Grundstückswerthes[7]) auch die Last der persönlichen Schuld zu tragen (§ 2166). Beide Entscheidungen sind grundsätzlich zutreffend; die genauere Durchführung der in Betreff der hypothekarischen Lasten angenommenen Lösung ist jedoch ungeachtet der großen Ausführlichkeit der einschlagenden Bestimmungen des Gesetzbuchs (§§ 2166, 2167) keine ganz zutreffende. Beispiel: Das vermachte Grundstück ist mit einer Hypothek von 10000 belastet. Der Vermächtnißnehmer nimmt das Vermächtniß an, weil er sich zur Zeit der von ihm getroffenen Entscheidung vollständig gedeckt sieht. Trotzdem hat derselbe nach § 2166, nachdem sich der Hypothekengläubiger aus dem ihm haftenden, vom Vermächtnißnehmer durch Aufwendungen auch nicht werthvoller gemachten und dem Ersteher bei der Subhastation um 10500 zugeschlagenen Grundstück vollständig befriedigt hat, gegen den für die

---

[4]) Vgl. § 100.

[5]) Der Beschwerte hat z. B. das vermachte Haus bewohnt.

[6]) Nach römischem Rechte ist der Beschwerte im Zweifel verpflichtet, die vermachte Sache dem Vermächtnißnehmer frei von Nießbrauch und Pfandrechten zu gewähren. Allein der Absicht eines heutigen Erblassers entspricht dies sicherlich nicht.

[7]) „Der Werth bestimmt sich nach der Zeit, zu welcher das Eigenthum auf den Vermächtnißnehmer übergeht; er wird unter Abzug der Belastungen berechnet, die der Hypothek im Range vorgehen" (§ 2166 Abs. 1 Satz 2).

hypothekarische Schuld persönlich haftenden Erben einen Regreßanspruch von 500, wenn der Schätzwerth des Grundstücks zur Zeit des von ganz zufälligen Umständen abhängenden Eigenthumsübergangs auf 9500 gesunken war. Hat ferner unter sonst gleichen Verhältnissen der Erbe in seiner Eigenschaft als persönlicher Schuldner den Gläubiger befriedigt, so kann er in unserem Falle nicht einmal nach § 1164 den Eintritt in die ganze Hypothek des befriedigten Gläubigers für sich in Anspruch nehmen. Denn dieses Eintrittsrecht greift insoweit nicht Platz, als der persönliche Schuldner rücksichtlich der von ihm geleisteten Zahlung Ersatz nicht verlangen kann. In Ansehung des Betrages von 500, um welchen die Hypothek den Werth, den das Grundstück zur Zeit des auf den Vermächtnißnehmer erfolgenden Eigenthumsübergangs hatte, übersteigt, ist aber nach § 2166 ein Regreßanspruch des Erben gegen den Vermächtnißnehmer nicht begründet.[8])

IV. Ist die vermachte Sache ohne den Willen des Erblassers[9]) mit einer anderen Sache derart verbunden, vermischt oder vermengt worden, daß hierdurch für den Erblasser Miteigenthum oder ein Recht zur Wegnahme der verbundenen Sache entstanden ist, so gilt im Zweifel das Miteigenthum oder das Recht zur Wegnahme der Sache als vermacht (§ 2172).

V. Auf das Vermächtniß von zur Erbschaft gehörenden Rechten und bereits bestehenden Forderungen insbesondere beziehen sich folgende Bestimmungen: 1. Hat der Erblasser eine ihm zustehende Forderung vermacht und ist diese zur Zeit des Erbfalls bereits durch Zahlung getilgt, so gilt im Zweifel der geleistete Gegenstand als vermacht, dafern er sich noch in der Erbschaft vorfindet. War die Forderung aber auf die Zahlung einer Geldsumme gerichtet, so gilt die vom Schuldner gezahlte Geldsumme im Zweifel selbst dann als vermacht, wenn sich dieselbe in der Erbschaft nicht vorfindet (§ 2173).

2. Hat der Erblasser eine Forderung vermacht, die ihm gegen den Erben zusteht, oder ein Recht, mit dem eine Sache oder ein Recht des Erben belastet ist, so gilt die in Folge des Erbfalls eingetretene Konfusion doch in Ansehung des Vermächtnisses als nicht eingetreten (§ 2175).

---

[8]) Ueber den Fall, daß an mehreren zur Erbschaft gehörenden Grundstücken eine Gesammtgrundschuld oder eine Gesammtrentenschuld besteht und daß eines dieser Grundstücke vermacht ist, vgl. § 2168.

[9]) Die Wendung des Textes weicht zwar von dem Wortlaut des Gesetzes („durch einen Anderen als den Erblasser", § 2172 Abs. 2) ab, trifft aber doch sicherlich den Sinn desselben.

β) Vermächtniß einer nur der Gattung nach bestimmten Sache.

§ 15.

In diesem Falle haftet der Beschwerte dem Vermächtnißnehmer im Allgemeinen nach denselben Grundsätzen, welche für die Haftung des Verkäufers einer nur der Gattung nach bestimmten Sache maßgebend sind. Ist jedoch die vom Beschwerten geleistete Sache mangelhaft, so kann der Vermächtnißnehmer in der Regel nur verlangen, daß ihm an Stelle der mangelhaften eine mangelfreie Sache geliefert wird. Einen Anspruch auf Schadensersatz wegen Nichterfüllung hat der Vermächtnißnehmer nur, wenn der Beschwerte einen Fehler arglistig verschwiegen hatte. Vergl. §§ 2182, 2183.

5. Auflagen.

§ 16.

I. Die Vollziehung einer Auflage kann in allen Fällen derjenige verlangen, welchem der Wegfall des mit ihr Beschwerten unmittelbar zu Statten kommen würde; außerdem — d. h. auch wenn diese Voraussetzung nicht zutrifft — ist zu diesem Verlangen berechtigt: Der Erbe, soweit es sich um eine Auflage handelt, die nicht ihm selbst auferlegt ist, sodann der Miterbe und unter Umständen auch der Testamentsvollstrecker. Liegt die Vollziehung der Auflage im öffentlichen Interesse, so kann auch die zuständige Behörde auf die Vollziehung dringen (§ 2194).

II. Eine vom Erblasser dem Erben oder einem Vermächtnißnehmer gemachte Auflage kann sich aus verschiedenen Gründen als unwirksam erweisen, so z. B., weil ihre Vollziehung schon von vornherein unmöglich ist oder nachträglich durch Zufall unmöglich wird. Dies hat in aller Regel nicht auch die Unwirksamkeit der unter der Auflage gemachten Zuwendung zur Folge, es wäre denn anzunehmen, daß der Erblasser die Zuwendung ohne die Auflage nicht gemacht haben würde (§ 2195). Nach der Auffassung des Gesetzbuches soll es so selbst dann gehalten werden, wenn die Vollziehung der Auflage nur in Folge eines von dem Beschwerten zu vertretenden Umstandes unmöglich geworden ist oder wenn der Beschwerte die Vollziehung der Auflage verweigert und die gegen ihn zulässigen Zwangsmittel erfolglos angewendet worden sind; eine Modifikation tritt in den hierher gehörigen Fällen nur insofern ein, daß derjenige, welchem der Wegfall des zunächst Beschwerten unmittelbar zu Statten kommen würde, von dem letzteren nach den Grundsätzen über die Herausgabe einer ungerechtfertigten Bereicherung das fordern kann, was zur Vollziehung der Auflage hätte verwendet werden müssen (§ 2196). Die Angemessenheit dieser Behandlung wird bezweifelt werden dürfen.[1])

6. Testamentsvollstrecker.

§ 17.

I. Dem an älteres deutsches Recht anknüpfenden und durch Theorie, Praxis und moderne Gesetzgebung weiter entwickelten Institut der Testamentsvollstreckung*) widmet das B.G.B. eingehende Bestimmungen, welche zu den gelungensten des ganzen Erbrechts gehören.

II. Der Erblasser kann einen oder mehrere Testamentsvollstrecker ernennen. Die Ernennung erfolgt in Testamentsform. Die Bestimmung der Person des Vollstreckers kann er auch einem Dritten oder dem Nachlaßgericht überlassen. Der ordnungsmäßig bestellte Testamentsvollstrecker, dessen Ernennung unwirksam ist, wenn er zur Zeit, zu welcher er sein Amt anzutreten hätte, geschäftsunfähig oder in der Geschäftsfähigkeit beschränkt ist oder nach § 1910 zur Besorgung seiner Vermögensangelegenheiten einen Pfleger erhalten hat, hat sich nach dem Erbfall über die Annahme oder Ablehnung des Amtes dem Nachlaßgericht gegenüber zu erklären. Mit dem Zeitpunkt der Annahme beginnt das Amt des Vollstreckers, für dessen Führung er, sofern der Erblasser ein Anderes nicht bestimmt hat, eine angemessene Vergütung verlangen kann (§§ 2197 bis 2202, 2221).

III. Bezüglich des Wirkungskreises des Testamentsvollstreckers ist zu unterscheiden: zwischen dem normalen Wirkungskreise und denjenigen Fällen, wo der Wirkungskreis des Vollstreckers zufolge besonderer Bestimmung des Erblassers ein weitergehender oder ein eingeschränkterer oder endlich ein besonders gearteter ist.

1. Regelmäßig kommen dem Vollstrecker folgende Aufgaben zu:

a) Er hat die letztwilligen Verfügungen des Erblassers zur Ausführung zu bringen (§ 2203). b) Bei Vorhandensein mehrerer Erben

---

[1]) Ganz besonders bedenklich ist die in § 2195 ausgesprochene grundsätzliche Gleichstellung aller wie immer gearteten Fälle des Unwirksamwerdens der Auflage. Die Berücksichtigung der wahrscheinlichen Absicht des Erblassers hätte vielmehr umgekehrt zu einer grundsätzlich verschiedenen Behandlung derjenigen Fälle, in welchen die Auflage in Folge eines von dem Beschwerten nicht zu vertretenden Umstandes unwirksam wird, und der Fälle, in welchen der Beschwerte das Unwirksamwerden der Auflage zu vertreten hat, führen sollen.

*) Vgl. Stobbe, Deutsches Privatrecht V §§ 308, 309; Sturm, die Lehre von den Testamentsvollstreckern. Eine Studie zum neuen deutschen Reichsrecht. (1896.)

hat er die Auseinandersetzung unter denselben, aber nicht, ohne sie vorher gehört zu haben, zu bewirken (2204). c) Er hat den Nachlaß zu verwalten, ist berechtigt, denselben in Besitz zu nehmen und über Nachlaßgegenstände zu verfügen. Innerhalb der Grenzen ordnungsmäßiger Verwaltung ist er insbesondere auch zur Eingehung von Verbindlichkeiten für den Nachlaß befugt (§§ 2205, 2206).

2. Der regelmäßige Wirkungskreis des Testamentsvollstreckers kann durch besondere Bestimmung des Erblassers: a) eine Erweiterung erfahren, und zwar insbesondere in Betreff der Eingehung von Verbindlichkeiten für den Nachlaß (§ 2207); b) eine Einschränkung, so z. B. in der Weise, daß nur einzelne Nachlaßgegenstände der Verwaltung des Vollstreckers unterstehen sollen, oder so, daß der Vollstrecker die Verfügungen des Erblassers nicht selbst ausführen soll. Im letzteren Falle ist übrigens der Vollstrecker im Zweifel doch berechtigt, die Ausführung von dem Erben zu verlangen (§ 2208).

3. Besonders geartet ist der Wirkungskreis des Vollstreckers in folgenden Fällen: a) Der Erblasser kann einem Testamentsvollstrecker ohne Zuweisung sonstiger Aufgaben lediglich die Verwaltung des Nachlasses übertragen oder anordnen, daß dem Vollstrecker die Nachlaßverwaltung auch nach Erledigung der sonstigen Aufgaben verbleiben soll. Eine solche Bindung des Nachlasses kann jedoch nicht auf unbeschränkte Zeit zugelassen werden. Sie wird regelmäßig unwirksam mit Ablauf von dreißig Jahren seit dem Erbfall. Zulässig ist aber doch die Anordnung, daß die Verwaltung bis zum Tode des Erben oder des Testamentsvollstreckers oder bis zum Eintritt eines sonstigen, die Person des einen oder des anderen betreffenden, Ereignisses fortdauern soll. Ist der Erbe oder der Vollstrecker eine juristische Person und soll ein diese betreffendes Ereigniß maßgebend sein, so ist die Ueberschreitung der dreißigjährigen Frist ausgeschlossen (§ 2209, 2210). b) Der Erblasser kann einen Testamentsvollstrecker auch lediglich zu dem Zwecke ernennen, daß dieser bis zu dem Eintritte einer angeordneten Nacherbfolge die Rechte des Nacherben ausübt und dessen Pflichten erfüllt (§ 2222). c) Ein Testamentsvollstrecker kann endlich lediglich für die Ausführung der einem Vermächtnißnehmer auferlegten Beschwerungen bestellt werden (§ 2223).

IV. Die Pflichten des Testamentsvollstreckers sind folgende: 1. Unverzüglich nach Annahme seines Amtes hat er dem Erben ein Verzeichniß der seiner Verwaltung unterliegenden Nachlaßgegenstände mitzutheilen und ihm die zur Aufnahme des Inventars sonst erforderliche

Beihülfe zu leisten (§ 2215). 2. Soweit der Testamentsvollstrecker zur Verwaltung überhaupt berufen ist, hat er diese ordnungsmäßig zu führen. Bei derselben sind die vom Erblasser getroffenen Anordnungen zu befolgen, soweit dieselben nicht auf Antrag des Vollstreckers oder eines anderen Betheiligten vom Nachlaßgericht außer Kraft gesetzt worden sind (§ 2216). 3. Nachlaßgegenstände, deren er zur Erfüllung seiner Obliegenheiten offenbar nicht bedarf, hat der Testamentsvollstrecker dem Erben auf dessen Verlangen zu überlassen. Wegen Nachlaßverbindlichkeiten, die nicht auf einem Vermächtniß oder einer Auflage beruhen, ja selbst wegen bedingter und betagter Vermächtnisse und Auflagen kann der Vollstrecker in Ermangelung einer anderen Bestimmung des Erblassers die Ueberlassung der Gegenstände nicht verweigern, wenn der Erbe Sicherheit leistet (§ 2217). 4. In Betreff der Ueberlassung der Ausübung der Befugnisse des Testamentsvollstreckers an einen Anderen, die Verpflichtung zur Rechnungslegung und Herausgabe, die Verpflichtung des Erben des Vollstreckers im Falle des Todes des letzteren und in Betreff des Falles einer Endigung des Amtes des Vollstreckers, von welcher dieser nichts wußte und auch nichts wissen konnte, gelten dieselben Grundsätze wie beim Auftrag. Bei einer länger dauernden Verwaltung kann der Erbe vom Vollstrecker jährliche Rechnungslegung fordern (§ 2218). 5. Wegen schuldbarer Verletzung der ihm obliegenden Verpflichtungen haftet der Vollstrecker dem Erben und, wenn ein Vermächtniß zu vollziehen ist, auch dem Vermächtnißnehmer (§ 2219).

V. Mehrere Testamentsvollstrecker führen das Amt gemeinschaftlich; bei Meinungsverschiedenheit entscheidet das Nachlaßgericht. Fällt einer der Vollstrecker weg, so führen in Ermangelung einer anderen Bestimmung des Erblassers die übrigen das Amt allein. Zu Maßregeln, welche zur Erhaltung eines der gemeinschaftlichen Verwaltung unterliegenden Gegenstandes nothwendig sind, ist jeder Vollstrecker berechtigt. Fällt mehreren Vollstreckern ein Verschulden zur Last, so haften sie als Gesammtschuldner (§§ 2224, 2219, Abs. 2).

VI. Das Vorhandensein eines Testamentsvollstreckers übt einen wesentlichen Einfluß auf die Rechtsstellung des Erben und dritter Personen. In dieser Beziehung ist besonders hervorzuheben: 1. Der Erbe kann über einen der Verwaltung des Vollstreckers unterliegenden Nachlaßgegenstand nicht verfügen (§ 2211). 2. Gläubiger des Erben, welche nicht Nachlaßgläubiger sind, können auf solche Gegenstände nicht zum Zwecke ihrer Befriedigung greifen (§ 2214). 3. In Betreff der

Geltendmachung von zum Nachlaß gehörenden Rechten und von Ansprüchen gegen den Nachlaß gilt Folgendes: a) Ein der Verwaltung des Vollstreckers unterliegendes Recht kann nur von diesem gerichtlich geltend gemacht werden (§ 2212). b) Steht dem Vollstrecker die Verwaltung des Nachlasses nicht zu, so ist die Geltendmachung eines gegen den Nachlaß gerichteten Anspruchs nur dem Erben gegenüber zulässig. c) Ein Pflichttheilsanspruch ist unter allen Umständen gegen den Erben geltend zu machen. d) Abgesehen von den Fällen unter b) und c) können Ansprüche gegen den Nachlaß sowohl gegen den Testamentsvollstrecker als gegen den Erben geltend gemacht werden. d) Ist ein den Nachlaß betreffender Anspruch zunächst gegen den Erben geltend gemacht worden, so kann derselbe gegen den Vollstrecker doch immer noch dahin geltend gemacht werden, daß dieser die Zwangsvollstreckung in die seiner Verwaltung unterliegenden Nachlaßgegenstände dulde (§ 2213).

VII. Das Amt des Testamentsvollstreckers erlischt: a) wenn derselbe stirbt; b) wenn ein Fall eintritt, der, wenn früher vorhanden gewesen, schon die Ernennung unwirksam gemacht hätte; c) durch Kündigung seitens des Vollstreckers; d) durch die vom Nachlaßgericht aus „wichtigen" Gründen ausgesprochene Entlassung des Testamentsvollstreckers (§§ 2225 bis 2227).

C. Anfechtung, Aufhebung und Unwirksamkeit des Testaments.

1. Anfechtung.[1])

§ 18.

I. Wenn und soweit[2]) letztwillige Verfügungen der wahren Absicht des Erblassers nicht entsprechen, sind sie zwar nicht nichtig, aber doch anfechtbar. Anfechtbarkeit ist insbesondere begründet: 1. soweit der Erblasser das von ihm, z. B. in Folge Verschreibens, Erklärte nicht einmal erklären wollte, oder soweit er 2. über den Inhalt seiner Erklärung im Irrthum war und aus diesem Grunde anzunehmen ist, daß er die Erklärung bei Kenntniß der Sachlage nicht abgegeben haben würde; 3. soweit er zu seiner Verfügung lediglich durch irrige Annahmen und Erwartungen (Irrthum im Beweggrund) bestimmt worden

---

[1]) Vgl. des Verfassers Schrift: Die Anfechtung letztwilliger Verfügungen im deutschen Entwurf (1892).

[2]) Die Wirkung der Anfechtung reicht nicht weiter, als der Anfechtungsgrund dies verlangt; vgl. hierzu die in der vorigen Note berufene Schrift S. 38 ff.

ist. Hierin liegt eine doppelte Abweichung von den für Rechtsgeschäfte unter Lebenden geltenden Grundsätzen.[3]) Denn während der bloße Irrthum im Beweggrund bei rechtsgeschäftlichen Erklärungen unter Lebenden in aller Regel ganz bedeutungslos ist, unterliegt eine auf solchem Irrthum beruhende letztwillige Verfügung mit Recht der Anfechtung, und während bei Rechtsgeschäften unter Lebenden ein ausnahmsweiser Fall der Anfechtbarkeit wegen eines Irrthums im Beweggrund dann gegeben ist, wenn der Erklärende zu seiner Erklärung durch arglistige Täuschung bestimmt wurde (§ 123), spielt dieser Fall bei letztwilligen Verfügungen deshalb keine besondere Rolle, weil dieselben, wenn auf einem für den Erblasser maßgebend gewesenen Irrthum im Beweggrund beruhend, schlechthin anfechtbar sind, auch wenn dieser Irrthum nicht durch eine von einem Anderen verübte arglistige Täuschung hervorgerufen worden ist. Unter den Gesichtspunkt eines Irrthums im Beweggrund bringt das Gesetz auch den Fall, daß der Erblasser in seinem Testament einen zur Zeit des Erbfalls vorhandenen Pflichttheilsberechtigten übergangen hat, dessen Vorhandensein ihm bei der Errichtung nicht bekannt war oder auf dessen späteres Zuwachsen er nicht gerechnet hatte. Hierbei ist die regelmäßig zutreffende Erwägung maßgebend, daß der Erblasser, dafern er den erwähnten Umstand gekannt oder vorausgesehen haben würde, dem Pflichttheilsberechtigten das gesetzliche Erbrecht unverkürzt belassen hätte; soweit diese Erwägung nicht zutrifft und anzunehmen ist, daß der Erblasser seine Verfügung auch bei Kenntniß der Sachlage getroffen hätte, ist daher auch die Anfechtung ausgeschlossen. 4. Anfechtbar ist endlich auch diejenige letztwillige Verfügung, zu welcher der Erblasser widerrechtlich durch Drohung bestimmt worden ist. Vgl. §§ 2078, 2079.

II. Anfechtungsberechtigt ist natürlich nicht der Erblasser — der einer von ihm errichteten letztwilligen Verfügung gegenüber einer Anfechtung gar nicht bedarf —, sondern nur derjenige Nachlaßbetheiligte, welchem nach Maßgabe der Sachlage der Erfolg der Anfechtung zu Statten kommen soll. Das wird unter Umständen eine ganz bestimmte Person und **nur** sie sein, so z. B. der aus Irrthum übergangene Pflichttheilsberechtigte, oder in dem Falle, wo der Erblasser ein zweites Testament lediglich deshalb errichtet hat, weil er den im ersten Testament Eingesetzten irrthümlich für bereits verstorben hielt, der im ersten Testament Eingesetzte und in anderen Fällen schlechtweg derjenige,

---

[3]) Vgl. die in Anm. 1 berufene Schrift S. 13 ff., S. 40.

welchem die Aufhebung der letztwilligen Verfügung „unmittelbar" zu Statten kommen würde (§ 2080). Diese Vorschrift führt in allen Regelfällen zu entsprechenden Resultaten, zweifellose Mißstände ergeben sich jedoch, wenn der Anfechtungsberechtigte erbunwürdig ist; hierauf wird in anderem Zusammenhang noch zurückzukommen sein.

III. Die Anfechtung einer die Berufung zur Erbfolge oder die Ernennung eines Testamentsvollstreckers betreffenden letztwilligen Verfügung, ferner einer solchen letztwilligen Verfügung, „durch die ein Recht für einen Anderen nicht begründet wird",[4]) erfolgt durch Erklärung des Anfechtungsberechtigten gegenüber dem Nachlaßgericht. Im Uebrigen, also insbesondere, wenn eine letztwillige Verfügung angefochten werden soll, durch welche lediglich ein Anspruch gegen den Erben oder einen Vermächtnißnehmer begründet wird, bewendet es bei den allgemeinen Vorschriften über die Anfechtung, wonach diese grundsätzlich durch Erklärung gegenüber dem Anfechtungsgegner zu erfolgen hat. Vgl. §§ 2081, 143.

IV. Der Anfechtungsbefugniß ist eine mit dem Zeitpunkte, in welchem der Anfechtungsberechtigte von dem Anfechtungsgrunde Kenntniß erlangt hat, beginnende einjährige Präklusivfrist[5]) gesetzt. Mit Ablauf von dreißig Jahren seit dem Erbfall ist die Anfechtung schlechthin ausgeschlossen. Letztere Bestimmung kann in den seltenen Fällen zu Unbilligkeiten führen, wo die anfechtbar gewesene Einsetzung eines Nacherben erst nach Ablauf von dreißig Jahren seit dem Erbfall zum Vorschein kommt. Eine durch eine anfechtbare letztwillige Verfügung angeordnete Leistung kann jedoch verweigert werden, selbst wenn die Frist zur Anfechtung bereits verstrichen ist; andernfalls ergäbe sich der Mißstand, daß der auf Grund der anfechtbaren Verfügung Leistungsberechtigte, welchem gegenüber eine Anfechtungserklärung nicht abgegeben worden ist, nach Ablauf der Anfechtungsfrist mit Erfolg auf Erfüllung klagen könnte (§§ 2082, 2083).

---

[4]) Hierher gehört insbesondere der Fall der Anfechtung einer Auflage; man denke ferner an gewisse letztwillig getroffene familienrechtliche Anordnungen, z. B. an die im § 1782 erwähnte.

[5]) Also keine Verjährungsfrist. Der prinzipielle Unterschied zwischen Verjährungsfrist und Präklusivfrist besteht darin, daß zwar jene, nicht aber auch diese durch Anerkennung unterbrochen wird. Die für die Verjährung geltenden Vorschriften der §§ 203, 206, 207 jedoch finden auf die im Texte erwähnte Frist allerdings entsprechende Anwendung (§ 2082 Abs. 2).

2. Unwirksamkeit.

§ 19.

I. Eine letztwillige Verfügung kann, obschon sie nicht nichtig und auch nicht anfechtbar ist, der praktischen Wirksamkeit dennoch entbehren, so z. B. weil der eingesetzte Erbe vor dem Erbfall gestorben ist, oder weil die Erfüllung der Bedingung, unter welcher der Erbe eingesetzt wurde, vereitelt worden ist u. dgl.

II. Hierher gehört insbesondere auch der Fall, daß der Erblasser seinen Ehegatten oder seinen Verlobten bedacht hat und die Ehe nichtig, oder die Ehe, das Verlöbniß vor dem Tode des Erblassers aufgelöst worden ist. Der Auflösung der Ehe steht es übrigens gleich, wenn der Erblasser zur Zeit seines Todes Scheidung wegen Verschuldens des Ehegatten zu verlangen berechtigt war und die Klage auf Scheidung oder auf Aufhebung der ehelichen Gemeinschaft bereits erhoben hatte. Das Gesetz nimmt nämlich für den Zweifelsfall an, daß der Erblasser den Ehegatten, Verlobten nur als solchen nicht schlechtweg, m. a. W. nur unter der, wenn auch nicht ausgedrückten, so doch meist selbstverständlichen Bedingung bedenken wollte, daß die Ehe nicht nichtig und das eheliche Verhältniß, das Verlöbniß auch nicht vor seinem (des Erblassers) Tode aufgelöst worden ist.*) Soweit diese Interpretationsregel durchgreift, ist die Verfügung, ohne daß es erst einer Anfechtung bedarf, bei Vorhandensein der früher erwähnten Voraussetzungen unwirksam; soweit dagegen anzunehmen ist, daß der Erblasser seine Verfügung auch für diese Fälle getroffen haben wollte, ist sie wirksam (§ 2077).

III. Gewisse, hinsichtlich der Form begünstigte, letztwillige Verfügungen büßen ihre Wirksamkeit durch Zeitablauf ein (§ 2252).

3. Aufhebung.

§ 20.

I. Letztwillige Verfügungen sind frei widerruflich; selbst ein Vertrag, durch welchen der Erblasser sich verpflichtet, die Verfügung nicht aufzuheben, vermag daran nichts zu ändern (§ 2302).[1]) Die Aufhebung einer letztwilligen Verfügung setzt im Allgemeinen Testirfähigkeit des Erblassers voraus. Eine Ausnahme hiervon tritt nur im Falle der

---

*) Vgl. des Verfassers Schrift über die Anfechtung letztwilliger Verfügungen S. 51 ff.

[1]) Anders das sächsische B.G.B. (§ 2213), welches neben dem eigentlichen Erbvertrag auch noch den (allerdings derselben Form bedürftigen) Vertrag kennt, durch welchen ein Erblasser auf das Recht, seinen letzten Willen zu widerrufen, verzichtet.

Entmündigung des Erblassers wegen Geistesschwäche, Verschwendung und Trunksucht ein. Ein solcher Erblasser kann, ungeachtet seiner Unfähigkeit zur Errichtung eines Testaments mit positivem Inhalt, ein vor der Entmündigung errichtetes Testament allerdings widerrufen (§ 2253 Abs. 2). Die unleugbare Inkonsequenz dieser Entscheidung wird praktisch besonders deshalb bedenklich, weil der Widerruf eines späteren Testaments nach § 2258 Abs. 2 zur Folge hat, daß ein früheres Testament wieder auflebt.

II. Der Widerruf eines Testaments kann 1. in Testamentsform erfolgen (§ 2254). Durch ein neues Testament mit lediglich positivem Inhalt wird jedoch ein früheres Testament nur insoweit aufgehoben, als es mit dem früheren in Widerspruch steht (§ 2258 Abs. 1).

2. Dem Widerruf des Testaments steht es gleich, wenn der Erblasser seine Aufhebungsabsicht durch Vernichtung der Testamentsurkunde oder durch an ihr vorgenommene Veränderungen [2]) zum Ausdruck bringt. Hierbei wird im Zweifel vermuthet, daß Aufhebungsabsicht vorlag (§ 2255).

3. Ein eigenthümliches Bewandtniß hat es mit dem durch die Bestimmung des § 2256 Abs. 1 gegebenen Falle eines fingirten Widerrufes des vor einem Richter oder vor einem Notar oder nach § 2249 (vor dem Vorsteher der Gemeinde oder des durch Landesgesetz einer Gemeinde gleichgestellten Verbandes oder Gutsbezirkes) errichteten Testaments. Ein solches Testament „gilt" nämlich „als widerrufen, wenn die in amtliche Verwahrung genommene Urkunde dem Erblasser zurückgegeben wird". Hieraus ist mit Sicherheit zu entnehmen, daß in diesem Falle der Eintritt des Widerrufseffekts durch das Vorhandensein einer Widerrufsabsicht des Erblassers nicht bedingt ist. Gerade dies wollte durch die Wendung: „gilt als widerrufen" zum Ausdruck gebracht werden. Manches Andere bleibt dagegen zweifelhaft; es ergeben sich insbesondere folgende, zum Theil sehr unerfreuliche, Fragen, von welchen zu wünschen ist, daß sie möglichst selten praktisch werden: a) Gilt das Testament auch dann als widerrufen, wenn die Rückgabe der Urkunde an den Erblasser ohne oder gegen den Willen desselben erfolgt ist? Man wird dies verneinen und demgemäß entscheiden müssen, daß der Widerrufseffekt nur eintritt, wenn die Rückgabe mit dem Willen des Erblassers, auf dessen (ihm jederzeit zustehendes) Verlangen, erfolgt ist.

---

[2]) Die hier in Frage kommenden Veränderungen bezeichnet das Gesetz (§ 2255) noch genauer als solche, „durch die der Wille, eine schriftliche Willenserklärung aufzuheben, ausgedrückt zu werden pflegt".

b) Muß der Erblasser zur Zeit des von ihm gestellten Verlangens widerrufsfähig sein? Man wird nicht umhin können, dies zu bejahen. c) Mit Rücksicht darauf, daß für den Eintritt des Widerrufseffekts der Zeitpunkt der an den Erblasser persönlich (§ 2256 Abs. 2) erfolgenden Rückgabe der Urkunde entscheidend ist, wird der Erblasser auch in diesem Zeitpunkt widerrufsfähig sein müssen. d) Was ist Rechtens, wenn das vom Erblasser gestellte Verlangen auf Rückgabe auf wesentlichem Irrthum beruht oder durch Irrthum im Beweggrund oder widerrechtliche Drohung bestimmt worden ist? Der (fingirte) Widerruf wird dann als nach § 2078 anfechtbar zu behandeln sein.

Erhält der Erblasser ein von ihm errichtetes eigenhändiges Testament, welches auf sein Verlangen nach § 2248 in amtliche Verwahrung genommen worden ist, aus dieser auf sein Begehren wieder zurück, so bleibt das Testament trotzdem wirksam (§ 2256 Abs. 3). Gerade weil diese Entscheidung dem Wesen des eigenhändigen Testaments vollkommen angemessen ist, deckt sie zugleich einen Fehler auf, welcher den Bestimmungen des Gesetzes über die Rücknahme des gerichtlichen, notariellen oder nach § 2249 errichteten Testaments aus der amtlichen Verwahrung anhaftet. Es ist nämlich sehr wohl möglich, daß die vom Erblasser dem Richter, Notar, Gemeindevorsteher nach § 2238 (vgl. auch § 2249) übergebene Schrift den von dem Gesetze an das eigenhändige Testament gestellten Anforderungen vollständig entspricht und daß der Erblasser die weiteren Solennitäten nur der größeren Sicherheit wegen oder mit Rücksicht auf die Ortsüblichkeit u. dgl. vornehmen ließ. Ist es in Fällen solcher Art sachlich entsprechend, daß an die Rücknahme des Testaments der Widerrufseffekt geknüpft wird? Mit Rücksicht auf die im letzten Stadium der Berathung des B.G.B. erfolgte Zulassung des eigenhändigen Testaments hätte der Abs. 1 von § 2256 vielmehr durch die Vorschrift ersetzt werden sollen, daß das Testament durch die auf Verlangen des Erblassers erfolgte Rückgabe der dem Richter, Notar, Gemeindevorsteher nach Maßgabe der §§ 2238, 2249 übergebenen Urkunde lediglich die Eigenschaft eines gerichtlichen, notariellen, vor dem Gemeindevorsteher errichteten einbüßt und somit als eigenhändiges — vorausgesetzt, daß es den an ein solches gestellten Anforderungen genügt — noch fortbesteht.[3])

III. Der durch Testament erfolgte Widerruf einer letztwilligen Verfügung kann selbst wieder widerrufen werden. In solchem Falle gilt

[3]) Vgl. auch Unger, Oesterreichisches Erbrecht § 12 Anm. 3, und Pfaff und Hofmann, Kommentar II S. 647.

die letztere so, als ob der Widerruf niemals erfolgt wäre. Dem entsprechend lebt auch ein durch ein späteres Testament widerrufenes früheres Testament wieder auf, wenn das spätere Testament widerrufen wurde oder nach § 2256 (sei es auch ohne Widerrufsabsicht) als widerrufen gilt (§§ 2257, 2258 Abs. 2).

D. Gemeinschaftliches Testament.

§ 21.

I. Im Gegensatz zum Entwurf I [1]) aber in Uebereinstimmung mit dem Entwurf II und der Reichstagsvorlage läßt das B.G.B. zwar nicht allgemein — wofür in der That kein Bedürfniß vorhanden wäre —, wohl aber unter Ehegatten, nicht auch unter Verlobten, die Errichtung eines gemeinschaftlichen Testaments zu (§ 2265). Das gemeinschaftliche Testament enthält die letztwilligen Erklärungen zweier Erblasser, welche durch dieselbe, nur einmal erfüllte Testamentsform umschlossen werden.

II. Ein gemeinschaftliches Testament kann nicht nur in ordentlicher Testamentsform errichtet werden, sondern es genügt hierzu auch die Beobachtung einer außerordentlichen Form, dafern die Voraussetzungen, unter welchen eine solche Form überhaupt zugelassen ist, vorhanden sind. Im Einzelnen ist zu sagen: 1. Zur Errichtung eines gemeinschaftlichen Testaments in holographer Form genügt es, wenn einer der Ehegatten das Testament nach Maßgabe der Vorschrift des § 2231 Nr. 2 errichtet und der andere Ehegatte die mit Angabe des Ortes und Tages versehene, eigenhändig geschriebene und unterschriebene Erklärung beifügt, daß das Testament auch als sein Testament gelten solle (§ 2267). 2. Die wegen einer den Erblasser bedrohenden nahen Todesgefahr nach § 2249 eintretende Formerleichterung greift bei einem gemeinschaftlichen Testamente schon dann Platz, wenn die Voraussetzung des § 2249 nur auf Seiten eines der Ehegatten vorliegt (§ 2266).

III. Da ein gemeinschaftliches Testament nur von Ehegatten errichtet werden kann, so hängt dessen Wirksamkeit auch von der Giltigkeit der von den Errichtern geschlossenen Ehe schlechthin ab, ohne daß dabei die Absichten der Erblasser weiter in Betracht kommen. Anders verhält es sich jedoch, wenn die von den Errichtern des gemeinschaftlichen Testaments rechtsgiltig geschlossene Ehe späterhin aufgelöst worden ist oder wenn der Erblasser zur Zeit seines Todes auf Scheidung wegen

[1]) Vgl. O. Fischer im Archiv f. Bürgerliches Recht, Bd. 6 Nr. 2.

Verschuldens des anderen Ehegatten zu klagen berechtigt war und die Klage auf Scheidung oder auf Aufhebung der ehelichen Gemeinschaft bereits erhoben hatte. Ob die im gemeinschaftlichen Testament getroffenen Verfügungen auch für diese Fälle gelten sollen, ist eine im Zweifel freilich zu verneinende, möglicher Weise aber doch auch zu bejahende Auslegungsfrage. Vgl. § 2268.

IV. Wenn schon es nicht zum Wesen des gemeinschaftlichen Testaments gehört, daß die testirenden Ehegatten sich gegenseitig zu Erben einsetzen oder auch nur bedenken, so werden doch gerade solche Verfügungen in aller Regel seinen Inhalt bilden, und nicht selten wird es in gemeinschaftlichen Testamenten auch vorkommen, daß, nachdem sich die Ehegatten gegenseitig zu Erben eingesetzt haben, auch noch verfügt wird, daß der beiderseitige Nachlaß nach dem Tode des Ueberlebenden an einen Dritten fallen soll. Obgleich es ferner möglich ist, daß die in einem gemeinschaftlichen Testamente enthaltenen beiderseitigen Verfügungen völlig unabhängig neben einander stehen, so werden die Verfügungen des einen Erblassers doch sehr häufig mit den Verfügungen des anderen in einem solchen Zusammenhange stehen, vermöge dessen sie sich wechselseitig bedingen. Man spricht in solchen Fällen von Korrespektivität der beiderseitigen Verfügungen, von einem testamentum correspectivum. Ob und inwieweit Korrespektivität vorliegt, ist Auslegungsfrage, deren Beantwortung das B.G.B. in seinem § 2270 durch einige Auslegungsregeln zu erleichtern sucht. Soweit Korrespektivität vorliegt, hat die Nichtigkeit und der Widerruf der einen Verfügung die Unwirksamkeit der anderen zur Folge (§ 2270 Abs. 1).[2] [3]

---

[2]) Die bloße (z. B. dadurch, daß der bedachte Dritte vor dem Erblasser stirbt, eintretende) Unwirksamkeit der einen Verfügung hat dagegen die Unwirksamkeit der anderen Verfügung in aller Regel nicht zur Folge.

[3]) Unklar gefaßt ist Abs. 3 von § 2270: „Auf andere Verfügungen als Erbeinsetzungen, Vermächtnisse oder Auflagen findet die Vorschrift des Abs. 1 keine Anwendung." Soll das heißen, daß solche Verfügungen, selbst wenn sie mit der Bestimmung getroffen sind, daß die Verfügung des einen Gatten nicht ohne die Verfügung des anderen gelten soll (§ 2270 Abs. 1), schlechthin so zu behandeln sind, als ob diese Bestimmung nicht beigefügt wäre? Das wäre sinnlos. Um zu einem befriedigenden Ergebnisse zu gelangen, muß man den Wortlaut des Abs. 3 von § 2270 ganz bei Seite lassen und auf die Tendenz zurückgehen, welche diese Bestimmung mit der des § 2278 Abs. 2 gemein hat. Von diesem Standpunkte aus wird man aber zu sagen haben, daß die in Abs. 3 von § 2270 erwähnten „anderen Verfügungen", wenn schon in einem gemeinschaftlichen korrespektiven Testamente enthalten, doch nach allen Richtungen hin (man denke dabei nicht nur an die Auslegung, sondern auch an

V. Auch im Falle eines gemeinschaftlichen Testaments kann jeder Erblasser die von ihm getroffenen Verfügungen grundsätzlich nach Maßgabe der für den Widerruf von Testamenten überhaupt geltenden Bestimmungen widerrufen. Abweichungen hiervon treten jedoch nach folgenden Richtungen ein:

1. Ein in amtliche Verwahrung genommenes gemeinschaftliches Testament gilt als durch Herausgabe nur dann widerrufen, wenn es von beiden Eheleuten zurückgenommen wurde (§ 2272).

2. Ganz besondere Vorschriften sind für den Widerruf der in einem gemeinschaftlichen Testament enthaltenen korrespektiven Verfügungen maßgebend. Hierbei ist aber wieder zwischen dem Widerruf bei Lebzeiten des anderen Ehegatten und nach dem Tode desselben zu unterscheiden. a) Im ersteren Falle kann der eine Ehegatte ohne Zustimmung des anderen eine Verfügung korrespektiver Natur nur mittels einer dem letzteren gegenüber abzugebenden gerichtlich oder notariell beurkundeten Erklärung widerrufen. Widerruf durch eine neue Verfügung von Todeswegen genügt nur, wenn der andere Ehegatte, sei es auch formlos, zustimmt (§ 2271 Abs. 1). Hierzu ist vor Allem zu sagen, daß es auf dem Gebiet der letztwilligen Verfügungen überaus bedenklich ist, mit formlosen Zustimmungen zu operiren. Sie können, wenn ertheilt, doch leicht geleugnet, wenn nicht ertheilt, doch als ertheilt behauptet werden, und zahlreiche Prozesse und Meineide sind die nothwendige Folge einer solchen Behandlung. Aber auch die zuerst erwähnte Bestimmung des § 2271 (Abs. 1, Satz 1), betreffend die Form der Widerrufserklärung, ist nicht zu billigen. Aus ihr ergiebt sich vielmehr eine ganz unerhörte Beschränkung der Widerrufsfreiheit. Um dies zu erkennen, braucht man sich nur zu vergegenwärtigen, wie viel Mittel ein Ehegatte gegen den anderen — zumal, wenn dieser in der Geschäftsfähigkeit beschränkt ist — hat, um die ihm gegenüber zu bewirkende Abgabe einer gerichtlich oder notariell beurkundeten Erklärung zu verhindern, und wie groß die Schwierigkeiten des Widerrufs werden können, wenn der Ehegatte, welchem gegenüber der Widerruf erfolgen soll, abwesend ist, oder wenn gar zweifelhaft ist, ob derselbe noch lebt oder bereits gestorben ist. Das Schlimmste ist aber doch Folgendes: Errichtet werden kann ein gemeinschaftliches Testament auch ohne Zuziehung von Richter oder Notar, so bei Verwendung der holographen Form, oder, wenn die Voraussetzungen hierzu vorhanden sind, bei Verwendung einer außerordentlichen Testamentsform;

die Aufhebung) so zu behandeln sind, als ob sie vom Erblasser selbstständig, d. h. **nicht** in einem gemeinschaftlichen korrespektiven Testamente getroffen worden wären.

trotzdem soll die in einem gemeinschaftlichen Testamente enthaltene korrespektive Verfügung in Ermangelung der Zustimmung des anderen Theiles ohne Zuziehung von Richter oder Notar nicht widerrufen werden können! b) Mit dem Tode des anderen Ehegatten erlischt für den Ueberlebenden das Recht des Widerrufes regelmäßig gänzlich. Anders verhält es sich nur, α) wenn der überlebende Theil das ihm von dem verstorbenen Theil Zugewendete ausschlägt, oder, dafern diese Voraussetzung nicht zutrifft, β) wenn sich der vom Ueberlebenden Bedachte einer Verfehlung schuldig macht, welche jenen zur Entziehung des Pflichttheils berechtigt oder doch berechtigen würde, wenn der Bedachte ein Abkömmling des Erblassers wäre. Im Falle unter α) kann der überlebende Ehegatte seine Verfügungen unbeschränkt nach Maßgabe der allgemeinen Grundsätze aufheben, während er im Falle unter β) zur Aufhebung der Zuwendung an den Bedachten nach Maßgabe der Vorschrift des § 2336 (über die Entziehung des Pflichttheils) berechtigt ist. Vgl. § 2271 Abs. 2. Auch diese Bestimmungen, obschon auf richtigen Grundgedanken beruhend, leiden doch unter einer gewissen Steifheit, welche es oft schwierig und mitunter geradezu unmöglich machen wird, den vielgestaltigen Fällen, welche das Leben aufwirft, ganz gerecht zu werden. Beispiel: Der überlebende Ehegatte hat es versäumt, die werthlose Erbschaft des verstorbenen Ehegatten, über welche etwa Konkurs eröffnet worden ist, auszuschlagen; in Folge dessen ist er nach § 2271 an die von ihm im korrespektiven Testament getroffene Verfügung für sein ganzes Leben in gleicher Weise gebunden, als ob er einen Erbvertrag geschlossen hätte. Daß dies recht bedenklich ist, wird kaum in Abrede gestellt werden können. Hierbei entsteht übrigens noch die Frage, ob der Erblasser die von ihm in einem korrespektiven Testamente getroffene und später unwiderruflich gewordene Verfügung nicht wenigstens nach den für den Erbvertrag geltenden Bestimmungen des § 2281 bei Vorhandensein eines der Anfechtungsgründe der §§ 2078, 2079 anfechten kann? Man wird dies doch wohl bejahen müssen. c) Ist der durch eine korrespektive Verfügung Bedachte ein pflichttheilsberechtigter Abkömmling wenigstens eines der Ehegatten und hat sich derselbe in solchem Maße der Verschwendung ergeben oder ist er in solchem Maße überschuldet, daß sein späterer Erwerb erheblich gefährdet ist, so kann der Erblasser sowohl bei Lebzeiten wie nach dem Tode des anderen Ehegatten durch letztwillige Verfügung diejenigen Anordnungen treffen, welche nach § 2338 zum Zweck der Pflichttheilsbeschränkung in guter Absicht zulässig sind (§ 2271 Abs. 3).

III. Erbvertrag.

§ 22.

I. Gewisse Verfügungen von Todeswegen, nämlich Erbeinsetzungen, Vermächtnisse und Auflagen, können auch vertragsmäßig getroffen werden (§ 2278). Der dem römischen Recht fremd gewesene und in Deutschland erst nach der Rezeption des römischen Rechtes durch Praxis und Gewohnheitsrecht zur Entwickelung gelangte Erbvertrag[1]) ist also im B.G.B. für zulässig erklärt, und zwar nicht nur unter Ehegatten, sondern ganz allgemein. Geschlossen wird der Erbvertrag zwischen dem Erblasser und einer demselben gegenüberstehenden Partei, welche jenen an seine Erklärung durch ihre Zustimmung bindet. Der Erbvertrag kann übrigens auch ein gegenseitiger, d. h. so beschaffener sein, daß jede der beiden Parteien hinsichtlich ihres Nachlasses vertragsmäßige Verfügungen trifft. Für den Begriff des Erbvertrages ist dies jedoch ebensowenig wesentlich, als daß die vom Erblasser vertragsmäßig getroffenen Verfügungen dem anderen Vertragstheile zum Vortheile gereichen; der Erbvertrag ist auch als Vertrag zu Gunsten Dritter möglich.

II. Der als Erblasser Auftretende kann den Erbvertrag immer nur persönlich, nicht durch einen Vertreter schließen, und bedarf hierzu regelmäßig auch der unbeschränkten Geschäftsfähigkeit, so zwar, daß bei dem Mangel derselben ein wirksamer Erbvertrag selbst dann nicht zu Stande kommt, wenn der gesetzliche Vertreter bezw. das Vormundschaftsgericht zustimmt. Eine Ausnahme von dieser Regel tritt ein, wenn der Erbvertrag unter Ehegatten oder Verlobten geschlossen wird. Der Erblasser kann hier in der Geschäftsfähigkeit auch beschränkt sein; nur bedarf es dann der Zustimmung des gesetzlichen Vertreters und, wenn dieser ein Vormund ist, auch der Genehmigung des Vormundschaftsgerichts (§§ 2274, 2275). Bezüglich der Frage, wie die Zustimmung, Genehmigung zu ertheilen ist, sind offenbar die im allgemeinen Theil und im Familienrecht enthaltenen Bestimmungen der §§ 108, 182, 1828 maßgebend. Von den Ergebnissen, zu welchen man hierbei gelangt, verdient eines besonders herausgehoben zu werden. Eine etwa zwanzigjährige Ehefrau als Erblasserin schließt mit ihrem Gatten in der vorgeschriebenen Form, aber ohne Zuziehung ihres gesetzlichen Vertreters und ohne Genehmigung des Vormundschaftsgerichts, einen Erbvertrag ab. Derselbe entbehrt vorläufig der rechtlichen Wirksamkeit;

[1]) Vgl. Stobbe a. a. O. V §§ 310 ff.

versteht es der Mann jedoch, seine Frau, nachdem sie volljährig geworden ist, zu einer, wenn auch nur mündlichen Genehmigung des Erbvertrages zu bewegen, so ist dieser nach § 108 Abs. 3 in Verbindung mit § 182 wirksam und dadurch zugleich für die Frau auf Lebenszeit zu einer vielleicht sehr drückenden Fessel geworden. Daß solche Behandlung gefährlich ist, braucht kaum mehr beigefügt zu werden. Die dem sich vertragsmäßig bindenden Erblasser als lediglich annehmend gegenüberstehende Partei braucht den Vertrag nicht persönlich zu schließen und kann unbeschadet der Wirksamkeit des Vertrags in ihrer Geschäftsfähigkeit auch beschränkt sein; denn einen Nachtheil kann sie dadurch allein, daß der Erblasser gebunden ist, nicht erleiden.[1a])

III. Der Erbvertrag kann nur bei gleichzeitiger Anwesenheit beider Theile vor einem Richter oder Notar und regelmäßig auch nur unter Beobachtung der für die Testamentserrichtung maßgebenden Formvorschriften geschlossen werden. Für einen Erbvertrag zwischen Ehegatten oder Verlobten, der mit einem Ehevertrag in derselben Urkunde verbunden ist, genügt jedoch die für den Ehevertrag vorgeschriebene Form (§ 2276).

IV. Auf vertragsmäßige Verfügungen von Todeswegen finden im Allgemeinen die für letztwillige Verfügungen geltenden Bestimmungen entsprechende Anwendung (§ 2279).[2]) Besonderes gilt dies jedoch in Betreff der Anfechtung des Erbvertrags. Während bei dem jeder Zeit frei widerruflichen Testamente von einem dem Erblasser zukommenden Anfechtungsrechte niemals die Rede sein kann, verhält es sich in dieser Beziehung bei dem, den Erblasser bindenden Erbvertrage anders. Einen anfechtbaren Erbvertrag kann also zunächst der Erblasser selbst anfechten, ein Nachlaßbetheiligter, welchem der Erbvertrag im Wege steht, dagegen nur dann, wenn das Anfechtungsrecht des Erblassers zur Zeit des Erbfalls noch nicht erloschen war (§ 2285). Ueber die Anfechtung des Erbvertrags durch den Erblasser ist noch Folgendes zu sagen: 1. Die Anfechtungsgründe sind grundsätzlich dieselben, welche wir als solche beim Testamente bereits kennen gelernt haben. Abweichendes gilt nur im Falle der Anfechtung wegen eines im Erbvertrag aus Irrthum über-

---

[1a]) Mit Unrecht behauptet Gareis, Einführung S. 382, daß der Erbvertrag, dafern er nicht unter Ehegatten oder Verlobten geschlossen wird, „stets die volle Geschäftsfähigkeit der Vertragschließenden voraussetzt".

[2]) „Die Vorschriften des § 2077 gelten für einen Erbvertrag zwischen Ehegatten und Verlobten auch insoweit, als ein Dritter bedacht ist" (§ 2279 Abs. 2). Vgl. oben § 19 dieser Darstellung.

gegangenen oder erst später zugewachsenen Pflichttheilsberechtigten. Hier kommt es im Gegensatz zur Vorschrift des § 2079 lediglich darauf an, daß der Pflichttheilsberechtigte zur Zeit der seitens des Erblassers erfolgenden Anfechtung vorhanden ist (§ 2281 Abs. 1). Trifft diese Voraussetzung zu, so ist die Anfechtung wirksam, mag auch der Pflichttheilsberechtigte vor dem Erbfall weggefallen sein oder doch aus der Erbschaft des anfechtenden Erblassers nichts erhalten haben. Diese Behandlung ist wenig befriedigend und kann sogar leicht zu unlauterem Gebahren ermuntern. Richtiger Weise sollte die vom Erblasser auf Grund von § 2281 in Verbindung mit § 2079 erfolgende Anfechtung nur soweit wirksam sein, als sie dem Pflichttheilsberechtigten wirklich zu Statten kommt. 2. Die Anfechtung kann regelmäßig nur durch den Erblasser persönlich erfolgen. Ist er in der Geschäftsfähigkeit beschränkt, so bedarf er zur Anfechtung nicht der Zustimmung seines gesetzlichen Vertreters. Für einen geschäftsunfähigen Erblasser kann jedoch mit der Genehmigung des Vormundschaftsgerichts der gesetzliche Vertreter anfechten (§ 2282).[3] 3. Die Anfechtung kann bei Lebzeiten des anderen Vertragstheils nur durch eine diesem gegenüber abgegebene, gerichtlich oder notariell beurkundete Erklärung erfolgen (§ 2282 Abs. 3). Nach dem Tode des anderen Vertragstheils kann überhaupt nur mehr die Anfechtung einer im Erbvertrage zu Gunsten eines Dritten getroffenen Verfügung in Frage kommen; sie ist nach § 2281 Abs. 2 gegenüber dem Nachlaßgericht des verstorbenen Vertragstheils zu erklären. Diese Bestimmungen sind nicht unbedenklich. Denn durch sie wird die Anfechtung dem Erblasser oft zu schwer gemacht, so z. B. bei Abwesenheit des anderen Vertragstheils, oder in dem Falle, wo der Zweifel begründet ist, ob der andere Vertragstheil noch lebt oder bereits gestorben ist. Hierbei ist insbesondere zu beachten, daß für unsere Anfechtung die allgemeine Vorschrift des § 130 gilt, wonach eine Willenserklärung unter Abwesenden erst mit dem Zeitpunkte wirksam wird, in welchem sie dem anerklärten Theile zugeht. Folge davon ist, daß unter Umständen, nämlich im Falle eines Erbvertrages zu Gunsten eines Dritten, der ersten, aus dem Grunde erfolglos gebliebenen Anfechtung, weil die Anfechtungserklärung dem anderen Vertragsschließenden bei dessen Lebzeiten nicht mehr zugestellt werden konnte, eine zweite, bei dem Nachlaßgericht anzubringende Anfechtung nachfolgen muß. 4. Die Anfechtung durch den Erblasser kann nur binnen Jahresfrist erfolgen; über Beginn und Be-

---

[3]) Vgl. auch Abs 3 von § 2283.

rechnung dieser Frist vgl. § 2283. 5. Ein anfechtbarer Erbvertrag kann von dem in der Geschäftsfähigkeit beschränkten Erblasser, selbst mit Zustimmung des gesetzlichen Vertreters und des Vormundschaftsgerichtes, nicht bestätigt, d. h. unanfechtbar gemacht werden. Dies ist zu billigen. Wohl aber ist solche Bestätigung möglich, wenn der sie persönlich erklärende Erblasser unbeschränkt geschäftsfähig ist (§ 2284). Der Beobachtung einer Form bedarf es aber hierzu nach den allgemeinen Grundsätzen des B.G.B. nicht (§ 144), so daß also z. B. eine erzwungene oder auf maßgeblichem Irrthum beruhende vertragsmäßige Erbeinsetzung durch formlose Bestätigung des Erblassers volle Wirksamkeit erlangen kann. Dies ist bei einer so folgenschweren Verfügung von Todeswegen, wie es der Erbvertrag ist, bedenklich und gefährlich, und zwar um so mehr, als hiernach anfechtbare Erbverträge[3a]) viel leichter bestätigt als angefochten werden können.

V. Der Erbvertrag ist kein Vertrag, durch welchen sich der Erblasser zu einer Leistung verpflichtet, also kein obligatorischer Vertrag; er ist auch kein Vertrag, durch welchen der Erblasser dem anderen Vertragschließenden ein gegenwärtiges Recht an seinem Vermögen einräumt, er hat nichts Verwandtes mit den Geschäften, durch welche dingliche Rechte bestellt werden, er ist kein dinglicher Vertrag. Der Erbvertrag ist auch kein aus einseitiger Verfügung von Todeswegen und einem daran sich anschließenden Vertrage, durch welchen der Erblasser auf den Widerruf seiner Verfügung verzichtet, sich zusammensetzendes Doppelgeschäft.[4]) Der Erbvertrag ist vielmehr ein einheitliches Geschäft wie das Testament; während jedoch der Erblasser in diesem einseitig von Todeswegen verfügt, thut er dies im Erbvertrag nicht einseitig, sondern vertragsmäßig, und während die einseitigen Verfügungen von Todeswegen frei widerruflich sind, sind die vertragsmäßigen Verfügungen grundsätzlich unwiderruflich. Im Uebrigen haben die in einem Erbvertrage verfügten Erbeinsetzungen, Vermächtnisse, Auflagen ganz denselben Charakter, als ob sie in einem Testament verfügt worden wären. Dieser richtigen Auffassung des Erbvertrages wird das B.G.B. vollkommen gerecht. Die

---

[3a]) Bei einem anfechtbaren Testamente kann von einer durch den Erblasser im Sinne des § 144 erfolgenden formlosen Bestätigung überhaupt nicht die Rede sein, denn der Erblasser befindet sich hier nicht in der Stellung eines Anfechtungsberechtigten.

[4]) So die Auffassung G. Hartmann's in der Schrift: Zur Lehre von den Erbverträgen und gemeinschaftlichen Testamenten (1860). Vgl. dagegen Stobbe a. a. O. V § 311 und Dernburg, Pandekten III § 126.

wichtigste Konsequenz derselben ist, daß das Recht des Erblassers, über sein Vermögen durch Rechtsgeschäft unter Lebenden zu verfügen, ungeachtet des von ihm abgeschlossenen Erbvertrages, grundsätzlich nicht beschränkt ist (§ 2286). Besondere Berücksichtigung verdienen jedoch folgende Fälle:

1. Was ist Rechtens, wenn der Erblasser, in der Absicht, den Vertragserben zu beeinträchtigen, eine Schenkung gemacht hat? Das Gesetz entscheidet, daß der Vertragserbe nach Anfall der Erbschaft berechtigt ist, von dem Beschenkten die Herausgabe des Geschenks nach den Vorschriften über ungerechtfertigte Bereicherung zu fordern. Dieser Anspruch verjährt in drei Jahren von dem Anfalle der Erbschaft an (§ 2287). Hiergegen läßt sich Erhebliches nicht einwenden.

2. In Uebereinstimmung mit der unter Z. 1 erwähnten Entscheidung kommt das Gesetz auch dem Vertragsvermächtnißnehmer im Falle einer vom Erblasser absichtlich herbeigeführten Beeinträchtigung des eventuellen Vermächtnißanspruchs zu Hülfe. Hat nämlich der Erblasser den vermachten Gegenstand in Beeinträchtigungsabsicht zerstört, bei Seite geschafft oder beschädigt, so steht dem Bedachten, soweit die Leistung des Gegenstandes unmöglich geworden ist, ein Anspruch auf Ersatz des Werthes zu. Und hat der Erblasser den vermachten Gegenstand in Beeinträchtigungsabsicht veräußert oder belastet, so ist der Erbe trotzdem zur Leistung des von den aufgelegten Lasten zu befreienden Gegenstandes, eventuell zum Wertherſatz verpflichtet. War aber die Veräußerung oder Belastung schenkweise erfolgt und vermag der Bedachte vom Erben Ersatz nicht zu erhalten, so steht ihm soweit ein Anspruch gegen den Beschenkten nach Maßgabe des unter Z. 1 Gesagten zu (§ 2288).

VI. Obschon das römische Recht den Erbvertrag nicht kannte, so hat dasselbe doch ein Institut ausgebildet, welches sich mit dem auf Gewährung eines Vermächtnisses gerichteten Erbvertrag (Vermächtnißvertrag) zwar durchaus nicht deckt,[5] aber doch in manchen Punkten berührt, nämlich die vertragsmäßige Schenkung auf den Todesfall; im heutigen gemeinen Recht bestehen beide Institute, die Schenkung auf den Todesfall und der Vermächtnißvertrag, neben einander. Nach dem Vorgang anderer Gesetzgebungen ist auch das B.G.B. bestrebt, dies zu vereinfachen. Auf das unter der Bedingung, daß der Beschenkte den Schenker überlebt, ertheilte und vom Schenknehmer angenommene Schenkungsversprechen finden nämlich schlechtweg die Vorschriften über

[5]) Vgl. Dernburg, Pandekten III § 117, 126.

den Erbvertrag (Vermächtnißvertrag) Anwendung. Eine vom Schenker durch Leistung des zugewendeten Gegenstandes bereits vollzogene Schenkung wird dagegen durchaus nach den Vorschriften über Schenkungen unter Lebenden behandelt. Für eine spezifische Schenkung auf den Todesfall bleibt darnach kein Raum (§ 2301).

VII. Eine dem Erbvertrag vorangegangene letztwillige Verfügung wird durch jenen soweit aufgehoben, als sie das Recht des vertragsmäßig Bedachten beeinträchtigen würde (§ 2289). Besonderes gilt in dem Falle, wo dem Erbvertrag ein bisher noch nicht widerrufenes gemeinschaftliches korrespektives Testament vorangegangen ist. Hier kommt dem Erbvertrag die seinem Inhalt entsprechende aufhebende Kraft schlechthin nur dann zu, wenn der Erbvertrag von denselben Personen geschlossen wurde, welche früher das korrespektive Testament errichtet hatten. Trifft dagegen einer der Ehegatten, welche gemeinschaftlich und korrespektiv testirt hatten, bei Lebzeiten des anderen Ehegatten eine spätere Verfügung von Todeswegen in einem mit einem Dritten abgeschlossenen Erbvertrag, so vermag dieser dem früheren korrespektiven Testament gegenüber aufhebend nur zu wirken, wenn der andere Ehegatte der Aufhebung — sei es auch formlos — zustimmt (§ 2271 Abs. 1 Satz 2).

VIII. Verfügungen von Todeswegen, welche der durch Erbvertrag gebundene Erblasser nachträglich getroffen hat, sind grundsätzlich insoweit unwirksam, als sie das Recht des vertragsmäßig Bedachten beeinträchtigen würden (§ 2289).[6]) Im Einzelnen ist aber noch Folgendes zu bemerken:

1. In einem Erbvertrag können auch einseitige Verfügungen von Todeswegen (letztwillige Verfügungen) getroffen werden. Hinsichtlich des Widerrufs dieser Verfügungen gilt grundsätzlich dasselbe, wie wenn sie durch Testament getroffen worden wären; wird jedoch der Erbvertrag „durch Ausübung des Rücktrittsrechts oder durch Vertrag aufgehoben, so tritt die Verfügung außer Kraft, sofern nicht ein anderer Wille des Erblassers anzunehmen ist" (§ 2299).

2. Der Erblasser kann sich in dem Erbvertrage zweifellos die spätere Errichtung gewisser, den Vertragserben beschränkender und belastender testamentarischer Verfügungen vorbehalten, und ein solcher

---

[6]) Die Möglichkeit einer solchen Beeinträchtigung entfällt, wenn die vertragsmäßige Verfügung hinterher, etwa in Folge des vor dem Erbfall eingetretenen Todes des Vertragserben, unwirksam geworden ist. Die obschon in Gegensatz zu dem früher abgeschlossenen Erbvertrag sich stellende letztwillige Verfügung des Erblassers ist daher unter der angegebenen Voraussetzung als wirksam zu behandeln.

Vorbehalt wird in Fällen, wo der Erbvertrag neben vertragsmäßigen auch einseitige Verfügungen von Todeswegen enthält, insbesondere in der Weise räthlich sein, daß es dem Erblasser freistehen solle, hinsichtlich des durch einseitige Verfügung Zugewendeten auch fortan, nicht blos durch einen dem Vertragserben zu Statten kommenden Widerruf, sondern auch in anderer Weise testamentarisch frei zu verfügen.

3. Hat der Erblasser einem pflichttheilsberechtigten Abkömmling eine vertragsmäßige Zuwendung gemacht, so kann er nach Maßgabe des § 2338 durch spätere letztwillige Verfügung die durch das eigene Interesse des Bedachten gerechtfertigten Maßregeln treffen, welche zum Zweck der Pflichttheilsbeschränkung in guter Absicht zulässig sind (§ 2289 Abs. 2).

4. Eine vertragsmäßige Verfügung, durch die ein Vermächtniß oder eine Auflage angeordnet ist, kann von dem Erblasser durch Testament aufgehoben werden, dafern der andere Vertragsschließende zustimmt; die Zustimmungserklärung bedarf der gerichtlichen oder notariellen Beurkundung (§ 2291). Auf die Frage, warum dies im Falle einer vertragsmäßigen Erbeinsetzung nicht gelten soll, wird eine wirklich befriedigende Antwort kaum gefunden werden können.

5. Ein zwischen Ehegatten geschlossener Erbvertrag kann auch durch ein gemeinschaftliches Testament der Ehegatten aufgehoben werden. Bei beschränkter Geschäftsfähigkeit desjenigen Theiles, welcher in solcher Weise eventuelle Rechte aus dem Erbvertrag aufgiebt, ist hierzu die Zustimmung des gesetzlichen Vertreters und, wenn er unter Vormundschaft steht, die Genehmigung des Vormundschaftsgerichts erforderlich (§ 2292). Ist aber dieser Theil nach Errichtung des gemeinschaftlichen Testaments unbeschränkt geschäftsfähig geworden, so genügt nach § 108 Abs. 3 offenbar auch hier dessen formlose Genehmigung, welche dann sowohl für die Aufhebung des Erbvertrages als auch für die Geltung des gemeinschaftlichen Testaments entscheidend ist. Vgl. hierzu auch das oben unter II. Gesagte.

6. Ein Erbvertrag im Ganzen, sowie eine einzelne vertragsmäßige Verfügung, mag sie auch zu Gunsten eines Dritten erfolgt sein, kann durch neuen Vertrag (contrarius consensus) von denjenigen Personen aufgehoben werden, welche den Erbvertrag geschlossen haben. Von solcher vertragsmäßigen Aufhebung des Erbvertrages kann dagegen nicht mehr die Rede sein, wenn die Partei, welcher gegenüber der Erblasser sich gebunden hatte, bereits gestorben ist. Der Aufhebungsvertrag bedarf derselben Form wie der Erbvertrag selbst. Während der Erblasser den

Vertrag nur persönlich schließen kann, ist bezüglich der anderen Partei Vertretung zulässig. Ist der Erblasser in der Geschäftsfähigkeit beschränkt, so bedarf er der Zustimmung des gesetzlichen Vertreters nicht. Fehlt der anderen Partei die unbeschränkte Geschäftsfähigkeit, so ist zur Wirksamkeit des Vertrages regelmäßig die Genehmigung des Vormundschaftsgerichts erforderlich. Zustimmung des gesetzlichen Vertreters dieser Partei genügt nur, wenn sie unter elterlicher Gewalt steht und der Vertrag unter Ehegatten oder unter Verlobten geschlossen wird. Vgl. § 2290, aus dessen Vorschriften sich übrigens auch die jetzt noch nachdrücklich hervorzuhebende Konsequenz ergiebt, daß ein auf Wiederaufhebung eines Erbvertrages gerichteter Vertrag überhaupt nicht mehr geschlossen werden kann, wenn und solange der Erblasser geschäftsunfähig ist. Diese Entscheidung ist um so auffallender, als § 2347 den Abschluß eines Erbverzichtes zwischen dem Verzichtenden und dem gesetzlichen Vertreter des geschäftsunfähigen Erblassers ausdrücklich für zulässig erklärt. Hierdurch entsteht folgender Widerspruch: Ist in dem zwischen A als Erblasser und B abgeschlossenen Erbvertrage B als Erbe eingesetzt, so kann, wenn A später geschäftsunfähig geworden ist, ungeachtet der Bereitwilligkeit des B doch ein auf Wiederaufhebung des Erbvertrages gerichteter Vertrag nicht mehr geschlossen werden. Haben A als Erblasser und B als annehmende Partei dagegen einen Erbvertrag zu Gunsten des Dritten, C, geschlossen, so kann dieser nach § 2352 in Verbindung mit § 2347 trotz der später eingetretenen Geschäftsunfähigkeit des Erblassers durch einen mit dem gesetzlichen Vertreter desselben abgeschlossenen Vertrag auf sein Erbrecht verzichten. Die letztere Behandlung ist zweifellos die angemessenere und hätte daher grundsätzlich auch im § 2290 angenommen werden sollen. Nur bei einer ganz bestimmten Gruppe von Fällen läßt es sich rechtfertigen, wenn der auf Wiederaufhebung eines Erbvertrages gerichtete Vertrag hinsichtlich des hier berührten Punktes anders beurtheilt wird als der Erbverzicht. Es sind dies die Fälle der Wiederaufhebung eines Erbvertrages zu Gunsten eines Dritten. Hier kann man nämlich allerdings sagen, daß die im Erbvertrag enthaltene Zuwendung an den Dritten diesem nicht ohne seine Zustimmung durch einen Wiederaufhebungsvertrag entzogen werden soll, welchen der Erblasser nicht persönlich abgeschlossen hat. Ist aber der Dritte bereit, dem gesetzlichen Vertreter des geschäftsunfähigen Erblassers gegenüber auf sein vertragsmäßiges Erbrecht zu verzichten, so ist ihm hierzu durch § 2347 ohnedies die Möglichkeit eröffnet. Dem entsprechend sollte aber auch der Vertragspartei selbst, welche im Erbvertrage eingesetzt ist, die Möglichkeit gegeben sein, mit dem gesetzlichen Vertreter des geschäftsunfähig gewordenen Erblassers einen auf Aufhebung des Erbvertrages gerichteten Vertrag abzuschließen.

7. Das Gesetz kennt auch den Rücktritt des Erblassers von einer vertragsmäßigen Verfügung auf den Todesfall. Solcher Rücktritt ist möglich: a) Wenn und soweit der Erblasser sich den Rücktritt im Erbvertrage vorbehalten hat (§ 2293); b) wenn sich der Bedachte einer Verfehlung schuldig gemacht hat, die den Erblasser zur Entziehung des Pflichttheils wirklich berechtigt oder, wenn der Bedachte ein Abkömmling des Erblassers wäre, doch berechtigen würde (§ 2294);[7]) c) wenn die Verfügung mit Rücksicht auf eine rechtsgeschäftliche Verpflichtung des Bedachten, dem Erblasser für dessen Lebenszeit wiederkehrende Leistungen, insbesondere den Unterhalt, zu gewähren, getroffen ist und die Verpflichtung vor dem Tode des Erblassers aufgehoben wurde (§ 2295).

Soweit darnach ein Rücktritt vom Erbvertrag überhaupt zulässig ist, kann er nur durch den Erblasser persönlich, nicht durch einen Vertreter erfolgen. Ein in der Geschäftsfähigkeit beschränkter Erblasser bedarf der Zustimmung seines gesetzlichen Vertreters nicht. Der Rücktritt erfolgt durch eine dem anderen Vertragschließenden gegenüber abzugebende, gerichtlich oder noteriell beurkundete Erklärung. Die zu Gunsten eines Dritten getroffene vertragsmäßige Verfügung kann der zum Rücktritt berechtigte Erblasser nach dem Tode des anderen Vertragschließenden durch Testament aufheben (§§ 2296, 2297). Was oben IV Z. 3 über die verwandte Bestimmung des § 2282 Abs. 3 bemerkt worden ist, scheint mutatis mutandis auch hier zuzutreffen. Man denke insbesondere an den Fall, daß die Rücktrittserklärung des Erblassers bezüglich eines, zu Gunsten eines Dritten geschlossenen, Erbvertrages dem anderen Vertragstheile vor dessen Tode nicht mehr zugestellt werden konnte und daß der Erblasser gestorben ist, bevor er hiervon Kenntniß erlangt hat.

IX. Besonderes ist jetzt noch über den gegenseitigen Erbvertrag zu sagen. Für ihn gelten, soweit nicht ein anderer Wille der Vertragschließenden ersichtlich ist (§ 2298), folgende Grundsätze: Die Richtig-

---

[7]) Muß die Rücktrittserklärung im Falle des § 2294 unter Angabe des Grundes des Rücktritts (vgl. § 2336 Abs. 2) erfolgen? Das Gesetz (denn Satz 2 von § 2297 bezieht sich auf die Aufhebung der vertragsmäßigen Verfügung durch Testament) giebt keine Entscheidung.

keit[8]) auch nur einer vertragsmäßigen Verfügung hat die Unwirksamkeit des ganzen Vertrages zur Folge. Macht auch nur einer der Vertragschließenden von dem vorbehaltenen Rücktritt Gebrauch, so wird dadurch der ganze Vertrag aufgehoben. Mit dem Tode des einen Vertragschließenden erlischt das vorbehaltene Rücktrittsrecht des anderen Theiles. Schlägt der Ueberlebende jedoch das ihm durch den Vertrag Zugewendete aus, so soll er seine Verfügung unter allen Umständen durch Testament aufheben können, selbst wenn ein anderer Wille der Vertragschließenden klar zu Tage liegt (§ 2298 Abs. 2 Satz 3 und Abs. 3).[9]) Wie in manchen anderen Fällen, so geht das Gesetz auch hier dadurch fehl, daß es sich allzusehr in vom Gesetzgeber nicht vollständig zu übersehendes Detail verliert. Beispiel: Die Ehegatten A (Mann) und B (Frau) schließen einen Erbvertrag, laut dessen A die B zur Erbin und deren Tochter erster Ehe zur Nacherbin einsetzt, und die B dem A ein Vertragsvermächtniß von 30 000 Mark zusichert, welches, dafern A vor der B sterben sollte, den drei Neffen des A zu gleichen Theilen zukommen soll. A stirbt zuerst. Die B schlägt die ihr angefallene Erbschaft ihres Gatten aus, bewirkt hierdurch, ihrer Absicht entsprechend, den sofortigen Anfall der Erbschaft an ihre Tochter erster Ehe (§ 2102) und hebt, nachdem der Erwerb der letzteren definitiv geworden ist, ihre zu Gunsten der Neffen ihres verstorbenen Mannes getroffene Verfügung durch Testament auf. Durch die früher berufenen Vorschriften des § 2298 wird solches Vorgehen ausdrücklich approbirt!

X. Wenn wir die im B.G.B. über den Erbvertrag getroffenen Bestimmungen jetzt nochmals überschauen, so können wir uns nicht verhehlen, daß der Erbvertrag ein überaus komplizirtes Institut ist. Kein Wunder daher, daß der Erbvertrag ganz entschiedene prinzipielle Gegner hat.[10]) Das stärkste Bedenken gegen seine Zulassung liegt darin, daß der Erblasser zur Zeit der Abschließung desselben die Gestaltung der Verhältnisse zur Zeit des Erbfalls in aller Regel nicht zu übersehen vermag und trotzdem an die von ihm getroffene, vielleicht ganz unzweckmäßige Verfügung unwiderruflich gebunden ist. Ungeachtet dessen wird zuzugeben sein, daß sich der Erbvertrag im deutschen Rechtsleben bereits

[8]) Was für den Fall der Nichtigkeit einer vertragsmäßigen Verfügung bestimmt ist, gilt nicht ohne Weiteres auch für den Fall der nachträglich (etwa durch den Tod des Bedachten vor dem Erblasser) eingetretenen Unwirksamkeit derselben.

[9]) Man beachte, daß Satz 3 von Abs. 2 des § 2298 in Abs. 3 **nicht** berufen ist.

[10]) Vgl. z. B. Ubbelohde im Archiv f. civil. Praxis Bd. 75 S. 54 ff.

zu sehr eingelebt hat, als daß an seine Abschaffung hätte gedacht werden können. Auch ist wohl zu erwägen, daß eine den Erbvertrag beseitigende Gesetzesvorschrift überaus leicht durch den Abschluß von Schenkungsverträgen umgangen werden könnte, welche für den Erblasser noch drückender wären, als der ihm wenigstens die freie Verfügung unter Lebenden belassende Erbvertrag. Selbst der naheliegende Gedanke, Erbverträge nur unter Ehegatten zuzulassen, ist deshalb in wirklich befriedigender Weise nicht durchführbar, und der grundsätzliche Standpunkt des B.G.B. erscheint somit als gerechtfertigt. Bei der schwierigen Normirung des Details sind jedoch bedenkliche Bestimmungen leider nicht vermieden worden.

IV. Eröffnung der Verfügungen von Todeswegen.

§ 23.

I. Verfügungen von Todeswegen sind nach dem Tode des Erblassers alsbald zu eröffnen. Eine entgegenstehende Bestimmung des Erblassers ist nichtig. Zur Eröffnung berufen ist das Nachlaßgericht, sofern sich die Verfügung nicht bei einem anderen Gerichte in amtlicher Verwahrung befindet. Im letzteren Falle obliegt die Eröffnung, an welche sich die Einsendung der eröffneten Verfügung nebst einer beglaubigten Abschrift des Eröffnungsprotokolls an das Nachlaßgericht anzuschließen hat, dem anderen Gerichte. Wer sonst — sei es auch eine Behörde — sich im Besitz einer Verfügung von Todeswegen befindet, hat dieselbe nach erlangter Kenntniß vom Tode des Erblassers unverzüglich an das Nachlaßgericht abzuliefern.

II. Zum Zweck der von ihm vorzunehmenden Eröffnung einer Verfügung von Todeswegen hat das Nachlaßgericht zugleich Termin zu bestimmen und zu demselben die gesetzlichen Erben des Erblassers und die sonstigen Betheiligten, soweit thunlich, zu laden. Ueber die Eröffnung ist ein Protokoll aufzunehmen und von dem sie betreffenden Inhalt des Testaments sind die Betheiligten, welche bei der Eröffnung nicht zugegen waren, in Kenntniß zu setzen. Vgl. §§ 2259 bis 2264, 2300.

III. Bei gemeinschaftlichen Testamenten und Erbverträgen sind die Verfügungen des überlebenden Theiles, soweit sie sich sondern lassen, weder zu verkünden noch sonst zur Kenntniß der Betheiligten zu bringen. Von den Verfügungen des verstorbenen Theiles ist eine beglaubigte Abschrift anzufertigen (vgl. aber auch § 1300). Das bisher amtlich verwahrt gewesene Testament, bezw. ein solcher Erbvertrag ist dann wieder zu verschließen und in die Verwahrung zurückzubringen (§§ 2273, 2300).

3. Kapitel. Pflichttheil.

1. Die grundsätzliche Gestaltung des Pflichttheilsrechtes.

§ 24.

I. Das Pflichttheilsrecht des B.G.B. ist schon in § 1 dieser Darstellung kurz charakterisirt worden. Es ist das gewissen, dem Erblasser nahestehenden und trotzdem von ihm durch Verfügung von Todeswegen von der Erbfolge ausgeschlossenen Personen gegen den Erben zukommende Recht auf Leistung des Geldwerthes der Hälfte des Erbtheils, welchen dieselben bei der gesetzlichen Erbfolge erhalten hätten. Diese Personen sind: die Abkömmlinge des Erblassers, dessen Eltern und der überlebende Ehegatte, dagegen nicht weitere Verwandte des Erblassers in der aufsteigenden Linie und auch nicht des Erblassers Geschwister (§ 2303). Diese Abgrenzung ist im Wesentlichen zu billigen. Wer freilich den Bestimmungen des Gesetzbuchs über das gesetzliche Erbrecht des überlebenden Ehegatten zweifelnd gegenübersteht, wird auch gegen das dem überlebenden Ehegatten eingeräumte Pflichttheilsrecht seine Bedenken hegen; doch hierauf soll hier nicht eingegangen werden.

II. Nicht ohne Schwierigkeit ist die Beantwortung der Frage, unter welchen Voraussetzungen Eltern bei Vorhandensein von Abkömmlingen des Erblassers und entfernteren Abkömmlingen bei Vorhandensein näherer Abkömmlinge ein Recht auf den Pflichttheil zukommt; § 2309 bestimmt hierüber:

> Entferntere Abkömmlinge und die Eltern des Erblassers sind insoweit nicht pflichttheilsberechtigt, als ein Abkömmling, der sie im Falle der gesetzlichen Erbfolge ausschließen würde, den Pflichttheil verlangen kann oder das ihm Hinterlassene annimmt.

Zur Erläuterung diene Folgendes: Bei der gesetzlichen Erbfolge gehen im Allgemeinen Abkömmlinge des Erblassers den Eltern desselben vor und werden entferntere Abkömmlinge in aller Regel durch den noch lebenden näheren Abkömmling, welcher ihre Verwandtschaft mit dem Erblasser vermittelt, ausgeschlossen. Grundsätzlich haben daher auch des Erblassers Eltern bei Vorhandensein von Abkömmlingen desselben und entferntere Abkömmlinge bei Vorhandensein des ihre Verwandschaft mit dem Erblasser vermittelnden näheren Abkömmlings kein Pflichttheilsrecht. Ausnahmen hiervon treten aber ein:

1. Im Falle eines Erbverzichts. Beispiel: Der einzige Abkömmling des Erblassers hat auf sein gesetzliches Erbrecht oder auch nur auf sein Pflichttheilsrecht verzichtet. Ungeachtet des Vorhandenseins

eines Abkömmlings soll den Eltern hier Pflichttheilsrecht zukommen, weil der Abkömmling, wenn er auf sein gesetzliches Erbrecht überhaupt verzichtet hat, die Eltern im Falle der gesetzlichen Erbfolge nicht ausschließen würde, und, wenn er nur auf sein Pflichttheilsrecht verzichtet hat, den Pflichttheil eben nicht verlangen kann. Wie wäre aber zu entscheiden, wenn der Erblasser dem Abkömmling ungeachtet des von diesem geleisteten Verzichtes etwas hinterlassen hätte? Nach Maßgabe von § 2309 muß unterschieden werden, ob der Abkömmling auf sein gesetzliches Erbrecht schlechtweg oder nur auf den Pflichttheil verzichtet hat. Im ersteren Falle können die Eltern den Pflichttheil für sich beanspruchen, im letzteren Falle dagegen nur dann, wenn der Abkömmling das ihm Hinterlassene ausschlägt. Worauf diese feine Unterscheidung beruhen soll, ist freilich schwer einzusehen. Allein ganz abgesehen hiervon wird man auch in Zweifel ziehen dürfen, ob es angemessen ist, daß Eltern dadurch ein Pflichttheilsrecht erlangen, daß der Erblasser den größten Theil seines Vermögens seinem Abkömmling gegen Erbverzicht überläßt.

Im Eingange dieser Erörterung ist vorausgesetzt worden, daß Abkömmlinge des Abkömmlings, der Verzicht geleistet hat, nicht vorhanden sind. Nimmt man aber solche Abkömmlinge als vorhanden an, so würde sich die Wirkung des Verzichtes, sofern Anderes nicht bestimmt worden ist, auch auf sie erstrecken (§ 2349). Wenn letzteres aber besonders ausgeschlossen worden ist, so muß, was vorher bezüglich des Pflichttheilsrechtes der Eltern des Erblassers gesagt worden ist, auch für das der Abkömmlinge des Abkömmlings gelten, der Verzicht geleistet hat.

2. Ist gegen das erbunwürdige einzige Kind des Erblassers die Erbunwürdigkeit mit Erfolg geltend gemacht worden (§§ 2340, 2344, 2345), so ist es erbrechtlich als nicht vorhanden anzusehen und schließt es daher auch das Pflichttheilsrecht seiner Abkömmlinge und, in Ermangelung solcher, das Pflichttheilsrecht der Eltern des Erblassers nicht aus. Dieselbe Entscheidung ergiebt sich aus § 2309 auch für den Fall, wo der Erblasser seinem einzigen Kinde den Pflichttheil rechtmäßig entzogen hat. Wie verhält es sich aber, wenn der Erblasser seinem einzigen Kinde wegen einer Verfehlung, welche ihn zur gänzlichen Entziehung des Pflichttheils berechtigt hätte, zwar etwas, aber weniger als den Pflichttheil hinterläßt? Nach § 2309 erscheinen die Abkömmlinge des Kindes bezw. die Eltern des Erblassers in diesem Falle nur unter der Voraussetzung als pflichttheilsberechtigt, daß das

Kind das ihm Hinterlassene ausschlägt. Das ist wenig befriedigend; denn sofern das Kind sich auf seinen Vortheil versteht, wird es seine Entscheidung über Annahme oder Ausschlagung von der Abwägung der Zugeständnisse abhängig machen, welche ihm der mit der Zuwendung belastete Erbe, der natürlich ein Interesse daran hat, der Verpflichtung zur Entrichtung des ganzen Pflichttheils an den eventuell Berechtigten zu entgehen, für den Fall der Annahme bietet, und welche ihm von dem eventuell Pflichttheilsberechtigten für den Fall der Ausschlagung geboten werden. Die richtige Entscheidung würde sein, daß das dem Kinde Zugewendete auf den Pflichttheil der entfernteren Abkömmlinge bezw. der Eltern angerechnet wird.[1])

3. Kann das (so wollen wir der Einfachheit wegen annehmen) einzige Kind des Erblassers „den Pflichttheil verlangen", so sind die Abkömmlinge des Kindes und die Eltern des Erblassers keinesfalls pflichttheilsberechtigt, selbst dann nicht, wenn das Kind von seinem Rechte auf den Pflichttheil keinen Gebrauch macht. Das Gleiche gilt, wenn dem pflichttheilsberechtigten Kinde nach Maßgabe der später zu besprechenden §§ 2306, 2307 die Wahl zusteht, entweder das ihm Hinterlassene anzunehmen oder es auszuschlagen und den Pflichttheil zu verlangen. Obschon das Kind, dafern es sich für das Erstere entscheidet, den Pflichttheil nicht verlangen kann, so sind doch auch in diesem Falle die Abkömmlinge des Kindes bezw. die Eltern des Erblassers selbstverständlich nicht pflichttheilsberechtigt. Entscheidet sich aber das Kind für das Letztere, so ist dadurch wieder der bereits besprochene Fall gegeben, daß das Kind den Pflichttheil verlangen kann. Anders verhält es sich jedoch, wenn das Kind nach Maßgabe des § 2306 den Pflichttheil aus dem Grunde nicht verlangen, d. h. den Pflichttheilsanspruch im technischen Sinne nicht stellen kann, weil es in Ansehung der Hälfte des gesetzlichen Erbtheils ohnedies unbeschränkt und unbeschwert Erbe geworden ist. Die Möglichkeit der Ausschlagung bleibt dem Kinde zwar auch in diesem Falle offen; macht es aber von dieser Möglichkeit Gebrauch, so knüpft sich hieran die Folge, daß nunmehr die entfernteren Abkömmlinge bezw. die Eltern des Erblassers als pflichttheilsberechtigt allerdings in Betracht kommen, denn es liegt dann der Fall vor, wo der nächstberechtigte Abkömmling das ihm Hinterlassene nicht annimmt und trotzdem den Pflichttheil nicht verlangen kann (§ 2309). Offenbar

[1]) So entscheiden übrigens auch die Motive V S. 402/403, und dies berechtigt zur Hoffnung, daß die richtige Entscheidung trotz der Fassung des § 2309 zum Durchbruch kommen werde.

hat man es auch hier wieder mit einer aus der Subtilität der Fassung des § 2309 entspringenden überfeinen und sachlich ganz und gar ungerechtfertigten Entscheidung zu thun.

4. Die sonderbaren Ergebnisse, zu welchen die Bestimmung des § 2309 in Verbindung mit § 2316 führt, können erst bei Würdigung der letzteren Vorschrift herausgestellt werden. Vgl. § 25 dieser Darstellung.

III. Für die Berechnung des Pflichttheils ist die Feststellung des Erbtheils von maßgebender Bedeutung, welcher auf den Pflichttheilsberechtigten bei der gesetzlichen Erbfolge entfallen würde. In Betreff dieser Feststellung enthält § 2310 folgende Bestimmungen:

1. „Wer durch Erbverzicht von der gesetzlichen Erbfolge ausgeschlossen ist, wird nicht mitgezählt." Hieraus muß zugleich geschlossen werden, daß, wer nur auf das Pflichttheilsrecht, nicht aber auch auf das gesetzliche Erbrecht verzichtet hat, allerdings mitzuzählen ist.

2. Mitzuzählen sind sodann nicht nur a) diejenigen, welche die Erbschaft ausgeschlagen haben oder welche durch letztwillige Verfügung lediglich von der Erbfolge ausgeschlossen sind, sondern b) auch diejenigen, welchen der Pflichttheil rechtmäßig gänzlich entzogen worden ist [1a]) oder welche für erbunwürdig erklärt worden sind. Die unter Z. 2 b hervorgehobene Entscheidung wird als konsequent nicht bezeichnet werden können,[2]) sie steht vielmehr in Widerspruch mit § 2309. Denn wenn z. B. der nächstberechtigte Abkömmling des Erblassers rechtmäßig ausgeschlossen oder für erbunwürdig erklärt ist, so sind nach § 2309 die Abkömmlinge dieses Abkömmlings bezw. die Eltern des Erblassers pflichttheilsberechtigt; wenn dagegen z. B. von den zwei Söhnen des Erblassers der eine von dem Rechte auf den Pflichttheil rechtmäßig ausgeschlossen oder für erbunwürdig erklärt worden ist und auch Abkömmlinge von ihm nicht vorhanden sind, so wird derselbe nach § 2310 bei der Berechnung des dem zweiten Sohne gebührenden Pflichttheils zum Nachtheil desselben in Anschlag gebracht. Genau dieselben bezüglich eines an sich Pflichttheilsberechtigten eingetretenen und dessen Pflichttheilsanspruch ausschließenden Umstände, welche nach § 2309 anderen Pflichttheilsberechtigten zu Statten

[1a]) Denn zu den durch letztwillige Verfügung von der Erbfolge Ausgeschlossenen gehören im Sinne des § 2310 auch diejenigen, welchen der Pflichttheil rechtmäßig gänzlich entzogen worden ist.

[2]) Daß nach römischem Rechte der Exheredirte partem facit ad minuendam legitimam, kann für das moderne Recht nicht maßgebend sein; vgl. auch Unger Oesterr. Erbrecht § 80 Anm. 2.

kommen, gereichen also im Falle des § 2310 dem vom Erblasser eingesetzten heres extraneus zum Vortheil.

IV. Der Pflichttheilsanspruch ist ohne Weiteres begründet, wenn der Pflichttheilsberechtigte ohne gerechtfertigten Grund gänzlich ausgeschlossen ist. Der eigenthümliche Charakter des Pflichttheilsanspruchs wird aber in der Regel auch dadurch nicht geändert, daß der Erblasser dem Pflichttheilsberechtigten den Pflichttheil geradezu zugewendet hat; denn solche Zuwendung ist im Zweifel nicht als Erbeinsetzung anzusehen (§ 2304). Immerhin muß sich aber der Pflichttheilsberechtigte auch damit zufrieden geben,[3]) daß ihm die Möglichkeit eröffnet ist, zur Hälfte seines gesetzlichen Erbtheils Erbe zu werden, und er kann, wenn ihm ein geringerer Erbtheil hinterlassen ist, von dem Miterben als Pflichttheil nur verlangen, was ihm darnach vom Werthe der Hälfte seines gesetzlichen Erbtheils abgeht (§ 2305). Dafür gelten aber auch die einem nicht über die Hälfte seines gesetzlichen Erbtheils zur Erbfolge berufenen Pflichttheilsberechtigten durch Einsetzung eines Nacherben, Voranstellung eines Vorerben, Ernennung eines Testamentsvollstreckers, eine Theilungsanordnung, Anordnung von Vermächtnissen und Auflagen auferlegten Beschränkungen und Beschwerungen schlechthin als nicht angeordnet. Beläuft sich dagegen der dem Pflichttheilsberechtigten mit Beschränkungen und Beschwerungen hinterlassene Erbtheil auf mehr als die Hälfte seines gesetzlichen Erbtheils, so hat der Pflichttheilsberechtigte die Wahl: entweder sich die Beschränkungen und Beschwerungen gefallen zu lassen, oder aber den Erbtheil auszuschlagen und die Entrichtung des Pflichttheils zu verlangen. Vgl. § 2306,[4]) aus dessen Inhalt noch hervorzuheben ist, daß die Ausschlagungsfrist in dem soeben berührten Falle erst beginnt, wenn der Pflichttheilsberechtigte von der Beschränkung oder Beschwerung Kenntniß erlangt. Mit einem ihm vom Erblasser gewährten Vermächtnisse braucht sich der Pflichttheilsberechtigte nicht abfinden zu lassen. Er kann es vielmehr ausschlagen und den vollen Pflichttheil beanspruchen. Im Falle der Annahme des Vermächtnisses kann er den Pflichttheil soweit begehren, als derselbe durch den Werth des vermachten Gegenstandes nicht gedeckt ist. Dieser Werth wird aber voll in Ansatz

---

[3]) Uebrigens ist gar nicht einzusehen, warum es dem auf die Hälfte oder auf weniger als die Hälfte seines gesetzlichen Erbtheils als Erbe eingesetzten Pflichttheilsberechtigten nicht gestattet sein soll, die Berufung zur Erbfolge auszuschlagen und den Pflichttheil in Geld zu verlangen?

[4]) Es tritt darnach schon von Rechtswegen dieselbe Behandlung ein, als ob der Erblasser sich der sogenannten cautela Socini bedient hätte.

gebracht, selbst wenn die Vermächtnißanordnung Beschränkungen und Beschwerungen der früher erwähnten Art enthält. Vgl. §§ 2307 und 2308, welche in Betreff der Ausübung des dem Pflichttheilsberechtigten unter Umständen zustehenden Wahlrechts und bezüglich der Anfechtung der in Ausübung des Wahlrechts vorgenommenen Ausschlagung des mit Beschränkungen und Beschwerungen hinterlassenen Erbtheils oder Vermächtnisses noch weitere Einzelheiten bringen.

V. Aus dem unter IV Gesagten ergiebt sich, daß es in letzter Instanz von dem Willen des Erblassers abhängt, ob dem Pflichttheilsberechtigten die Stellung eines Erben oder eines Forderungsberechtigten zukommen soll. Denn setzt der Erblasser den Pflichttheilsberechtigten genau auf die Hälfte des gesetzlichen Erbtheils als Erben ein, so kann dieser einen Pflichttheilsanspruch im technischen Sinne nicht geltend machen, selbst dann nicht, wenn er den ihm hinterlassenen Erbtheil ausschlägt (§ 2306). Nun ist aber das Erbesein zur Hälfte des gesetzlichen Erbtheils mit dem Anspruch auf den Geldwerth der Hälfte des gesetzlichen Erbtheils nicht schlechthin gleichwerthig. Denn wer Miterbe ist, nimmt als solcher auch Antheil an Gedeih und Verderb der Erbschaft, sein Miterbrecht ist also eine Größe von wechselndem Werthe; wer dagegen mit einem Anspruch auf den, der Hälfte des gesetzlichen Erbtheils in einem bestimmten Zeitpunkt zukommenden Geldwerth ausgestattet ist, kann durch Gedeih und Verderb der Erbschaft nicht mehr gewinnen oder verlieren, ist aber allerdings der Gefahr einer Zahlungsunfähigkeit seines Schuldners ausgesetzt. Solche Ungleichheit scheint dadurch vermieden werden zu können, daß dem Pflichttheilsberechtigten in allen Fällen ein wahres Erbrecht in Ansehung der Hälfte des gesetzlichen Erbtheils gewährt wird. Allein auch bei solcher — von mehreren Kritikern des ersten Entwurfs lebhaft empfohlenen[5]) — Behandlung würde es oft, nämlich überall dort, wo die Pflichttheilsberechnung unter Berücksichtigung von Vorausempfängen des Pflichttheilsberechtigten zu erfolgen hat, zu einer Veranschlagung des Werthes der Hälfte des gesetzlichen Erbtheils doch kommen müssen. Schon mit Rücksicht hierauf allein läßt sich mit einem Pflichttheilsrecht obligatorischer Natur ungleich besser operiren als mit einem dem Pflichtheilsberechtigten zukommenden wahren Erbrecht. Bedenklicher ist ein anderer Punkt. Zum Zweck der Feststellung des Betrags des Pflichttheils muß der Bestand und Werth des Nachlasses einer bestimmten Zeit zu Grunde gelegt

[5]) Vgl. besonders Bähr, Gegenentwurf S. 382 ff.

werden. Nach § 2311 soll in dieser Beziehung schlechthin die Zeit des Erbfalls maßgebend sein. Dies kann bei buchstäblicher Anwendung leicht zu Unbilligkeiten führen, wenn ein erheblicher Theil des Nachlasses aus großen Werthschwankungen unterliegenden Gegenständen, z. B. Aktien oder anderen Werthpapieren, besteht. Der Werth solcher Gegenstände sollte vielmehr bei der zum Zwecke der Pflichttheilsberechnung erfolgenden Abschätzung des Nachlasses unter Berücksichtigung aller in Betracht kommenden Umstände nach freiem Ermessen in Ansatz gebracht werden. Vorläufig mag die Hoffnung ausgesprochen werden, daß sich die Praxis zu solcher Behandlung entschließen werde.[6])

Behufs Wahrung seines Pflichttheilsanspruchs kann der Pflichttheilsberechtigte, dafern er nicht selbst Erbe ist, vom Erben Auskunft über den Bestand des Nachlasses, Zuziehung zur Aufnahme des Verzeichnisses der Nachlaßgegenstände und Ermittelung des Werthes derselben durch Schätzung verlangen; eine vom Erblasser getroffene Werthbestimmung ist für den Pflichttheilsberechtigten nicht maßgebend. In diesem Zusammenhange besonders hervorzuheben ist endlich noch, daß bei der Berechnung des Pflichttheils der Eltern des Erblassers der dem überlebenden Ehegatten gebührende Voraus außer Ansatz bleibt, d. h. in den Bestand des Vermögens, von welchem der Pflichttheil der Eltern zu berechnen ist, gar nicht aufgenommen wird. Vgl. § 2311, 2314.

VI. Der Pflichttheilsanspruch entsteht genau genommen nicht immer schon mit dem Erbfall — denn sein Existentwerden hängt in gewissen Fällen von einer vorhergehenden Ausschlagung ab —, aber er wird, wenn er überhaupt entsteht, doch immer als schon mit dem Zeitpunkt des Erbfalls entstanden behandelt; er ist vererblich und übertragbar und verjährt in drei Jahren von dem Zeitpunkt an, in welchem der Pflichttheilsberechtigte von dem Eintritt des Erbfalls und von der ihn beeinträchtigenden Verfügung Kenntniß erlangt, ohne Rücksicht auf diese Kenntniß in dreißig Jahren von dem Eintritt des Erbfalls an. Vgl. §§ 2317 und 2332.

VII. Der Pflichttheilsanspruch ist dem Pflichttheilsberechtigten gegenüber von dem Erben zu tragen. Ist von mehreren Erben jedoch einer selbst pflichttheilsberechtigt, so kann er nach der Theilung die Befriedigung

[6]) Ueber die Behandlung bedingter Rechte und Verbindlichkeiten, ferner ungewisser oder unsicherer Rechte und zweifelhafter Verbindlichkeiten bei der Werthung des Nachlasses vgl. § 2313. Detailbestimmungen über die (unter gewissen Voraussetzungen) zum Zwecke der Pflichttheilsberechnung vorzunehmende Bewerthung eines zum Nachlasse gehörenden Landgutes enthält § 2312.

eines anderen Pflichttheilsberechtigten soweit verweigern, daß ihm sein eigener Pflichttheil verbleibt. Für den Ausfall haften dann die übrigen Erben (§ 2319). Allein auch abgesehen hiervon kann es, ohne daß der Pflichttheilsberechtigte selbst davon berührt wird, zu einer Abwälzung der zunächst den Erben oder Miterben treffenden Pflichttheilslast auf andere Personen kommen.

1. Ist der mit einem Pflichttheilsanspruch belastete Erbe mit Vermächtnissen oder Auflagen beschwert, so kann er diese soweit kürzen, daß die Pflichttheilslast von ihm nur in dem Verhältniß getragen wird, in welchem der Werth des ihm nach Abzug der Vermächtnisse und Auflagen Verbleibenden zu dem Werthe der Vermächtnisse und Auflagen steht. Einem pflichttheilsberechtigten Vermächtnißnehmer gegenüber freilich darf der Erbe das Vermächtniß nur soweit kürzen, daß Jenem der Pflichttheil verbleibt. (Vgl. § 2318 Abs. 1 und 2.) Schlägt der Pflichttheilsberechtigte aber das ihm zugewendete Vermächtniß aus und macht er den Pflichttheilsanspruch geltend, so kann der Erbe, welchem die Ausschlagung zu Statten kommt, wegen der Pflichttheilslast zu einer Kürzung der ihm sonst noch auferlegten Vermächtnisse und Auflagen soweit nicht schreiten, als der von ihm durch die Ausschlagung des Pflichttheilsberechtigten erlangte Vortheil reicht (§ 2321).[7]) Ist endlich der mit dem Pflichttheilsanspruch eines Anderen belastete Erbe selbst pflichttheilsberechtigt, so kann er die ihm auferlegten Vermächtnisse und Auflagen jedenfalls soweit kürzen, als er hierzu berechtigt sein würde, wenn er nicht pflichttheilsberechtigt wäre; nach Abs. 3 von § 2318 soll aber der Erbe in diesem Falle wegen der Pflichttheilslast Vermächtnisse und Auflagen sogar soweit kürzen können, daß ihm sein eigener Pflichttheil verbleibt. Die eben erwähnte Bestimmung ist übrigens nicht ganz richtig gedacht oder wenigstens gefaßt. Beispiel: Ein Erblasser hat seinen einzigen Sohn zum Erben eingesetzt und seiner Ehegattin, seiner Meinung nach mit Recht, den Pflichttheil entzogen. Der Nachlaß beläuft sich auf 16 000, wovon aber 12 000 für Vermächtnisse und Auflagen zu verausgaben sind. Nimmt der Sohn die Erbschaft an, so ist ihm, obschon er in seinem Pflichttheile verkürzt ist, eine Kürzung der Vermächtnisse und Auflagen versagt; er muß sich also mit den ihm verbleibenden 4000 begnügen. Setzt man aber weiter voraus,

[7]) Ist dagegen umgekehrt ein Vermächtnißnehmer mit einem an einen Pflichttheilsberechtigten zu entrichtenden Vermächtniß belastet und schlägt dieser aus, so ist der Vermächtnißnehmer dem Erben gegenüber zur Tragung der Pflichttheilslast in der Höhe des erlangten Vortheils verpflichtet (§ 2321).

daß die Wittwe des Erblassers ihren auf 2000 sich belaufenden Pflichttheilsanspruch mit Erfolg geltend macht, so würde der Sohn nach dem Wortlaute des § 2318 Abs. 3 die ihm auferlegten Vermächtnisse und Auflagen soweit kürzen dürfen, daß ihm sein voller Pflichttheil im Betrage von 6000 verbliebe und er hierdurch besser stände, als er gestellt gewesen wäre, wenn die Wittwe ihren Pflichttheilsanspruch nicht durchgesetzt hätte. Dieses Resultat ist natürlich unannehmbar und muß dahin rektifizirt werden, daß der Sohn die Vermächtnisse und Auflagen nur soweit kürzen darf, als er in Folge der von ihm zu tragenden Pflichttheillast hinsichtlich seines Pflichttheils noch weiter beeinträchtigt wird, als er dies ohnehin schon ist.

2. Hat der Pflichttheilsberechtigte eine mit Vermächtnissen oder Auflagen beschwerte Zuwendung (sei es eine Berufung zur Erbfolge oder ein Vermächtniß) ausgeschlagen, so kann derjenige, welchem die Ausschlagung zu Statten kommt, diese Beschwerungen soweit kürzen, als dies zur Deckung der Pflichttheilslast erforderlich ist (§ 2322).

3. Sind mehrere Erben vorhanden, so haben sie zur Deckung einer auf dem Nachlaß ruhenden Pflichttheilslast unter einander regelmäßig nach Verhältniß ihrer Erbtheile beizutragen. Dies gilt aber nicht ausnahmslos.

a) Wird Jemand an Stelle des Pflichttheilsberechtigten, sei es, weil dieser von der Erbfolge ausgeschlossen ist, sei es, weil er seinen gesetzlichen Erbtheil (mit Rücksicht auf die ihm auferlegten Beschwerungen) ausgeschlagen hat, gesetzlicher Erbe, so hat er im Verhältniß zum Miterben die Pflichttheilslast[8]) zu tragen (§ 2320 Abs. 1). Beispiel: Ein Erblasser, welcher zwei Söhne, A und B, und von dem Sohne A noch einen Enkel, E, hat, schließt den Sohn A von der gesetzlichen Erbfolge aus und will ihm, weil er einen Enterbungsgrund für gegeben ansieht, auch den Pflichttheil entziehen. Bei eintretender gesetzlicher Erbfolge erben E und B zu gleichen Theilen. Allein A setzt seinen Pflichttheilsanspruch durch; nach § 2320 hat denselben dem B gegenüber E allein zu tragen. Dies dürfte der durchschnittlichen Absicht des Erblassers entsprechen. Dieselbe Behandlung soll aber „im Zweifel"

---

[8]) Ist der von der Erbfolge ausgeschlossene Pflichttheilsberechtigte mit einem Vermächtniß bedacht und nimmt er dasselbe an, so hat der an Stelle des Pflichttheilsberechtigten tretende gesetzliche Erbe (und das Gleiche gilt im Zweifel auch von dem auf den Erbtheil des Pflichttheilsberechtigten berufenen gewillkürten Erben) in der Höhe des von ihm dadurch erlangten Vortheils den Miterben gegenüber das Vermächtniß zu tragen (§ 2320).

auch rücksichtlich desjenigen eintreten, welchem der Erblasser den Erbtheil des Pflichttheilsberechtigten durch Verfügung von Todeswegen zugewendet hat (2320 Abs. 2); in dem eben besprochenen Falle also würde E dem B gegenüber die Pflichttheilslast selbst dann zu tragen haben, wenn der Erblasser E und B zu gleichen Theilen als Erben eingesetzt hätte.

b) In Betreff des Tragens der Pflichttheilslast im Verhältniß der Erben zu einander kann der Erblasser selbstverständlich auch besondere Anordnungen treffen (§ 2324).

4. Wer, obschon dem Pflichttheilsberechtigten gegenüber verpflichtet, die Pflichttheilslast doch auf einen Andern abwälzen kann, ermangelt insoweit des ihm sonst nach § 2318 Abs. 1 (vgl. das oben im Eingang von Z. 1 Gesagte) zustehenden Rechtes zur Kürzung von Vermächtnissen und Auflagen (§ 2323).

2. Die Berücksichtigung von Vorausempfängen.

§ 25.

Bei der Ermittelung dessen, was dem Pflichttheilsberechtigten aus dem Nachlasse gebührt, sind gewisse Vorausempfänge zu berücksichtigen, welche der Pflichttheilsberechtigte (oder unter Umständen derjenige, von welchem er abstammt) vom Erblasser durch Rechtsgeschäft unter Lebenden erhalten hatte. Darüber, wie diese Berücksichtigung zu erfolgen hat, enthält das B.G.B. sehr komplizirte Vorschriften, welche in manchen Punkten mit den Bestimmungen der §§ 2050 bis 2056 über die den bei der gesetzlichen Erbfolge neben einander erbenden Abkömmlingen des Erblassers obliegende Ausgleichung so nahe zusammenhängen, daß sie ohne Bezugnahme auf diese gar nicht gewürdigt werden können. Es soll deshalb im Folgenden unter

I zunächst die eben erwähnte Ausgleichungspflicht zur Darstellung gebracht werden.

1. Sie setzt vor Allem voraus, daß mehrere Abkömmlinge des Erblassers neben einander als dessen gesetzliche Erben zur Erbfolge gelangen oder auf dasjenige eingesetzt sind, was sie als gesetzliche Erben erhalten würden, oder daß doch die ihnen vom Erblasser zugewiesenen Erbtheile in demselben Verhältnisse stehen wie bei der gesetzlichen Erbfolge (§§ 2050 u. 2052).

2. Trifft die Voraussetzung unter Z. 1 zu, so haben die Abkömmlinge unter einander zur Ausgleichung zu bringen: a) Was sie vom Erblasser bei dessen Lebzeiten als Ausstattung (§ 1624) erhalten haben.

b) Zuschüsse, die ihnen vom Erblasser zum Zwecke der Verwendung als Einkommen gegeben worden sind, und Aufwendungen für die Vorbildung zu einem Berufe; diese beiden Arten von Zuwendungen aber nur soweit, als sie das den Vermögensverhältnissen des Erblassers entsprechende Maß überstiegen haben. Vgl. § 2050. Der leitende Gedanke hierbei ist, daß die dem wahrscheinlichen Willen des Erblassers entsprechende Gleichstellung seiner Kinder auch dadurch nicht beeinträchtigt werden soll, daß zufällige Umstände den Erblasser veranlaßt haben, einzelnen seiner Abkömmlinge Gaben der vorerwähnten Art schon im Voraus zukommen zu lassen. In Folge dessen entfällt daher auch die Ausgleichungspflicht (und zwar nicht nur im Falle des Abs. 1 von § 2050, wie man aus der Fassung dieser Bestimmung zu schließen vielleicht geneigt sein könnte), wenn der Erblasser sie bei der Zuwendung [1]) erlassen hat (vgl. aber schon hier § 2316 Abs. 3). Andere als die eben aufgeführten Zuwendungen sind zur Ausgleichung nur zu bringen, wenn der Erblasser die Ausgleichung bei der Zuwendung (§ 2050) angeordnet hat.[2]) Bei Zuwendungen aus einem Gesammtgute kann in Frage kommen, auf wessen Rechnung die Zuwendung gemacht ist; darüber vgl. § 2054.

3. Ein entfernterer Abkömmling des Erblassers, der bei der Erbfolge die Stelle eines weggefallenen näheren Abkömmlings einnimmt, hat die Ausgleichungspflicht zu tragen, welche diesem obliegen würde, dafern er Erbe geworden wäre, und selbst hinsichtlich des vom Erblasser für den weggefallenen Abkömmling eingesetzten Ersatzerben ist im Zweifel anzunehmen, daß er nicht mehr erhalten soll, als der Weggefallene mit Rücksicht auf seine Ausgleichungspflicht erhalten hätte (§ 2051). Eine Zuwendung dagegen, welche ein zur Erbfolge gelangender Abkömmling vom Erblasser zu einer Zeit erhalten hat, in welcher er die rechtliche Stellung eines unmittelbar erbberechtigten[3]) Abkömmlings noch gar nicht hatte, ist in aller Regel nicht zur Aus-

---

[1]) Die Ausgleichungspflicht entfällt übrigens selbstverständlich auch dann, wenn der Erblasser sie dem Ausgleichungspflichtigen letztwillig erlassen hat. Ueber die Frage aber, ob und inwieweit durch solchen Erlaß das **Pflichttheilsrecht** eines anderen Abkömmlings affizirt werden kann, vgl. vorläufig § 2316 Abs. 3.

[2]) Soweit der Pflichttheil des Empfängers nicht in Betracht kommt, kann der Erblasser auch letztwillig anordnen, daß eine solche Zuwendung zur Ausgleichung gebracht werden soll.

[3]) Die im Texte gebrauchte Ausdrucksweise ist mit Rücksicht auf den Satz: viventis non est hereditas freilich nicht ganz genau, aber doch verständlich und deshalb der breitspurigen völlig genauen Ausdrucksweise vorzuziehen. In ähnlicher Weise ungenau ist übrigens auch die Ausdrucksweise des § 2053.

gleichung zu bringen (§ 2053). Eine Ausnahme hiervon tritt — abgesehen von einer die Ausgleichung vorschreibenden letztwilligen Verfügung[1]) — nach § 2053 nur ein, wenn der Erblasser die Ausgleichung bei der Zuwendung angeordnet hat. Erhebt man sich aber über die Buchstabeninterpretation, so wird man sich für den Eintritt der Ausgleichungspflicht auch in solchen Fällen zu entscheiden haben, bei welchen der Erblasser irrthümlich annahm, daß dem die Zuwendung erhaltenden entfernteren Abkömmlinge, welcher später neben anderen Abkömmlingen des Erblassers doch zur gesetzlichen Erbfolge gelangt ist, ein näherer Abkömmling nicht mehr vorangehe.

4. In diesen Zusammenhang gehören auch die auf die Ausgleichungspflicht sich beziehenden Bestimmungen der §§ 1935 und 2095. Nach § 1935 ist nämlich der Theil, um welchen sich der Erbtheil eines gesetzlichen Erben durch vor oder nach dem Erbfall eingetretenen Wegfall eines anderen gesetzlichen Erben erhöht, in Ansehung der Ausgleichungspflicht als besonderer Erbtheil zu behandeln, und nach § 2095 gilt dasselbe in Ansehung des einem testamentarischen Erben in Folge des Wegfalls eines anderen testamentarischen Erben zu dem ursprünglichen Erbtheil zugewachsenen Theiles. Diese Bestimmungen sind, wie die folgenden Erörterungen zeigen dürften, leider nicht klar gedacht. Die sich zunächst ergebende Frage ist, ob die Bestimmungen nur zur Anwendung zu bringen sind, wenn der Theil, um welchen sich der ursprüngliche Erbtheil erhöht, mit einer Ausgleichungspflicht belastet ist, oder auch dann, wenn lediglich eine Belastung des ursprünglichen Erbtheils mit einer Ausgleichungspflicht in Betracht kommt. Die Fassung der §§ 1935 und 2095 trifft offenbar beide Fälle; dafern wirklich beabsichtigt gewesen wäre, nur den ersten Fall zu treffen, so hätte ausdrücklich gesagt werden müssen, daß der zum ursprünglichen Erbtheil hinzukommende Theil nur in Ansehung der auf ihm lastenden Ausgleichungspflicht als besonderer Erbtheil zu gelten hat. Nach Erledigung dieses Punktes ist jetzt weiter zu unterscheiden, je nachdem die in den §§ 1935, 2095 vorausgesetzte Erhöhung des ursprünglichen Erbtheils nach oder vor dem Erbfall eingetreten ist.

a) Liegt Ersteres vor, so ergeben sich verhältnißmäßig einfache Resultate: α) Der Theil, um welchen sich der ursprüngliche Erbtheil — wir wollen sagen des A — erhöht hat, ist mit einer Ausgleichungs-

[1]) Der Pflichttheil des Abkömmlings kann jedoch durch solche letztwillige Verfügung des Erblassers keinesfalls verkürzt werden.

pflicht belastet. Darnach ist A rücksichtlich des ihm zugekommenen weiteren Theiles der Erbschaft seinem Miterben gegenüber in gleichem Maße zur Ausgleichung verpflichtet, wie es der weggefallene Erbe, dafern er mitgeerbt hätte, rücksichtlich des betreffenden Theiles gewesen wäre; β) der ursprüngliche Erbtheil des A, zu welchem ein weiterer Theil hinzugekommen ist, ist mit einer Ausgleichungspflicht belastet. Hierdurch soll an dem Umfang der mit Rücksicht auf den ursprünglichen Erbtheil sich ergebenden Ausgleichungspflicht Nichts geändert werden.

b) Tritt die Erhöhung des ursprünglichen Erbtheils eines Erben schon vor dem Erbfall ein, so entstehen eigenthümliche Schwierigkeiten.[5]) α) Der hinzukommende Theil ist mit einer Ausgleichungspflicht belastet. Beispiel: Der Erblasser hinterläßt von seinem vorverstorbenen Sohne A einen Enkel X, dessen vor dem Erbfall verstorbener Bruder Y mit einem Vorausempfang von 6000 ausgestattet war, und den Sohn B. Nimmt man einen Nachlaßbestand von 24 000 an, so würden hiervon, sofern man von der Vorschrift des § 1935 absieht, auf jeden der beiden Erben je 12 000 entfallen; eine Ausgleichungspflicht käme gar nicht in Betracht. Nach § 1935 ist dagegen anzunehmen, daß sich der ursprüngliche Erbtheil des X von $^1/_4$ (denn nur auf so viel würde er sich gestellt haben, wenn Y mitgeerbt hätte) durch den Wegfall des Y auf $^1/_2$ erhöht hat, daß aber X dafür auch in Ansehung des ihm zugefallenen Erbtheils des Y dem B gegenüber genau so ausgleichungspflichtig ist, als Y es sein würde, wenn er als Miterbe in Betracht käme. Also: 24 000 (Nachlaß) + 6000 (Vorausempfang des Y) = 30 000. Hiervon entfallen auf B 15 000 und auf X 15 000 — 6000 = 9000, wovon auf dessen ursprünglichen Erbtheil 7500 und auf den ihm zugefallenen Erbtheil des Y 1500 kommen. Die Fehlerhaftigkeit dieser Behandlung tritt sofort hervor, wenn man in dem soeben besprochenen Falle annimmt, daß des Erblassers zweiter Sohn B (etwa aus zweiter Ehe) erst erzeugt worden ist, nachdem Y bereits weggefallen war. Worin soll die Rechtfertigung dafür gelegen sein, daß X in diesem Falle die Ausgleichungspflicht zu tragen hat, welche Y zu tragen hätte, wenn er miterben würde? β) Der ursprüngliche Erbtheil ist mit einer Ausgleichungspflicht belastet. Beispiel: Der Erblasser

---

[5]) Was oben S. 28 Anm. 3 zu § 1935 gesagt worden ist, findet hier seine Bestätigung: Weil die Zahl der nach einem bestimmten Erblasser in Betracht kommenden gesetzlichen Erben vor dem Erbfall keine geschlossene ist, muß es zu fehlerhaften Resultaten führen, wenn rücksichtlich der Zeit vor dem Erbfall mit eventuellen Erbtheilen der gesetzlichen Erben juristisch operirt wird.

hinterläßt einen mit einem Vorausempfang ausgestatteten Enkel X von dem vorverstorbenen Sohne A und den Sohn B. Nimmt man ferner noch an, daß vom Sohne A noch ein weiterer Enkel des Erblassers — Y — vorhanden war, aber noch vor dem Erbfall gestorben ist, und daß sich hierdurch der gesetzliche Erbtheil des X um den eventuellen Erbtheil des Y vergrößert hat, so hat X zufolge der Bestimmung des § 1935 dem B gegenüber die Ausgleichungspflicht nicht in höherem Maße zu tragen, als er sie zu tragen hätte, wenn Y Miterbe geworden wäre. Daß dies unbefriedigend ist, wird besonders deutlich, wenn man auch hier wieder annimmt, daß des Erblassers zweiter Sohn B erst nach dem Wegfall des Y erzeugt worden ist.

5. Die Verpflichtung zur Ausgleichung der im § 2050 bezeichneten Vorausempfänge bezieht sich nur auf die Auseinandersetzung der zur Erbfolge gelangenden Abkömmlinge „unter einander". Folgerichtig wird daher auch behufs Durchführung der Ausgleichung der Werth der Vorausempfänge nicht schlechthin „dem Bestande des Nachlasses" hinzugerechnet, sondern dem Bestande des unter die Abkömmlinge zu vertheilenden Erbvermögens (§ 2055).[6]) Man denke etwa an Fälle, wobei eintretender gesetzlicher Erbfolge neben den Abkömmlingen des Erblassers der überlebende Ehegatte miterbt, oder wo die gesetzliche Erbfolge nur hinsichtlich desjenigen Bruchtheils der Erbschaft stattfindet, über welchen der Erblasser von Todeswegen nicht verfügt hat. Auch in solchen Fällen erfolgt die Ausgleichung der Vorausempfänge nur unter den zur Erbfolge gelangenden Abkömmlingen. Auf den Erbtheil, welcher sich hiernach für den einzelnen Abkömmling ergiebt, ist dem Ausgleichungspflichtigen der Werth der Zuwendung anzurechnen. Dieser Werth bestimmt sich nach der Zeit der Zuwendung.[7]) Hat der zur Ausgleichung

---

[6]) Das war im § 2030 der Reichstagsvorlage übersehen. Vgl. den Bericht der Reichstagskommission S. 14.

[7]) Dies kann unter Umständen zu großen Unbilligkeiten führen. Man denke z. B., daß ein Erblasser, dessen Vermögen aus Werthpapieren besteht, einem seiner Söhne einen Theil der Werthpapiere als unter § 2050 fallenden Vorausempfang zugewendet hat. Einige Zeit darauf, nachdem inzwischen der Werth der Papiere erheblich gesunken ist, stirbt der Erblasser. Ist es hier nicht offenbar unbillig, wenn bei der unter den Abkömmlingen des Erblassers erfolgenden Ausgleichung zwar die zum Nachlasse noch gehörenden Papiere nur mit ihrem jetzigen Werthe in Ansatz gebracht werden, diejenigen Werthpapiere dagegen, welche der vorausbegabte Sohn erhalten hat, nach dem viel höheren Werthe, den sie zur Zeit der Zuwendung hatten? Solche Unbilligkeit wird besonders bedenklich mit Rücksicht auf die in § 2316 angeordnete Pflichttheilsberechnung.

Verpflichtete durch die Zuwendung mehr erhalten, als auf seinen Erbtheil entfällt, so ist er zur Herauszahlung des Mehrbetrages nicht verpflichtet. Bei der Vertheilung des Nachlasses unter die übrigen Erben sollen in solchem Falle „der Werth der Zuwendung und der Erbtheil des Miterben außer Ansatz bleiben" (§ 2056). Die zuletzt erwähnte Bestimmung beruht auf falscher Generalisirung eines nur relativ (d. h. für bestimmte Konstellationen) richtigen Gedankens. Zwei Beispiele sollen dies erhärten: a) Nachlaß = 18 000. Gesetzliche Erben sind die drei Söhne des Erblassers A, B, C, von welchen A einen Vorausempfang von 12 000 erhalten hatte. Da dieser Vorausempfang um 2000 mehr beträgt, als dem A bei der Auseinandersetzung zukommen würde, so ist nach § 2056 vorzugehen, und erhalten daher B und C vom Nachlaß je 9000. Dieses Resultat ist zutreffend. b) Nachlaß = 28 000. Gesetzliche Erben sind: des Erblassers Sohn A und zwei Enkel X und Y von des Erblassers vorverstorbenem Sohne B. X hat 12 000 vorausempfangen. 28 000 + 12 000 = 40 000. Hiernach würden auf den A 20 000, auf den X und Y je 10 000 entfallen. Auch hier hat also der vorausbegabte Erbe X um 2000 mehr erhalten, als ihm bei der Auseinandersetzung zukommen würde. Bringt man aber nun § 2056 zur Anwendung und theilt man demgemäß den Nachlaß unter A und Y in der Weise, daß der Werth der Zuwendung an X und der Erbtheil desselben außer Ansatz bleiben, so kommt der Nachlaß den Erben A und Y zu gleichen Theilen zu, so daß jeder von Beiden 14 000 erhält; d. h. aber praktisch, daß Y in Folge der Bestimmung des § 2056 um 4000 besser steht, als er stehen würde, wenn der Werth der Zuwendung an X und dessen Erbtheil in Ansatz gebracht worden wären, und daß A hiervon die Kosten zu tragen hat. Die richtige Lösung wäre aber, daß der Betrag von 2000, um welchen die an X gemachte Zuwendung größer ist als der Betrag, welcher ihm bei der Auseinandersetzung zukommen würde, von den ausgleichungsberechtigten Miterben A und Y im Verhältniß von 20 000 : 10 000 (= 2 : 1) getragen werden muß. Ergebniß hiervon: Von dem Nachlaß pr 28 000 haben auf A 18 666$^2/_3$ und auf X 9333$^1/_3$ zu entfallen. Mit Rücksicht auf diesen Sachverhalt wird die Praxis bei der Entscheidung von Fällen der eben besprochenen Art vor eine schwere Wahl gestellt sein. Hält sie sich an den Wortlaut des § 2056, so muß sie zu verkehrten Entscheidungen gelangen, will sie aber diese vermeiden, so muß sie sich über den Wortlaut des § 2056 kühn hinwegsetzen. Hoffentlich thut sie das Letztere.

So also gestaltet sich die Ausgleichung der Vorausempfänge des § 2050 unter neben einander erbenden Abkömmlingen des Erblassers.

II. Einen wesentlich anderen Zweck hat die Anrechnung von Vorausempfängen auf den Pflichttheil. Während sich die in den §§ 2050 bis 2056 geregelte Ausgleichung nur auf das Verhältniß mehrerer zur Erbfolge gelangenden Abkömmlinge des Erblassers unter einander bezieht und nur zu dem Zwecke stattfindet, damit die vom Erblasser in aller Regel nicht beabsichtigte praktisch ungleiche Behandlung seiner Abkömmlinge thunlichst vermieden wird, handelt es sich bei der Anrechnung von Vorausempfängen auf den Pflichttheil um die Bestimmung der Grenze, bis zu welcher der Erblasser ungeachtet des Vorhandenseins pflichttheilsberechtigter Personen hinsichtlich seines Nachlasses frei verfügen kann. Mit dieser Anrechnung auf den Pflichttheil beschäftigt sich § 2315.

1. Darnach hat sich der Pflichttheilsberechtigte, gleichviel ob er ein Abkömmling des Erblassers ist oder nicht ist, auf den Pflichttheil lediglich[8]) Dasjenige anrechnen zu lassen, was ihm von dem Erblasser durch Rechtsgeschäft unter Lebenden mit der Bestimmung zugewendet worden ist, daß es auf den Pflichttheil angerechnet werden soll (§ 2315 Abs. 1). Als praktische Folge dieser Entscheidung läßt sich voraussehen, daß Anrechnungen von Vorausempfängen auf den Pflichttheil fast niemals werden erfolgen können. Denn obschon es zu den allergewöhnlichsten Vorkommnissen gehört, daß ein Erblasser einer nach seinem Tode als pflichttheilsberechtigt in Betracht kommenden Person durch Rechtsgeschäft unter Lebenden Zuwendungen macht, deren Anrechnung auf den Pflichttheil seiner Intention durchaus entspricht, so wird hierbei doch vom Erblasser nur in den allerseltensten Fällen eine besondere Bestimmung im Sinne des § 2315 Abs. 1 getroffen. Der Grund dafür liegt einfach darin, daß die meisten Erblasser, als mit den Geheimnissen des Pflichttheilsrechtes unvertraute Laien, gar keine Veranlassung finden, dort mit besonderen Erklärungen einzusetzen, wo sie billiger Weise erwarten dürfen, daß das Gesetz für sie denkt und typische Absichten zur Verwirklichung

[8]) Anders noch § 2288 der Reichstagsvorlage. Darnach hatte sich der Pflichttheilsberechtigte auf den Pflichttheil auch anrechnen zu lassen, was ihm unter der Bedingung geschenkt worden ist, daß er den Erblasser überlebt. Man wird die Streichung dieser weder zureichenden noch folgerichtigen Bestimmung kaum bedauern können. Gerade dadurch, daß § 2315 B.G.B. eine schon von Rechtswegen vorzunehmende Anrechnung von Vorausempfängen auf den Pflichttheil überhaupt nicht kennt, dürfte am Besten ad oculos demonstrirt werden, daß der prinzipielle Standpunkt des Gesetzes nicht haltbar ist.

bringt, obschon sie nicht besonders erklärt wurden. Die Bestimmung des § 2315 Abs. 1 wird der soeben dargelegten Auffassung nicht gerecht und muß insofern als unbefriedigend bezeichnet werden.

2. Der dem § 2315 B.G.B. entsprechende § 2288 der Reichstagsvorlage enthielt als Satz 2 von Absatz 1 noch folgende Vorschrift: „Die Bestimmung, daß eine Zuwendung auf den Erbtheil angerechnet werden soll, gilt im Zweifel auch für die Anrechnung auf den Pflichttheil.“ Von der Reichstagskommission[9]) ist diese Auslegungsregel jedoch als zu weit gehend befunden und deshalb gestrichen worden. Hiergegen ist Nichts einzuwenden. Denn auch ohne diese Auslegungsregel wird freie Interpretation meist zu dem Ergebnisse führen, daß in der die Anrechnung auf den Erbtheil enthaltenden Bestimmung auch die der Anrechnung auf den Pflichttheil mit enthalten ist. Immerhin lassen sich aber mit Rücksicht darauf, daß es auch bei der unter Abkömmlingen des Erblassers nach den §§ 2050 ff. zu treffenden Ausgleichung zu einer Anrechnung des Vorausempfanges auf den Erbtheil (vgl. § 2055) kommt, und daß die nach § 2050 nur der Ausgleichung unterliegenden Vorausempfänge auf den Pflichttheil nicht anzurechnen sind (vgl. auch § 2316) auch Fälle denken, wo der die Anrechnung eines Vorausempfanges auf den Erbtheil anordnende Erblasser dabei nur eine Anrechnung zum Zwecke der Ausgleichung im Sinne des § 2055, keineswegs aber eine Anrechnung auf den Pflichttheil im Auge hatte.

3. Kann der Erblasser bei der Zuwendung einseitig bestimmen, daß Gaben, welche Abkömmlinge bei der gesetzlichen Erbfolge schon von Rechtswegen (§ 2050 Abs. 1 und 2) unter einander zur Ausgleichung zu bringen haben, auch auf den Pflichttheil dieser Abkömmlinge angerechnet werden sollen? Dies wird rücksichtlich der Ausstattung insoweit zu verneinen sein, als der Erblasser zu deren Gewährung verpflichtet ist (vgl. § 1624),[10]) im Uebrigen aber zu bejahen sein.[11])

4. Der Werth der auf den Pflichttheil anzurechnenden Zuwendung bestimmt sich nach der Zeit der Letzteren;[12]) er wird bei der Berechnung des Pflichttheils dem Nachlasse hinzugerechnet (§ 2315 Abs. 2).

[9]) Vgl. den Bericht derselben S. 21.

[10]) Denn bezüglich einer Gabe, zu deren Gewährung der Erblasser verpflichtet ist, kann zwar das Gesetz Anrechnung auf den Pflichttheil, sei es schlechthin, sei es unter bestimmten Voraussetzungen, vorschreiben. Trifft aber das Gesetz eine solche Vorschrift nicht, so scheint der Erblasser nicht berechtigt zu sein, der Erfüllung seiner Verpflichtung willkürlich Schranken zu setzen.

[11]) Vgl. auch den Bericht der Reichstagskommission S. 22.

[12]) Vgl. oben Anm. 7.

5. Der dritte Absatz von § 2315 lautet:

Ist der Pflichttheilsberechtigte ein Abkömmling des Erblassers, so findet die Vorschrift des § 2051 Abs. 1 entsprechende Anwendung.

Die Bedeutung dieser Vorschrift soll an zwei Beispielen klargestellt werden: a) Es sind mehrere Abkömmlinge vorhanden, etwa der Enkel X von des Erblassers vorverstorbenem, mit einer unter § 2315 Abs. 1 fallenden Gabe ausgestattet gewesenen Sohne A und des Erblassers noch lebender Sohn B. Hier ist es mit Rücksicht auf die Berufung von § 2051 Abs. 1 in § 2315 Abs. 3 ganz zweifellos, daß X sich auf seinen Pflichttheil das anrechnen lassen muß, was sein Vater A als der Anrechnung unterliegenden Vorausempfang erhalten hat. Diese Behandlung scheint nicht unlogisch zu sein, führt aber im Zusammenhang mit anderen Bestimmungen des Gesetzes doch zu unbefriedigendem Ergebnisse, wenn X, auf den von dem Vorausempfange, den A erhalten hatte, Nichts gekommen ist, unterhaltsbedürftig, d. h. außer Stande ist, sich selbst zu erhalten; denn auf den Pflichttheil muß sich X die von seinem Vater vorausempfangene Gabe anrechnen lassen, so daß ein Pflichttheilsanspruch möglicher Weise ganz entfällt, und der dem X gegen den Erblasser zustehend gewesene Unterhaltsanspruch erlischt mit dem Tode des Erblassers (§ 1615).[13]) b) Ist die Vorschrift des § 2051 Abs. 1 auch dann zur entsprechenden Anwendung zu bringen, wenn unter sonst gleichen Umständen wie unter a) nur ein Abkömmling des Erblassers, nämlich der X, vorhanden ist? Hiergegen scheint zu sprechen, daß der auf die unter Abkömmlingen zu treffende Ausgleichung sich beziehende § 2051 das Vorhandensein mehrerer, neben einander erbenden Abkömmlinge des Erblassers nothwendig voraussetzt. Zu Gunsten der entsprechenden Anwendung ist jedoch neben der allgemeinen Fassung des § 2315 Abs. 3 das Wesen der Sache[14]) entscheidend. Denn behandelt man den unter a) besprochenen Fall schon einmal so, wie vorhin ausgeführt worden ist, so muß man folgerichtig dieselbe Behandlung auch eintreten lassen, wenn X bei eintretender gesetzlicher Erbfolge der einzige Erbe ist. Andernfalls würde man zu dem widersinnigen Ergebnisse gelangen, daß der eingesetzte heres extraneus besser steht, wenn neben dem Enkel X auch noch des Erblassers zweiter Sohn vorhanden ist,

---

[13]) Vgl. hierzu die beachtenswerthen Ausführungen von Bernhöft a. a. O. S. 61 ff.

[14]) Hierbei ist aber natürlich nur das Wesen der Sache von dem Standpunkte aus gemeint, welchen das B.G.B. einnimmt.

als wenn X allein als pflichttheilsberechtigter Abkömmling in Betracht kommt.[15])

6. Eine nach § 2315 erfolgende Anrechnung kann natürlich zur Folge haben, daß der Pflichttheilsberechtigte einen Pflichttheilsanspruch gegen den Erben deshalb mit Erfolg nicht mehr geltend machen kann, weil der Pflichttheil durch den anzurechnenden Vorausempfang ohnedies gedeckt ist. Wo dies zutrifft, entsteht dann die Frage, ob ein solcher Pflichttheilsberechtigter im Sinne des § 2309 zu Denjenigen gehört, welche den Pflichttheil verlangen können oder, welche ihn nicht verlangen können. Die letztere Entscheidung hätte in einem Falle, wo der in Frage stehende Pflichttheilsberechtigte der einzige Abkömmling des Erblassers ist, zur seltsamen Folge, daß nunmehr die Eltern des Erblassers den Pflichttheil für sich in Anspruch nehmen könnten. Dieses Ergebniß ist aber so widersinnig, daß man es dem Gesetze ohne zwingende Nothwendigkeit nicht zur Last legen darf. Man wird im Sinne des § 2309 also doch wohl zu sagen haben, daß ein Pflichttheilsberechtigter, dessen Pflichttheil durch einen unter § 2315 fallenden Vorausempfang vollständig gedeckt ist, „den Pflichttheil verlangen kann", wenn auch nur mit dem Erfolge, daß er mit Rücksicht auf das bereits Vorausempfangene Nichts mehr erhält.

III. Eine besondere Vorschrift widmet das B.G.B. der Berechnung des Pflichttheils von Abkömmlingen, unter welchen bei eintretender gesetzlicher Erbfolge eine Zuwendung des Erblassers nach § 2050 zur Ausgleichung zu bringen wäre, in seinem § 2316:

> Der Pflichttheil eines Abkömmlings bestimmt sich, wenn mehrere Abkömmlinge vorhanden sind und unter ihnen im Falle der gesetzlichen Erbfolge eine Zuwendung des Erblassers zur Ausgleichung zu bringen sein würde, nach demjenigen, was auf den gesetzlichen Erbtheil unter Berücksichtigung der Ausgleichungspflicht bei der

[15]) Beispiel: Nachlaß = 30,000. Als Erbe eingesetzt ist ein extraneus. In Betracht kommende Abkömmlinge des Erblassers sind: der Enkel X (dessen Vater A einen auf den Pflichttheil anzurechnenden Vorausempfang von 10,000 erhalten hat) und der Sohn (des Erblassers) B. Die gesetzlichen Erbtheile des X und B betragen je $\frac{30,000 + 10,000}{2} = 20,000$ und daher die Pflichttheile derselben je 10,000. Effektiv erhält jedoch X Nichts, weil er sich den Vorausempfang seines Vaters auf den Pflichttheil anrechnen lassen muß. Es verbleiben dem heres extraneus somit 20,000. Ist X allein vorhanden und wollte man die Bestimmung des § 2051 Abs. 1 zur entsprechenden Anwendung nicht bringen, so erhielte X als Pflichttheil 15,000 und würden dem heres extraneus nur 15,000 verbleiben. Quod erat demonstrandum.

Theilung entfallen würde. Ein Abkömmling, der durch Erbverzicht von der gesetzlichen Erbfolge ausgeschlossen ist, bleibt bei der Berechnung außer Betracht.

Ist der Pflichttheilsberechtigte Erbe und beträgt der Pflichttheil nach Abs. 1 mehr als der Werth des hinterlassenen Erbtheils, so kann der Pflichttheilsberechtigte von den Miterben den Mehrbetrag als Pflichttheil verlangen, auch wenn der hinterlassene Erbtheil die Hälfte des gesetzlichen Erbtheils erreicht oder übersteigt.

Eine Zuwendung der im § 2050 Abs. 1 bezeichneten Art kann der Erblasser nicht zum Nachtheile eines Pflichttheilsberechtigten von der Berücksichtigung ausschließen.

Ist eine nach Abs. 1 zu berücksichtigende Zuwendung zugleich nach § 2315 auf den Pflichttheil anzurechnen, so kommt sie auf diesen nur mit der Hälfte des Werthes zur Anrechnung.

Die vorliegende Bestimmung hat einen wesentlich anderen Charakter als die des § 2315; wie diese verlangt zwar auch sie die Berücksichtigung gewisser Vorausempfänge bei der Pflichttheilsberechnung, aber in ganz anderer Weise. Denn während § 2315 von der Anrechnung gewisser Vorausempfänge auf den Pflichttheil handelt, bezieht sich § 2316 auf die Anrechnung von Vorausempfängen auf den Pflichttheil überhaupt nicht, sondern er ist vielmehr nur bestrebt, die in den §§ 2050 bis 2056 enthaltenen Bestimmungen in Betreff der unter, bei der gesetzlichen Erbfolge neben einander erbenden Abkömmlingen vorzunehmenden Ausgleichung auch für die Pflichttheilsberechnung zu verwerthen.

1. Behufs Herausstellung des dem § 2316 zu Grunde liegenden Gedankens empfiehlt es sich, von dem Falle auszugehen, wo dem als Erbe eingesetzten extraneus nur ein Abkömmling des Erblassers gegenübersteht, welcher von diesem einen unter § 2050 (nicht aber auch unter § 2315) fallenden Vorausempfang, also etwa eine Ausstattung, erhalten hatte. Der Bestand des Nachlasses soll mit 10 000, der Vorausempfang des Abkömmlings ebenfalls mit 10 000 angenommen werden. Wie groß ist der Pflichttheil des Abkömmlings? Es scheint das Nächstliegende zu sein, daß hier der Vorausempfang zum Bestande des Nachlasses hinzugerechnet und auf den darnach sich ergebenden Pflichttheil angerechnet wird. Demgemäß würde der Abkömmling in unserem Falle einen Pflichttheilsanspruch überhaupt nicht mehr geltend machen können; und so entscheidet, der schon vom römischen Recht vorgezeichneten Entwickelung

folgend, in der That das gemeine Recht [16]) und entschied in Uebereinstimmung mit mehreren Partikulargesetzgebungen auch der Entwurf erster Lesung. Diese Behandlung rechtfertigt sich durch folgende Erwägungen: a) Das Verfügungsrecht des Erblassers soll durch das Pflichttheilsrecht der Abkömmlinge nicht allzusehr beschränkt sein. b) Die nach § 2050 den Abkömmlingen vom Erblasser gemachten Zuwendungen würden sich noch im Nachlaß befinden, wenn die Veranlassungen zur Gewährung derselben nicht schon vor dem Tode des Erblassers eingetreten wären. c) Ob aber eine solche Veranlassung vor dem Tode des Erblassers bereits eintritt, hängt nur von zufälligen Umständen ab. d) Der Eintritt dieser zufälligen Umstände vor dem Tode des Erblassers soll den Abkömmling hinsichtlich seines Pflichttheils nicht besser stellen, als er gestellt sein würde, wenn diese Umstände erst nach dem Tode des Erblassers eingetreten wären. Das an den Entwurf zweiter Lesung — welcher in unserer Frage eine grundsätzliche Wandelung vollzog — sich anschließende B.G.B. erkennt aber die soeben angeführten Erwägungen als maßgebend nicht mehr an. Von seinem Standpunkte aus ist vielmehr entscheidend, daß der gesetzliche Erbtheil des einzigen Abkömmlings ungeachtet eines von demselben erhaltenen und unter § 2050 fallenden Vorausempfangs die ganze Erbschaft des Erblassers, also in unserem Falle 10 000, ausmacht. Da aber der Pflichttheil gleich sein soll der Hälfte des Werthes des gesetzlichen Erbtheils, so gebührt dem Abkömmlinge nach der Auffassung des B.G.B. als Pflichttheil der Betrag von 5000. Daß dies mehr formalistisch als sachlich gedacht ist, dürfte durch die folgenden Ausführungen klargestellt werden.

2. Sind mehrere Abkömmlinge vorhanden, so soll nach der Absicht der schwer verständlichen Bestimmung des Abs. 1 von § 2316 vorerst der Werth dessen ermittelt werden, was bei eintretender gesetzlicher Erbfolge, mit Rücksicht auf die den Abkömmlingen unter einander obliegende Ausgleichungspflicht, auf den einzelnen Abkömmling von dem wirklichen Nachlaßbestande entfiele und dann die Hälfte des so gewonnenen Betrages als Pflichttheil angenommen werden. Beispiele: a) Eingesetzt ist ein heres extraneus. Nachlaßbestand 10 000. Von den beiden Söhnen des Erblassers A und B hat der erstere eine Ausstattung von 10 000, B Nichts erhalten. Bei der gesetzlichen Erbfolge würde darnach dem A von dem wirklichen Nachlaßbestande Nichts, dem B dieser ganze Bestand, der ganze Nachlaß zukommen. Dem entsprechend erhält

---

[16]) Vgl. Dernburg, Preußisches Privatrecht III § 201.

A auch als Pflichttheil Nichts, während der Pflichttheil des B 5000 beträgt. Das Resultat ist in diesem Falle nur zufällig dasselbe wie bei der gemeinrechtlichen Berechnungsweise. b) Hatte unter sonst gleichen Umständen wie im Falle unter a) auch B eine Ausstattung von 10 000 empfangen, so würden bei der gesetzlichen Erbfolge jedem Sohne 5000 aus dem wirklichen Nachlaßbestande zukommen,[17]) und beträgt daher der Pflichttheil jedes Sohnes 2500. Nach der gemeinrechtlichen Behandlungsweise würde sich der Pflichttheil jedes Sohnes nominell auf 7500 belaufen, hätte sich aber zugleich jeder Sohn den Vorausempfang auf den Pflichttheil anrechnen zu lassen, so daß, weil der Vorausempfang jedes Sohnes ohnedies größer ist als der Betrag des Pflichttheils, keiner der beiden Söhne mehr etwas aus dem Nachlasse beanspruchen könnte. c) Es sei schließlich noch angenommen, daß unter sonst gleichen Verhältnissen wie unter a) und b) die von A erhaltene Ausstattung 10 000, die von B erhaltene 8000 betragen hätte. Hier würde bei der gesetzlichen Erbfolge A aus dem Nachlasse 4000, B 6000 erhalten und der Pflichttheil des Ersteren somit 2000, der des Letzteren 3000 betragen. Nach Maßgabe der gemeinrechtlichen Methode dagegen würde weder A noch B aus dem Titel des Pflichttheilsrechtes einen Anspruch gegen den Erben stellen können, da auch hier jeder der Beiden schon mehr an Vorausempfang erhalten hat, als der Pflichttheil ausmacht.

---

[17]) Nach der Auffassung des § 2316 Abs. 1 ist also in unserem Falle der Betrag von 5000 dasjenige, „was auf den gesetzlichen Erbtheil unter Berücksichtigung der Ausgleichungspflicht bei der Theilung entfallen würde". Man könnte nun freilich sagen, die Berücksichtigung der Ausgleichungspflicht bestehe nach § 2055 darin, daß der Werth der zur Ausgleichung zu bringenden Zuwendungen dem Bestande des unter die Abkömmlinge zu vertheilenden Nachlaßvermögens hinzugerechnet und darauf wieder jedem Abkömmling der Werth der von ihm erhaltenen, der Ausgleichung unterliegenden Zuwendung auf seinen Erbtheil angerechnet wird, und daß somit dasjenige, was auf den gesetzlichen Erbtheil des Abkömmlings, unter Berücksichtigung der Ausgleichungspflicht, bei der Theilung entfällt, 15,000 ausmache, wovon 10,000 durch Anrechnung und 5000 aus dem effektiven Nachlaßbestande gedeckt werden. Man könnte sich ferner auch auf § 2056 berufen, in welchem unter dem, was einem Abkömmling „bei der Auseinandersetzung zukommen würde", in unzweideutigster Weise auch das mitverstanden wird, was dem Abkömmling nur durch Anrechnung auf den Vorausempfang zu gewähren ist. Wollte man jedoch diese Erwägungen weiter verfolgen und für die Interpretation des § 2316 verwerthen, so würde man zu Ergebnissen gelangen, welche der im § 2316 sich ausprägenden Tendenz direkt widersprechen würden. So gewinnt man also die im Texte vertretene und der Absicht der Redaktoren allein entsprechende Interpretation des § 2316, deren Ermittelung freilich gerade durch das Verhältniß des § 2316 zu den §§ 2055 und 2065 recht schwierig gemacht ist.

3. Worauf die Bestimmung des zweiten Absatzes von § 2316 abzielt, wird am Besten durch ein Beispiel klargemacht: Ein Erblasser hinterläßt drei Söhne, A, B und C, von welchen die beiden ersteren bereits Ausstattungen von je 6000 vorausempfangen haben, während C Nichts erhalten hat. Als Erben des Nachlasses von 9000 sind C zu $^1/_3$ und ein extraneus zu $^2/_3$ eingesetzt. Der nach § 2316 zu berechnende Pflichttheil des C beträgt 3500 und ist durch die Einsetzung des C nicht gedeckt. C kann daher von seinem Miterben noch 500 als Pflichttheil beanspruchen. Die Bestimmung enthält also Nichts, was nicht auch ohne sie zu erschließen wäre.

4. Während der Erblasser die aus der vorhergehenden Darstellung sich ergebende Berücksichtigung einer Ausstattung (§ 2050 Abs. 1) bei der Pflichttheilsberechnung zum Nachtheil eines anderen Abkömmlings nicht ausschließen kann, ist er hierzu rücksichtlich der im § 2050 Abs. 2 bezeichneten Zuwendungen allerdings befugt (§ 2316 Abs. 3). Mit dem Wesen des Pflichttheilsrechtes ist die Einräumung einer solchen, selbst durch letztwillige Verfügung ausübbaren Befugniß schwer in Einklang zu bringen. Denn der Pflichttheil gebührt dem Pflichttheilsberechtigten nicht mit Rücksicht auf den Willen des Erblassers, sondern ohne und gegen diesen Willen. Es ist daher wenig konsequent, wenn dem Erblasser durch § 2316 Abs. 3 gestattet wird, den Pflichttheil eines Abkömmlings dadurch zu mindern, daß er die Berücksichtigung der an einen anderen Abkömmling gemachten und unter § 2050 Abs. 2 fallenden Zuwendung bei der Pflichttheilsberechnung ausschließt.

5. Die Durchführung der in § 2316 Abs. 1 angeordneten Pflichttheilsberechnung wird unmöglich, wenn einer der in Betracht kommenden Abkömmlinge einen Vorausempfang erhalten hatte, der nicht nur unter § 2050, sondern, weil der Erblasser rechtsgiltig bestimmt hat, daß derselbe auf den Pflichttheil angerechnet werden soll, auch unter § 2315 fällt. Beispiel: Nachlaß = 14 000. Die Söhne des Erblassers A und B, von welchen der erstere eine Ausstattung von 6000, der letztere eine Gabe im Sinne des § 2050 Abs. 2 von 4000, jedoch mit der Bestimmung der Anrechnung auf den Pflichttheil, erhalten hat, sind durch Einsetzung eines extraneus von der Erbfolge ausgeschlossen. Das der Pflichttheilsberechnung zu Grunde zu legende Vermögen beläuft sich demnach auf: 14 000 (Nachlaß) + 6000 (Vorausempfang des A) + 4000 (Vorausempfang des B) = 24 000, und der gesetzliche Erbtheil jedes Sohnes beträgt: 12 000. Die nach § 2316 vorzunehmende Ermittelung des dem A gebührenden Pflichttheils macht keine Schwierigkeit; er

ist $= \frac{12\,000 - 6000}{2} = 3000$. Offenbar verkehrt wäre es dagegen, wenn bezüglich des B einerseits gesagt werden wollte, sein Pflichttheil sei $= \frac{12\,000 - 4000}{2} = 4000$, und dann andererseits auf diesen Betrag der ganze Vorausempfang von 4000 angerechnet werden wollte, so daß auf B praktisch als Pflichttheil Nichts mehr entfiele. Dies würde dem § 2315, welcher in unserem Falle aus dem Grunde maßgebend ist, weil ja doch B seinen Vorausempfang nach der Bestimmung des Erblassers auf den Pflichttheil anzurechnen hat, direkt widersprechen. Denn bei der Berechnung des Pflichttheils nach § 2315 ist nicht der durch den Vorausempfang geminderte gesetzliche Erbtheil des Pflichttheilsberechtigten, sondern dieser Erbtheil selbst, also in unserem Falle der Betrag von 12 000, zu Grunde zu legen; der Pflichttheil des B beträgt also 6000, auf welche aber allerdings der Vorausempfang von 4000 anzurechnen ist, so daß B praktisch noch einen Pflichttheilsbetrag von 2000 anzusprechen hat. Die Reichstagskommission hat es für nothwendig gehalten, so gearteten Fällen eine besondere Bestimmung zu widmen, und auf ihre Veranlassung ist deshalb in den § 2316 noch der in der Reichstagsvorlage fehlende Abs. 4 eingefügt worden.[18]) Darnach soll eine unter § 2050 fallende Zuwendung, bezüglich welcher der Erblasser Anrechnung auf den Pflichttheil bestimmt hat, auf den nach Abs. 1 von § 2316 berechneten Pflichttheil nur mit der Hälfte des Werthes zur Anrechnung kommen. Die Anwendung dieser wenig durchsichtigen Vorschrift führt in dem vorhin behandelten Falle bezüglich des Pflichttheils des B zu genau demselben Resultate, welches oben durch die Heranziehung des § 2315 gewonnen worden ist. Denn ob man sagt, der effektive Pflichttheil des B sei $= \frac{12\,000}{2} - 4000 = 2000$, oder er sei $= \frac{12\,000 - 4000}{2} - 2000 = 2000$ ist praktisch dasselbe. Trotzdem muß die Bestimmung des Abs. 4 von § 2316 nicht nur als überflüssig, sondern als geradezu irreführend bezeichnet werden. Sie ist überflüssig, weil man in den hierher gehörigen Fällen auch ohne sie, durch Heranziehung des § 2315, die richtige Entscheidung zu finden vermag. Sie ist irreführend, weil sie den sich besonders darin zeigenden prinzipiellen Unterschied zwischen nur der Ausgleichung unterliegenden Vorausempfängen und solchen Vorausempfängen, welche auf den Pflichttheil anzurechnen sind, über-

[18]) Vgl. den Bericht derselben S. 22.

sieht, daß Vorausempfänge der ersten Art nur demjenigen Nachlaßvermögen hinzugerechnet werden, welches den Miterben zukommt, unter denen die Ausgleichung stattfindet (§ 2055), Vorausempfänge der zweiten Art dagegen schlechtweg dem Nachlaß (§ 2315). Beispiel: Nachlaß = 20 000. Als Erbe ist ein extraneus eingesetzt. Als Pflichttheilsberechtigte kommen in Betracht: des Erblassers Söhne A und B, von welchen der letztere einen unter § 2050 fallenden Vorausempfang von 4000 mit der Bestimmung der Anrechnung auf den Pflichttheil erhalten hat, und die überlebende Ehegattin. Wie groß sind die Pflichttheile der genannten Personen? 20 000 (Nachlaß) + 4000 (Vorausempfang des B) = 24 000. Gesetzlicher Erbtheil der Ehegattin nach § 1931 = 6000 und somit der Pflichttheil derselben = 3000. Unter A und B wären bei der gesetzlichen Erbfolge zu vertheilen 24 000 — 6000 (gesetzlicher Erbtheil der Ehegattin) = 18 000. Pflichttheil des A somit $= \frac{9000}{2} = 4500$; effektiver Pflichttheil des B $= \frac{9000}{2} - 4000 = 500$. Etwas schwieriger wird die Pflichttheilsberechnung, wenn man bei unserem Beispiele unter Festhaltung aller sonstigen Voraussetzungen noch annimmt, daß auch des Erblassers Sohn A einen *lediglich* unter § 2050 fallenden Vorausempfang von 4000 erhalten hatte. Bei solcher Sachlage muß zunächst zum Zwecke der Berechnung des Pflichttheils der überlebenden Ehegattin zum Nachlasse der Vorausempfang des B (nicht auch der des A) hinzugerechnet werden. Der Pflichttheil der Ehegattin ist also auch hier $= \frac{6000}{2} = 3000$. Behufs Berechnung der den beiden Söhnen gebührenden Pflichttheile muß sodann dem, nach Abzug des gesetzlichen Erbtheils der Ehegattin, verbleibenden Reste, d. i. 20 000 + 4000 (Vorausempfang des B) — 6000 (gesetzlicher Erbtheil der Ehegattin) = 18 000 noch der Vorausempfang des A im Betrage von 4000 hinzugerechnet werden, woraus sich die Summe von 22 000 ergiebt. Der nach § 2316 Abs. 1 zu berechnende Pflichttheil des A beträgt darnach $\frac{11\,000 - 4000}{2} = 3500$, der nach § 2315 zu berechnende effektive Pflichttheil des B dagegen $\frac{11\,000}{2} - 4000 = 1500$.

Der in Abs. 4 von § 2316 begangene Fehler besteht also darin, daß daselbst mit Bezug auf Fälle, auf welche § 2315 zur Anwendung zu bringen ist, von einer Berücksichtigung der Zuwendung im Sinne des Abs. 1 von § 2316 und damit implicite zugleich im Sinne des § 2055 die Rede ist.

6. Führt die durch § 2316 bei der Berechnung des Pflichttheils von Abkömmlingen angeordnete Behandlung der unter § 2050 fallenden Vorausempfänge auch zu einer weitgehenden und doch wohl nicht zu billigenden Beschränkung der Verfügungsfreiheit des Erblassers, so werden Manche doch vielleicht zur Anerkennung geneigt sein, daß der hierdurch auch für die Pflichttheilsberechnung angenommene Gedanke der Ausgleichung wenigstens mit Konsequenz durchgeführt ist. Bei genauerer Prüfung kann aber auch dies nicht zugestanden werden. Denn es giebt eine ganze Reihe von Fällen, wo die Anwendung des Ausgleichungsprinzips auf die Pflichttheilsberechnung den Zweck, welchen die Ausgleichung erreichen soll, vollständig verfehlt.

a) Bestand des Nachlasses: 5000. Zum Erben ist ein extraneus eingesetzt. Von den beiden Söhnen des Erblassers hat A eine Ausstattung von 10 000 vorausempfangen, während dem zweiten Sohne B vom Vater der Betrag von 5000 mit der Bestimmung der Anrechnung auf den Pflichttheil zugewendet worden ist. Da A mit Rücksicht auf seine Ausgleichungspflicht bei eintretender gesetzlicher Erbfolge aus dem Nachlaß Nichts mehr erhalten würde, so ist auch sein Pflichttheil gleich Null. B würde bei der gesetzlichen Erbfolge zwar den ganzen Nachlaß erhalten; allein sein Pflichttheil, mag man sich bei Berechnung desselben nun an § 2315 oder an § 2316 Abs. 1 und 4 halten, ist durch den Vorausempfang vollständig gedeckt, so daß also auch ein Pflichttheilsanspruch des B entfällt. Das Eigenthümliche dieses Falles besteht darin, daß einerseits A vermöge des im § 2316 auch für die Pflichttheilsberechnung zur Geltung gebrachten Ausgleichungsprinzips einen Pflichttheil nicht verlangen kann und daß andererseits die Anwendung dieses Prinzips doch auch dem B nicht zu Statten kommt, sondern dem heres extraneus. Würde dagegen der B noch kurz vor dem Erblasser gestorben sein, oder hätte er aus Anlaß der ihm vom Erblasser unter Lebenden gemachten Zuwendung auf sein gesetzliches Erbrecht verzichtet, so erhielte A ungeachtet der vorausempfangenen Ausstattung im Betrage von 10 000 noch 2500 als Pflichttheil.

b) Noch seltsamer sind die Resultate, wenn man bei einem Nachlaßbestande von 10 000 und unter der Voraussetzung, daß ein extraneus als Erbe eingesetzt ist, weiter noch annimmt, daß des Erblassers Sohn A eine Ausstattung von 10 000 vorausempfangen hat, während der Sohn B wegen einer Verfehlung durch Verfügung des Erblassers nach § 2333 von dem Rechte auf den Pflichttheil ausgeschlossen worden, oder nach den §§ 2339, 2345 als erbunwürdig zu behandeln ist. Bei der Beurtheilung dieses Falles kommt zunächst die Bestimmung des § 2310 in Betracht. Darnach sind bei der Feststellung des für die Berechnung des Pflichttheils maßgebenden Erbtheils auch diejenigen mitzuzählen, welche durch letztwillige Verfügung (sei es auch in Verbindung mit gerechtfertigter Entziehung des Pflichttheils) von der Erbfolge ausgeschlossen oder für erbunwürdig erklärt sind. B ist also in unserem Falle bei der Feststellung des dem A gebührenden Pflichttheils mit in Anschlag zu bringen. Muß dies aber geschehen, so ist dadurch zugleich die Voraussetzung gegeben, bei deren Vorhandensein („wenn mehrere Abkömmlinge vorhanden sind") § 2316 Anwendung zu finden hat. Das Ergebniß ist aber, daß B einen Pflichttheil nicht verlangen kann, weil ihm der Pflichttheil rechtmäßig entzogen, oder weil er für erbunwürdig erklärt worden ist, und A nicht, weil sich für ihn nach § 2316 ein Pflichttheil überhaupt nicht herausstellt.[19]) Mit Rücksicht hierauf greift aber § 2309 ein, zufolge dessen, weil die (wir wollen annehmen kinderlosen) Söhne des Erblassers die Entrichtung von Pflichttheilen nicht verlangen können, nunmehr die Eltern des Erblassers pflichttheilsberechtigt sind. Würden aber auch Eltern nicht vorhanden sein, so käme die vom A dem B zu leistende (und hier nach dem Muster von lucus a non lucendo sogenannte) „Ausgleichung" dem heres extraneus zu Statten. Faßt man endlich noch die Möglichkeit ins Auge, daß B vor dem Erbfall gestorben wäre, so würde A als Pflichttheil 5000 beanspruchen können.

Selbst der zurückhaltendste Beurtheiler wird daher zugeben müssen, daß sich das im § 2316 behandelte gesetzgeberische Problem einfacher, richtiger und zweckmäßiger hätte erledigen lassen.[20])

[19]) 10,000 (Nachlaß) + 10,000 (Vorausempfang des A) = 20,000. Gesetzlicher Erbtheil des A im Sinne des § 2316 = 10,000 — 10,000 = 0. Daher auch Pflichttheil = 0.

[20]) Einen instruktiven Beitrag zur Beurtheilung des § 2316 dürfte noch folgender Fall liefern. Nachlaß = 20,000. Als Erbe ist ein extraneus eingesetzt. Die nächsten Verwandten des Erblassers sind: dessen Enkel X (abstammend von des Erblassers Sohne A) und Y (abstammend von des Erblassers Sohne B). Außerdem sei noch vorausgesetzt, daß X bei Lebzeiten seines Vaters A vom Erblasser eine Ausstattung von 20,000 erhalten hat und daß eine Ausstattung von gleicher Höhe zwar nicht dem Y, wohl aber dessen vor dem Erblasser verstorbenen und von Y nicht beerbten Vater B zugekommen ist. Wie groß sind die Pflichttheile von X und Y? Die Anwendung des § 2316 in Verbindung mit den (nach § 2316 maßgebenden) §§ 2051, 2053 führt zu dem verwunderlichen Resultate, daß X vom Erben als Pflichttheil 10,000 zu beanspruchen hat, während der Pflichttheil des Y gleich Null ist.

3. Entziehung und Beschränkung des Pflichttheils.

§ 26.

I. Der Erblasser kann einer pflichttheilsberechtigten Person den Pflichttheil unter gewissen Voraussetzungen zur Strafe entziehen. In Betreff eines Abkömmlings des Erblassers ist aber auch eine Beschränkung des Pflichttheils in guter Absicht möglich. Die Entziehung sowohl wie die Beschränkung erfolgt durch letztwillige Verfügung. Der Grund dafür muß zur Zeit der Errichtung bestehen und in der Verfügung angegeben werden. Der Beweis des Grundes liegt Demjenigen ob, welcher dem Pflichttheilsberechtigten gegenüber die Entziehung oder Beschränkung geltend macht. Vgl. § 2336 und § 2338.

II. Ueber die Entziehung des Pflichttheils zur Strafe insbesondere ist zu bemerken:

1. Liegen die Voraussetzungen für gänzliche Entziehung des Pflichttheils vor, so kann der Erblasser selbstverständlich auch beliebige Beschränkungen anordnen.

2. Bezüglich der Gründe für die Entziehung des Pflichttheils ist zu unterscheiden:

a) Einem Abkömmlinge kann der Erblasser den Pflichttheil entziehen:

1. wenn der Abkömmling dem Erblasser, dem Ehegatten oder einem anderen Abkömmlinge des Erblassers nach dem Leben trachtet;

2. wenn der Abkömmling sich einer vorsätzlichen körperlichen Mißhandlung des Erblassers oder des Ehegatten des Erblassers schuldig macht, im Falle der Mißhandlung des Ehegatten jedoch nur, wenn der Abkömmling von diesem abstammt;

3. wenn der Abkömmling sich eines Verbrechens oder eines schweren vorsätzlichen Vergehens gegen den Erblasser oder dessen Ehegatten schuldig macht;

4. wenn der Abkömmling die ihm dem Erblasser gegenüber gesetzlich obliegende Unterhaltspflicht böswillig verletzt;

5. wenn der Abkömmling einen ehrlosen oder unsittlichen Lebenswandel wider den Willen des Erblassers führt.

In dem zuletzt erwähnten Falle ist die Entziehung jedoch unwirksam, wenn sich der Abkömmling zur Zeit des Erbfalls von dem ehrlosen oder unsittlichen Lebenswandel dauernd abgewendet hat. Vgl. §§ 2333 und 2336 Abs. 4.

b) Der Pflichttheil kann ferner entzogen werden: dem Vater, wenn er, der Mutter, wenn sie sich einer der unter a) Z. 1, 3, 4 bezeichneten Verfehlungen schuldig macht (§ 2334);

c) dem Ehegatten, wenn er sich einer Verfehlung schuldig macht, auf Grund welcher der Erblasser nach den §§ 1565 bis 1568 auf Scheidung zu klagen berechtigt ist. Die für die Erhebung der Scheidungsklage bezw. die Ladung zum Sühneversuch im § 1571 festgesetzte Präklusivfrist ist hier jedoch nicht maßgebend. Vgl. § 2335.

3. Das Recht zur Entziehung des Pflichttheils erlischt in allen Fällen durch Verzeihung. Eine bereits erfolgte Entziehung wird durch nachfolgende Verzeihung unwirksam. Vgl. § 2337.

III. Eine nicht zur Strafe, sondern lediglich im wohlverstandenen Interesse des Pflichttheilsberechtigten — also in guter Absicht, bona mente — erfolgende Beschränkung des Pflichttheils ist nur gegenüber einem pflichttheilsberechtigten Abkömmling, der in solchem Maße der Verschwendung ergeben oder verschuldet ist, daß sein späterer Erwerb gefährdet wird, zulässig. Unter dieser Voraussetzung kann der Erblasser verfügen: a) daß nach dem Tode des Abkömmlings dessen gesetzliche Erben das jenem Hinterlassene oder den ihm gebührenden Pflichttheil als Nacherben oder als Nachvermächtnißnehmer nach Verhältniß ihrer gesetzlichen Erbtheile erhalten sollen; b) daneben, oder auch selbständig (ohne die Verfügung unter a) kann der Erblasser ferner auf die Lebenszeit des Abkömmlings die Verwaltung des demselben Zugewendeten, aber unter Wahrung des Anspruchs des Pflichttheilsberechtigten auf den jährlichen Reinertrag, einem Testamentsvollstrecker übertragen. Die Anordnungen unter a) und b) sind jedoch unwirksam, wenn der Abkömmling zur Zeit des Erbfalls sich von dem verschwenderischen Leben dauernd abgewendet hat oder die den Grund der Anordnung bildende Ueberschuldung nicht mehr besteht. Vgl. § 2338.

4. Recht auf Ergänzung des Pflichttheils.

§ 27.

I. Durch eventuelle Pflichttheilsrechte seiner Abkömmlinge, Eltern, seines Ehegatten wird der Erblasser in der freien Verfügung über sein Vermögen durch Rechtsgeschäfte unter Lebenden grundsätzlich ebensowenig beschränkt, als er dies zufolge des in anderem Zusammenhange Gesagten ist, durch die aus einem von ihm geschlossenen Erbvertrag entspringenden eventuellen Rechte des unwiderruflich Bedachten. Wie im Falle des Erbvertrags, so läßt sich dieser Grundsatz auch auf unserem Gebiete nicht ganz ausnahmslos durchführen, und hier wie dort fordern Schenkungen des Erblassers[1]) eine besondere, im Pflichttheilsrecht freilich ungleich schwierigere Behandlung. Um den Pflichttheilsberechtigten gegen Beeinträchtigung seines Rechtes durch vom Erblasser vorgenommene Schenkungen zu sichern, gewährt das Gesetz demselben im Falle einer solchen Schenkung einen Anspruch auf Ergänzung des Pflichttheils, so daß zu dem lediglich vom Nachlaßvermögen berechneten ordentlichen Pflichttheil als außerordentlicher Pflichttheil noch der Betrag hinzukommt, um welchen jener größer wäre, wenn der verschenkte Gegenstand noch zum Nachlaß gehörte. Die genauere Durchführung, welche dieser schon im römischen Recht enthaltene und von den modernen Gesetzgebungen aufgenommene Grundgedanke im B.G.B. erhalten hat, weist manche Eigenthümlichkeiten auf. Vgl. §§ 2325 bis 2331.

II. Bei der Darstellung des Rechtes auf Ergänzung des Pflichttheils soll zunächst von dem besonders zu besprechenden Falle, daß der Pflichttheilsberechtigte selbst ein Geschenk vom Erblasser erhalten hat, abgesehen und nur der Normalfall ins Auge gefaßt worden, daß ein Dritter beschenkt worden ist. Es hat dann folgende Beurtheilung einzutreten:

1. Der Anspruch des Pflichttheilsberechtigten auf Ergänzung des Pflichttheils setzt nicht voraus, daß die vom Erblasser vorgenommene Schenkung geradezu in der Absicht erfolgt ist, den Pflichttheilsberechtigten zu verkürzen; für die Pflichttheilsberechnung ganz außer Betracht bleiben jedoch Schenkungen, durch welche einer sittlichen Pflicht oder einer auf den Anstand zu nehmenden Rücksicht entsprochen wurde (§ 2330).

2. Unser Anspruch setzt auch nicht voraus, daß der Pflichttheilsberechtigte zur Zeit der Schenkung bereits vorhanden war, wohl aber, daß zur Zeit des Erbfalls zehn Jahre seit der „Leistung" des verschenkten Gegenstandes noch nicht verstrichen sind (§ 2325 Abs. 3).[1a]) Bei Beurtheilung dieser letzteren Bestimmung wird man unterscheiden müssen, ob solche Pflichttheilsberechtigte in Frage kommen, welche zur Zeit der Schenkung noch gar nicht vorhanden waren, oder solche, welche damals bereits existirten. Da es für Jene ohnedies eine besondere Gunst bedeutet, daß ihnen Schenkungen, die der Erblasser vor ihrem

---

[1]) Ueber die Frage, wer als Schenker anzusehen ist, wenn die Schenkung aus einem gütergemeinschaftlichen Vermögen erfolgt ist, vgl. § 2331.

[1a]) Ist die Schenkung an den Ehegatten des Erblassers erfolgt, so beginnt übrigens die Frist nicht vor der Auflösung der Ehe; vgl. Satz 2 der im Texte berufenen Vorschrift.

Vorhandensein an Dritte gemacht hat, zu Statten kommen, so ist dagegen gewiß Nichts einzuwenden, wenn ihnen die Gunst des Gesetzes nicht in allzuweitem Maße zu Theil wird. Eine Einschränkung ist hier also sicherlich gerechtfertigt; nur würde sie, wenn lediglich diese Gruppe von Pflichttheilsberechtigten in Betracht gezogen werden wollte, doch etwas anders zu gestalten sein als die in § 2325 angeordnete. Bezüglich der zur Zeit der Schenkung bereits vorhandenen Pflichttheilsberechtigten fällt dagegen auf, daß sie nach § 2325 schlechter gestellt sind als ein Vertragserbe nach § 2287. Denn wenn der Erblasser in der Absicht, den Vertragserben zu beeinträchtigen, einen Dritten beschenkt hat, so ist der Vertragserbe nach Anfall der Erbschaft unter allen Umständen berechtigt, vom Beschenkten die Herausgabe des Geschenkes nach den Grundsätzen über die Herausgabe einer ungerechtfertigten Bereicherung zu fordern. Im Falle eines zum Nachtheil eines Pflichttheilsberechtigten, sei es auch in der direkten Absicht, diesen zu beeinträchtigen, gemachten Geschenkes ist dagegen dem Pflichttheilsberechtigten jede Hilfe versagt, wenn zur Zeit des Erbfalls zehn Jahre seit der Leistung des geschenkten Gegenstandes bereits verstrichen sind. Als besonders stylvoll wird man das nicht bezeichnen können.

3. Soweit die vom Erblasser gemachten Schenkungen bei der Pflichttheilsberechnung überhaupt in Betracht kommen, sind verbrauchbare Sachen mit dem Werthe anzusetzen, den sie zur Zeit der Schenkung (nicht etwa zur Zeit der Leistung des geschenkten Gegenstandes) hatten; andere Gegenstände mit dem Werthe zur Zeit des Erbfalls und, dafern dieser zur Zeit der Schenkung geringer war, mit diesem geringeren Werthe (§ 2325). Hieraus scheint geschlossen werden zu müssen, daß eine bezüglich des geschenkten unverbrauchbaren Gegenstandes vor dem Erbfall eingetretene Werthverminderung dem Pflichttheilsberechtigten unter allen Umständen zum Nachtheil gereicht, selbst wenn sie vom Schenknehmer verschuldet, ja sogar absichtlich herbeigeführt worden ist. Mit Rücksicht auf die Entscheidung des § 2325 muß sodann gefragt werden, ob der Werth des geschenkten unverbrauchbaren Gegenstandes auch dann nach dem Zeitpunkt des Erbfalls in Ansatz kommt, wenn sich der Gegenstand selbst überhaupt nicht mehr im Vermögen des Schenknehmers befindet, statt desselben vielleicht aber ein Aequivalent?

4. Der Anspruch auf Ergänzung des Pflichttheils richtet sich zunächst gegen den Erben, und in dem Falle, wo der Pflichttheilsberechtigte, welchem die Ergänzung des Pflichttheils gebührt, Theilerbe geworden ist, gegen den Miterben. Ist dem Pflichttheilsberechtigten ohnedies

mehr als die Hälfte seines gesetzlichen Erbtheils hinterlassen, so ist der Anspruch auf Ergänzung ausgeschlossen, „soweit der Werth des mehr Hinterlassenen reicht" (§ 2326). Hierbei können sich Schwierigkeiten ergeben, von welchen nicht abzusehen ist, wie sie auf Grund der Bestimmungen des Gesetzes befriedigend erledigt werden sollen. Beispiele: Dem Pflichttheilsberechtigten ist ein Erbtheil hinterlassen, welcher größer ist als die Hälfte des gesetzlichen Erbtheils, aber mit Beschränkungen oder Beschwerungen, oder der Pflichttheilsberechtigte ist, aber gleichfalls mit Beschränkungen oder Beschwerungen, mit einem Vermächtniß bedacht, dessen Gegenstand, abgesehen von den Beschränkungen und Beschwerungen, mehr werth ist als der Werth der Hälfte des gesetzlichen Erbtheils. In beiden Fällen wird dem Pflichttheilsberechtigten, nachdem er das ihm Hinterlassene bereits angenommen hat, erst bekannt, daß wegen einer vom Erblasser an einen Dritten gemachten Schenkung auch noch eine Ergänzung des Pflichttheils in Frage kommt. Mit welchem Werthe ist hier der vom Pflichttheilsberechtigten angenommene Erbtheil, das angenommene Vermächtniß zum Zweck der Berechnung der Ergänzung des Pflichttheils in Ansatz zu bringen? Die Tendenz des Gesetzes (vgl. §§ 2306, 2307) geht zweifellos dahin, daß die Beschränkungen und Beschwerungen außer Betracht zu bleiben haben und dem Pflichttheilsberechtigten der so ermittelte Betrag voll angerechnet werden soll. Allein diese Entscheidung ist doch offenbar dann ganz unbillig, wenn der Pflichttheilsberechtigte zur Zeit der von ihm zu Gunsten der Annahme des ihm Zugewendeten gefaßten Entschließung nur den ordentlichen Pflichttheil, rücksichtlich dessen er sich ungeachtet der Beschränkungen und Beschwerungen gedeckt sah, in Rechnung zog, davon dagegen, daß ihm auch noch ein Anspruch auf Ergänzung des Pflichttheils zustehe, gar keine Ahnung hatte.[2])

5. Ein Recht des Pflichttheilsberechtigten auf den außerordentlichen Pflichttheil kann unter Umständen auch begründet sein, wo derselbe Alleinerbe des Erblassers geworden ist. Soweit hier der Werth der Erbschaft hinter dem Werthe der Hälfte des durch die Hinzurechnung der Schenkung zum Werthe der Erbschaft sich ergebenden Gesammtbetrages zurückbleibt, hat der pflichttheilsberechtigte Erbe den Anspruch auf Ergänzung gegen den Beschenkten (§ 2329 Abs. 1 Satz 2). Schwierigkeiten gleicher Art wie unter 3. 4 ergeben sich aber wieder, wenn

---

[2]) Ein möglicher Weg zur Abhilfe würde darin gelegen sein, daß dem Pflichttheilsberechtigten gestattet würde, die Annahme der ihm gemachten Zuwendung anzufechten.

einerseits dem als Alleinerbe eingesetzten Pflichttheilsberechtigten Beschränkungen, Beschwerungen auferlegt sind, und wenn zugleich andererseits erst, nachdem der Pflichttheilsberechtigte die Erbschaft definitiv angenommen hat, hervorkommt, daß der Erblasser einem Dritten eine sehr erhebliche Schenkung gemacht hat. Wie ist hier zu ermitteln, ob und welche Ergänzung des Pflichttheils dem Pflichttheilsberechtigten noch gebührt? Und wenn dies ermittelt ist, wie findet der Pflichttheilsberechtigte rücksichtlich der ihm noch gebührenden Ergänzung seine Befriedigung? Hat er ein Recht zur Kürzung der ihn beschwerenden Vermächtnisse und Auflagen oder kann er sich an den Beschenkten halten? Die Motive V S. 466 bemerken im Hinblick auf den Fall, wo der Pflichttheilsberechtigte, dessen Recht auf Ergänzung des Pflichttheils in Frage steht, zum Alleinerben eingesetzt, aber mit Vermächtnissen oder Auflagen beschwert ist: „In diesem Falle steht der Pflichttheilsberechtigte vor der Wahl, die Erbschaft auszuschlagen oder anzunehmen. Schlägt er aus, so ist er in der Geltendmachung des Pflichttheilsanspruches einschließlich der Erhöhung durch den außerordentlichen Pflichttheil unbeschränkt. Nimmt er an, so hat er sich die Erbschaft auf den Pflichttheil so anrechnen zu lassen, als sei die Belastung mit Vermächtnissen nicht vorhanden; er kann in Folge dessen gegen den Beschenkten nur dann und nur insoweit vorgehen, als — auch abgesehen von den Vermächtnissen — für ihn eine Benachtheiligung eingetreten ist.“ Allein hierbei ist doch wieder nur daran gedacht, daß der Pflichttheilsberechtigte sich bei der Annahme der Erbschaft bereits darüber klar war, daß ihm wegen einer vom Erblasser vorgenommenen Schenkung eine Ergänzung des Pflichttheils gebühre, und die Möglichkeit ganz übersehen, daß die vom Erblasser vorgenommene Schenkung dem Pflichttheilsberechtigten erst hinterher bekannt wird.[3])

6. Ist der Erbe, gegen welchen seitens eines Pflichttheilsberechtigten ein Anspruch auf Ergänzung des Pflichttheils geltend gemacht wird, selbst pflichttheilsberechtigt, so kann er die von ihm verlangte Ergänzung des Pflichttheils „soweit verweigern, daß ihm sein eigener Pflichttheil mit Einschluß dessen verbleibt, was ihm zur Ergänzung des Pflichttheils gebühren würde“ (§ 2328). Dafür kann sich aber wieder der Pflichttheilsberechtigte wegen der ihm gebührenden Ergänzung des Pflichttheils an den Beschenkten halten (§ 2329). Diese Behandlung führt unter Umständen zu ganz ungerechten Entscheidungen: Beispiel: Der Nachlaß

[3]) Vgl. Anm. 2.

eines Erblassers, der von seinem Vermögen 40 000 verschenkt hatte, beläuft sich auf 20 000. Es sind zwei pflichttheilsberechtigte Söhne A und B vorhanden, von welchen der erstere zum Alleinerben eingesetzt, der letztere gänzlich übergangen ist. B spricht den Pflichttheil nebst Ergänzung im Gesammtbetrage von 15 000 an, wovon auf den ordentlichen Pflichttheil 5000, auf den außerordentlichen 10 000 entfallen. Nach § 2328 hat nun A dem B zwar den ordentlichen Pflichttheil zu gewähren, weitere Leistung kann er dagegen mit Rücksicht darauf verweigern, daß ihm nach Entrichtung von 5000 vom Nachlasse nur mehr 15 000 verbleiben, d. i. gerade so viel, als ihm selbst, theils als ordentlicher Pflichttheil, theils als Ergänzung, gebührt. B ist also darauf angewiesen, die ihm gebührende Ergänzung gegen den Beschenkten geltend zu machen und trägt also auch die Konsequenzen der Zahlungsunfähigkeit des letzteren. Dies ist offensichtlich ungerecht. Denn die Gerechtigkeit verlangt, daß mehrere Pflichttheilsberechtigte bezüglich der Deckung ihrer Pflichttheile gleichgestellt werden; demgemäß hätte A in unserem Falle 10 000 an B herauszugeben, so daß jeder der beiden Brüder bezüglich des nicht gedeckten Restes des außerordentlichen Pflichttheils von je 5000 sich an den Beschenkten zu halten hätte.

7. Zu den bereits unter Z. 5 und 6 berührten Fällen, in welchen der Pflichttheilsberechtigte das ihm als Ergänzung des Pflichttheils noch Gebührende vom Beschenkten fordern kann, kommt endlich noch ein dritter hinzu, welcher durch die Bestimmung des § 2329 Abs. 1 Satz 1 zwar nicht allein, aber doch zweifellos mit getroffen ist. Der Fall ist gegeben, wenn und soweit der Erbe nach den in Betreff der Haftung für die Nachlaßverbindlichkeiten maßgebenden Grundsätzen „zur Ergänzung des Pflichttheils nicht verpflichtet ist“. Diese Entscheidung ist bedenklich, zwar nicht mit Rücksicht auf das, was sie gewährt, wohl aber auf das, was sie unzweideutig versagt. Denn ungeachtet der Insuffizienz der Erbschaft kann der Erbe dem Pflichttheilsberechtigten gegenüber zur Ergänzung des Pflichttheils doch, z. B. aus dem Grunde verpflichtet sein, weil er wegen Versäumung der Inventarfrist (§ 1994) für die Nachlaßverbindlichkeiten „unbeschränkt haftet“. Der Pflichttheilsberechtigte vermag daran Nichts zu ändern, muß es aber, wenn der unbeschränkt haftende Erbe zahlungsunfähig ist, dadurch büßen, daß er wegen der ihm gebührenden Ergänzung des Pflichttheils den Beschenkten nicht in Anspruch nehmen kann.

8. Soweit nach dem unter Z. 5 bis 7 Gesagten ein Anspruch des Pflichttheilsberechtigten gegen den Beschenkten überhaupt begründet

ist, kann der erstere vom letzteren nach den Vorschriften über die Herausgabe einer ungerechtfertigten Bereicherung die Herausgabe des Geschenkes zum Zwecke der Befriedigung wegen des zur Ergänzung des Pflichttheils noch fehlenden Betrages fordern; dem Beschenkten steht es jedoch zu, diese Herausgabe durch Zahlung des fehlenden Betrages abzuwenden (§ 2329). Der Anspruch des Pflichttheilsberechtigten gegen den Beschenkten verjährt in drei Jahren, von dem Eintritte des Erbfalls an (§ 2332 Abs. 2). Hatte der Erblasser mehrere Schenkungen nach einander vorgenommen, so ist zunächst das Maß der Verpflichtung des später Beschenkten festzustellen. Den früher Beschenkten trifft eine Haftung überhaupt nur soweit, als der Betrag, für welchen der später Beschenkte haftet, hinter dem zurückbleibt, was der Pflichttheilsberechtigte als (vom Erben nicht zu leistende) Ergänzung seines Pflichttheils zu fordern hat; ob der später Beschenkte auch zahlungsfähig ist, ist nach der Auffassung des Gesetzes gleichgiltig. (Vgl. § 2329 Abs. 3.)

III. 1. Eine besondere Erörterung ist jetzt noch der schwierigen Frage zu widmen, wie mit der Pflichttheilsberechnung vorzugehen ist, wenn der Pflichttheilsberechtigte selbst ein Geschenk vom Erblasser erhalten hat. Nach § 2327 ist hier zu unterscheiden, ob der Erblasser bei der Schenkung die Anrechnung derselben auf den Pflichttheil angeordnet oder solche Anordnung unterlassen hat. Im ersten Falle ist die Schenkung auf den Gesammtbetrag des Pflichttheils und der Ergänzung anzurechnen. Im zweiten Falle, der uns im Folgenden allein zu beschäftigen hat, ist die Schenkung dagegen nicht auf den Gesammtbetrag des Pflichttheils, sondern nur auf die Ergänzung anzurechnen. Die Konsequenzen dieser Entscheidung ergeben sich aus folgenden Beispielen: a) Werth des Nachlasses = 20 000. Zum Erben ist T eingesetzt, während des Erblassers Sohn A aus dem Grunde übergangen ist, weil ihm der Erblasser ohnedies schon 40 000 durch Schenkung zugewendet hatte. Trotzdem kann A von T nach § 2327 die Entrichtung des ordentlichen Pflichttheils von 10 000 verlangen. Die Frage der Ergänzung des Pflichttheils kommt gar nicht in Betracht, weil der einzige Beschenkte zugleich der einzige Pflichttheilsberechtigte ist. Würde der Erblasser dagegen, was ihm nach der Schenkung an seinen Sohn A an Vermögen noch übrig geblieben ist, anstatt den T als Erben einzusetzen, an diesen verschenkt haben, so daß sich der Nachlaß auf Null beliefe, so brauchte T an A Nichts mehr abzugeben, weil das von A selbst empfangene und auf den außerordentlichen Pflichttheil im Betrage von 30 000 anzurechnende Geschenk größer ist als jener. b) Zum Alleinerben seines Nachlasses von

20 000 setzt der Erblasser mit Rücksicht darauf, daß er seinem Sohne A kurz vorher ohnedies 40 000 geschenkt hatte, seinen zweiten Sohn B ein. Nach § 2327 muß B dem A noch 5000 als ordentlichen Pflichttheil herauszahlen, so daß ihm nur 15 000 verbleiben. Würde der Erblasser dagegen auch hier wieder dem B, statt ihn zum Erben einzusetzen, den Rest seines Vermögens geschenkt haben, so könnte A vom B Nichts beanspruchen, selbst dann nicht — und dies verdient nachdrücklich hervorgehoben zu werden —, wenn sich das dem Vater nach der Schenkung an seinen Sohn A verbliebene und dann dem Sohne B geschenkte Vermögen nicht blos auf 20 000, sondern auf 120 000 belaufen hätte! Denn auch bei dieser Annahme wäre, was dem A an Pflichttheil nebst Ergänzung (0 + 40 000) gebührt, durch das von ihm erhaltene Geschenk von 40 000 vollständig gedeckt. Die vorgeführten Ergebnisse legen den Schluß nahe, daß in der Bestimmung des § 2327 ein Fehler enthalten sein muß. Derselbe wird darin gefunden werden dürfen, daß das vom Pflichttheilsberechtigten selbst erhaltene Geschenk — abgesehen von dem Falle einer unter § 2315 fallenden Zuwendung — nicht auf den Pflichttheil überhaupt, sondern nur auf die Ergänzung anzurechnen ist;[4]) denn nur hieraus ergeben sich die wunderlichen Inkonsequenzen, welche vorhin hervorgehoben worden sind.

2. Für eine bestimmte Gruppe von hierher gehörigen Fällen trifft § 2327 Abs. 2 noch folgende Sonderbestimmung:

> Ist der Pflichttheilsberechtigte ein Abkömmling des Erblassers, so findet die Vorschrift des § 2051 Abs. 1 entsprechende Anwendung.[5])

Suchen wir uns klarzumachen, worauf mit dieser, kaum hinreichend durchdachten, Vorschrift abgezielt wird.

a) Werth des Nachlasses = 6000. Eingesetzter Erbe T; demselben stehen als pflichttheilsberechtigt gegenüber des Erblassers Sohn A und ein von dem vorverstorbenen Sohne B, welchem der Erblasser 6000 geschenkt hatte, abstammender Enkel C. Die verlangte entsprechende Anwendung von § 2051 Abs. 1 scheint hier nur bedeuten zu können, daß der Enkel C sich so behandeln lassen muß, als ob die seinem Vater geschenkten 6000 ihm geschenkt worden wären. Ergebnisse: Der Ge-

---

[4]) Vgl. Bähr, Gegenentwurf S. 388 (oben).

[5]) Nach der Reichstagsvorlage hätten in diesem Falle auch die Bestimmungen der jetzigen §§ 2052, 2053 zur entsprechenden Anwendung kommen sollen. Man hat Grund, der Reichstagskommission zu danken, daß dies gestrichen worden ist; einige ganz sinnlose Resultate sind hierdurch vermieden worden.

sammtbetrag des Pflichttheils nebst Ergänzung beläuft sich in unserem Falle für A und C auf je 3000, und zwar der ordentliche Pflichttheil auf je 1500 und die Ergänzung gleichfalls auf je 1500. Die Deckung dieser Ansprüche gestaltet sich aber also: Sowohl A wie C können den ordentlichen Pflichttheil vom Erben T verlangen. Ein Anspruch des C — mag dieser nun Erbe des B geworden sein oder nicht[6]) — auf Ergänzung des Pflichttheils entfällt gänzlich, weil C sich auf diese nach § 2327 in Verbindung mit § 2051 Abs. 1 die seinem Vater zugekommene Schenkung anrechnen lassen muß, wodurch diese Ergänzung — wenn auch nur fiktiv — mehr als gedeckt ist. Wohl aber kann A die ihm gebührende Ergänzung des Pflichttheils von dem Erben T fordern, so daß diesem vom Nachlaß nur mehr 1500 verbleiben.

b) Gegenstand weiterer Frage bleibt jetzt noch, ob die entsprechende Anwendung von § 2051 Abs. 1 auch dann platzzugreifen hat, wenn unter sonst gleichen Umständen wie unter a) zur Zeit des Erbfalls nur ein Abkömmling des Erblassers, nämlich der C als Pflichttheilsberechtigter, vorhanden ist. Man wird dies, selbst unter der Voraussetzung, daß C Erbe des B nicht geworden ist, bejahen und demgemäß entscheiden müssen, daß C bei der angenommenen Sachlage nur den ordentlichen Pflichttheil von 3000 beanspruchen kann und nicht auch die Ergänzung von abermals 3000; denn andernfalls würde man zu dem Ergebnisse gelangen, daß es dem Erben T zum Vortheil gereichte, wenn neben dem Pflichttheilsberechtigten C auch noch der Pflichttheilsberechtigte A vorhanden ist.

3. Es darf nicht unterlassen werden, in diesem Zusammenhange noch auf die praktische Bedeutung hinzuweisen, welche die Bestimmung des § 2325 Abs. 3 für die Entscheidung von Fällen gewinnen kann, wo der Pflichttheilsberechtigte selbst ein Geschenk vom Erblasser erhalten hat. Beispiel: Ein Erblasser, welcher zunächst seinem Sohne A 20 000 geschenkt hatte, schenkt, um dies auszugleichen, im folgenden Jahre seinem zweiten Sohne B ebensoviel. Zur Zeit des Erbfalls sind zwar bereits zehn Jahre seit dem Vollzug der Schenkung an den A, aber noch nicht seit dem Vollzug der Schenkung an den B verstrichen. Ein nennenswerther Nachlaß ist nicht vorhanden. Nach § 2329 kann hier A, da die an ihn erfolgte Schenkung unberücksichtigt bleibt (§ 2325 Abs. 3), vom B als außerordentlichen Pflichttheil 5000 fordern!

---

[6]) § 2051 behandelt beide Fälle gleich.

4. Kapitel. Erbverzicht.

§. 28.

I. Durch Erbverzicht können Personen, welche ohne denselben als Erben oder Vermächtnißnehmer am Nachlaß betheiligt wären, von solcher Betheiligung ausgeschlossen sein. Der dem römischen Recht fremde Erbverzicht beruht wie der Erbvertrag auf deutschrechtlicher und moderner Entwickelung.[1]) Er erfolgt durch Vertrag zwischen dem Erblasser und dem eventuellen Erben oder Vermächtnißnehmer und bedarf der gerichtlichen oder notariellen Beurkundung (§ 2348). Soweit der Erbverzicht giltig erfolgt ist, kommt der Verzichtende (und mit ihm auch Derjenige, für welchen der Verzicht nach § 2349 mitwirksam ist) als Erbe, Vermächtnißnehmer gar nicht in Betracht.

II. Das B.G.B. anerkennt — und zwar mit Recht — nicht nur einen Verzicht auf das gesetzliche Erbrecht der Verwandten und des Ehegatten, sondern auch den Verzicht auf das testamentarische oder vertragsmäßige Erbrecht, sowie auch auf in einem Testament oder Erbvertrag ausgesetzte Vermächtnisse (vgl. §§ 2346, 2352). In Betreff des aus einem Erbvertrag sich ergebenden eventuellen Erb- und Vermächtnißrechtes sind jedoch auseinanderzuhalten: a) die nach § 2290 zu beurtheilende und der Zuziehung der etwa bedachten dritten Person nicht bedürftige Wiederaufhebung des Erbvertrags durch hierauf gerichteten neuerlichen Vertrag der Parteien, welche den Erbvertrag geschlossen haben, und b) der Verzicht der in einem zwischen A und B geschlossenen Erbvertrag unwiderruflich bedachten dritten Person, welcher seine praktische Bedeutung dann bewährt, wenn es zu einem Wiederaufhebungsvertrage zwischen A und B nicht gekommen ist.

III. Besonders wichtig ist der Verzicht auf das gesetzliche Erbrecht, zumal dann, wenn der gesetzliche Erbe zugleich pflichttheilsberechtigt ist. Der Verzicht auf das gesetzliche Erbrecht kann ein vollständiger oder ein theilweiser sein. Nicht selten kommt es auch vor, daß ein gesetzlicher Erbe zwar auf das (gegen den Willen des Erblassers geltend zu machende) Pflichttheilsrecht, nicht aber auch schlechtweg auf das gesetzliche Erbrecht verzichtet (§ 2346 Abs. 2). Im Anschluß an eine weitverbreitete Auffassung nimmt das Gesetz an, daß der Verzicht eines Abkömmlings oder Seitenverwandten des Erblassers auf das gesetzliche Erbrecht — sofern im Verzichte ein Anderes nicht bestimmt wurde — sich auch auf die Abkömmlinge des Verzichtenden miterstreckt (§ 2349).

[1]) Vgl. Stobbe a. a. O. §§ 313 ff.

Der Verzicht auf das gesetzliche Erbrecht kann nicht nur ein absoluter, sondern auch ein relativer, d. h. nur für den Fall geschlossen sein, daß er einer bestimmten Person zu Statten kommt. Solche Relativität ist im Zweifel anzunehmen, wenn der Verzicht zu Gunsten eines Anderen erfolgt; und wenn ein Abkömmling des Erblassers auf das gesetzliche Erbrecht verzichtet, so gilt im Zweifel wieder die Annahme, daß der Verzicht nur zu Gunsten der anderen Abkömmlinge und des Ehegatten des Erblassers erfolgt ist (§ 2350).

IV. Ist der Verzichtende in der Geschäftsfähigkeit beschränkt, so ist zur Wirksamkeit des Verzichts regelmäßig Genehmigung des Vormundschaftsgerichts erforderlich. Die Zustimmung des gesetzlichen Vertreters genügt jedoch, wenn der Verzichtende unter elterlicher Gewalt steht und der Verzichtsvertrag unter Ehegatten oder Verlobten geschlossen wird. (Vgl. §§ 2347 Abs. 1, 2352). Nicht unbedenklich ist auch hier, daß der ohne die erforderliche Genehmigung des Vormundschaftsgerichts oder die Zustimmung des gesetzlichen Vertreters geschlossene Erbverzichtsvertrag nach § 108 Abs. 3 durch formlose Genehmigung des unbeschränkt geschäftsfähig gewordenen Verzichtenden wirksam wird.

Der Erblasser kann den Vertrag in aller Regel nur persönlich schließen und bedarf, wenn er in der Geschäftsfähigkeit beschränkt ist, nicht der Zustimmung seines gesetzlichen Vertreters. Ist der Erblasser jedoch geschäftsunfähig, so kann dessen gesetzlicher Vertreter den Vertrag für ihn schließen; in diesem Falle ist aber, es sei denn, daß der Erblasser unter elterlicher Gewalt steht, und der Vertrag zugleich unter Ehegatten oder unter Verlobten geschlossen wird, auch noch Genehmigung des Vormundschaftsgerichts erforderlich. (Vgl. § 2347 Abs. 2.)[2]

V. Ein Vertrag, durch welchen auf das gesetzliche Erbrecht oder auch nur auf das Pflichttheilsrecht verzichtet worden ist, kann durch neuen Vertrag derselben Personen, welche jenen geschlossen haben, wieder aufgehoben werden.[3] Der Aufhebungsvertrag bedarf derselben Form, wie der Verzichtsvertrag selbst, und was für diesen in § 2347 Abs. 2 in

[2] Gründlich verfehlt war der dem § 2347 B.G.B. entsprechende § 2320 der Reichstagsvorlage; vgl. hierzu des Verfassers Anzeige von Gierkes Schrift: Das B.G.B. und der Deutsche Reichstag in der Deutschen Litteraturzeitung, 1896 Nr. 10.

[3] § 2351 ist in dem von dem Verzicht auf das testamentarische und vertragsmäßige Erbrecht, ferner von dem Verzicht auf vermächtnißweise Zuwendungen handelnden § 2352 nicht berufen. Hat man daraus den Schluß zu ziehen, daß solche Verzichte durch Wiederaufhebungsvertrag nicht mehr rückgängig gemacht werden können? Diese allerdings wenig praktische Frage wird nicht zu bejahen sein; vgl. auch § 2257.

Ansehung des Erblassers vorgeschrieben ist, soll auch auf den Aufhebungsvertrag zur Anwendung gebracht werden. Vgl. § 2351. Diese Normirung ist insofern bedenklich, als ihr zufolge der in seiner Geschäftsfähigkeit beschränkte Erblasser den auf Wiederaufhebung eines, seiner Zeit vielleicht theuer erkauften, Erbverzichtes gerichteten Vertrag ohne Zustimmung seines gesetzlichen Vertreters bezw. ohne Genehmigung des Vormundschaftsgerichts wirksam abschließen kann.[4])

5. Kapitel. Erbunwürdigkeit.

§ 29.

I. Die Erbunwürdigkeit (Indignität) ist römischen Ursprungs; wie von den meisten modernen Gesetzgebungen ist sie auch vom B.G.B. festgehalten, zugleich aber auch in einer der modernen Auffassung entsprechenden Weise ausgestaltet worden. Nach den Bestimmungen des B.G.B. sind zwei Momente für den Begriff der Erbunwürdigkeit wesentlich: 1. Es giebt keine absolute, sondern nur eine relative Erbunwürdigkeit, d. h. man kann nur erbunwürdig sein im Verhältniß zu einem bestimmten Erblasser, gegen welchen man sich vergangen hat. 2. Die Erbunwürdigkeit ist nicht von Amtswegen zu berücksichtigen, sondern sie muß von anderen Nachlaßbetheiligten gegen den Erbunwürdigen geltend gemacht werden. Geschieht aber Letzteres, so gilt der dem Unwürdigen angefallene erbrechtliche Erwerb als von ihm nicht gemacht.

II. Erbunwürdig ist nach § 2339 Abs. 1:

1. wer den Erblasser vorsätzlich und widerrechtlich getödtet oder zu tödten versucht oder in einen Zustand versetzt hat, in Folge dessen der Erblasser bis zu seinem Tode unfähig war, eine Verfügung von Todeswegen zu errichten oder aufzuheben;

2. wer den Erblasser vorsätzlich und widerrechtlich verhindert hat, eine Verfügung von Todeswegen zu errichten oder aufzuheben;

3. wer den Erblasser durch arglistige Täuschung oder widerrechtlich durch Drohung bestimmt hat, eine Verfügung von Todeswegen zu errichten oder aufzuheben;

---

[4]) Gerade umgekehrt hatte die Reichstagsvorlage entschieden (vgl. §§ 2324 und 2320 derselben). Das gegenwärtige Resultat ist dadurch entstanden, daß die Reichstagskommission die auf ihre Veranlassuug an § 2320 der Reichstagsvorlage mit Recht vorgenommene Abänderung (vgl. § 2347 B.G.B.) bei § 2324 der Reichstagsvorlage (vgl. § 2351 B.G.B.) nicht gebührend berücksichtigte.

4. wer sich in Ansehung einer Verfügung des Erblassers von Todeswegen einer nach den Vorschriften der §§ 267 bis 274 des Strafgesetzbuchs strafbaren Handlung schuldig gemacht hat.

Die Unwürdigkeit wird in in allen diesen Fällen durch Verzeihung des Erblassers beseitigt (§ 2343); außerdem soll sie in den Fällen unter Nr. 3 und 4 auch schon dann als nicht eingetreten gelten, „wenn vor dem Eintritte des Erbfalls die Verfügung, zu deren Errichtung der Erblasser bestimmt oder in Ansehung deren die strafbare Handlung begangen worden ist, unwirksam geworden ist, oder die Verfügung, zu deren Aufhebung er bestimmt worden ist, unwirksam geworden sein würde" (2339 Abs. 2). Die eben angeführte Bestimmung findet ihre Erklärung in der grundsätzlichen Auffassung, welche das Gesetz in Betreff der unter Nr. 3 und 4 angegebenen Fälle der Erbunwürdigkeit zum Ausdruck bringen wollte. Darnach soll die Unwürdigkeit hier nicht auf dem Gesichtspunkte der Strafe für die in den Nummern 3 und 4 bezeichneten Verfehlungen, sondern nur darauf beruhen, daß durch die Verfehlung der wirkliche Wille des Erblassers ins Ungewisse gestellt ist.[1]) Als Konsequenz dieses Standpunkts schien sich aber wieder zu ergeben, daß Unwürdigkeit des sich Verfehlenden dann nicht mehr angenommen werden darf, wenn die durch die Verfehlung herbeigeführte Ungewißheit über den wirklichen Willen des Erblassers noch vor dem Erbfall in der im Abs. 2 von § 2339 angegebenen Weise wieder weggefallen und die Verfehlung somit ohne praktischen Erfolg geblieben ist. Diese Erwägungen halten jedoch unbefangener Prüfung nicht Stand.[2])

a) Ein Erblasser, welcher vor seinem Tode, den er herannahen fühlt, noch ein eigenhändiges Testament errichten will, wird von einem seiner Verwandten D widerrechtlich bestimmt, des D Tochter X als Alleinerbin einzusetzen. Wenige Wochen darauf stirbt der Erblasser, aber doch erst, nachdem vorher bereits die X gestorben ist. Es kommt zur gesetzlichen Erbfolge, zu welcher neben anderen Verwandten des Erblassers auch D mitberufen ist. Nach § 2339 Abs. 2 kann gegen D die Unwürdigkeit deshalb nicht geltend gemacht werden, weil das Testament, zu dessen Errichtung der Erblasser von D widerrechtlich bestimmt worden war,

---

[1]) Vgl. den Bericht der Reichstagskommission S. 13. Die auf Veranlassung der Reichstagskommission an dem Abs. 2 von § 2312 der Reichstagsvorlage vorgenommene Aenderung hat offenbare Inkonsequenzen zu beseitigen versucht. Befriedigend ist aber die Bestimmung des jetzigen Abs. 2 von § 2339 dadurch nicht geworden.

[2]) Vgl. hierzu Eck, Die Stellung des Erben in Bekkers und Fischers Beiträgen Heft 17 S. 37, und W. Eck, Indignität und Enterbung (Dissert.) 1894, S. 88.

noch vor dem Erbfall unwirksam geworden ist. Diese Entscheidung entspricht aber kaum dem allgemeinen Rechtsgefühl[3]) und hat außerdem noch gegen sich, daß man ungeachtet der Unwirksamkeit des auf widerrechtlicher Einwirkung des D beruhenden Testaments über die wirkliche Absicht des Erblassers deshalb im Unklaren bleibt, weil man nicht wissen kann, ob und wie der Erblasser testamentarisch verfügt haben würde, wenn die Einwirkung des D unterblieben wäre.

b) V, ein Verwandter des Erblassers, welcher bei eintretender gesetzlicher Erbfolge nur auf ein Fünftel des Nachlasses rechnen kann, schreitet zur fälschlichen Anfertigung (§ 267 St.G.B.) eines angeblich vom Erblasser herrührenden eigenhändigen Testaments, laut dessen der Anfertiger als Alleinerbe eingesetzt ist, und veranlaßt, sich dabei selbst für den Erblasser ausgebend, im Sinne des § 2248 die Uebernahme des Testaments in amtliche Verwahrung. Hierbei entsteht zunächst die Frage, ob sich V durch dieses Verfahren der Verfehlung nach § 2339 Abs. 1 Nr. 4 überhaupt schuldig gemacht hat. Was die Antwort als zweifelhaft erscheinen läßt, ist nicht etwa das St.G.B.[3a]), sondern vielmehr nur die Fassung von § 2339, welchem zufolge eine nach den §§ 267 bis 274 St.G.B. strafbare Handlung nur erbunwürdig macht, wenn sie „in Ansehung einer Verfügung des Erblassers von Todeswegen" begangen wurde. Bei Buchstabeninterpretation kann man daher auch zum Resultate kommen, daß V in unserem Falle, mit Rücksicht darauf, daß eine Verfügung des Erblassers gar nicht vorliegt, sich einer Verfehlung nach § 2339 Abs. 1 Nr. 4 überhaupt nicht schuldig gemacht habe. Solche Auslegung würde jedoch nicht nur sachlich unhaltbar sein, sondern auch der, durch die im § 2339 Abs. 1 Nr. 4 enthaltene Berufung der §§ 267 ff. St.G.B. (vgl. auch Motive V S. 519) zum Ausdruck gebrachten Absicht des Gesetzgebers offenbar widersprechen. V ist daher, mag es nun vor oder nach dem Erbfall zur Aufklärung des Sachverhalts gekommen sein, bei der nach des Erblassers Tode eintretenden gesetzlichen Erbfolge als erbunwürdig zu behandeln. Zugleich ist klar, daß ein Eingreifen der Vorschrift des § 2339 Abs. 2 in unserem Falle der Erbunwürdigkeit aus dem einfachen Grunde ausgeschlossen ist, weil man in Ansehung einer gar nicht vorhandenen Verfügung des Erblassers niemals sagen kann, daß sie hinterher ihre Wirksamkeit eingebüßt habe. Würde V dagegen statt der fälschlichen Anfertigung eines angeblich vom Erblasser her-

[3]) Bähr, Gegenentwurf S. 393, 394 Anm.

[3a]) Denn eine, sei es nun nach § 267, sei es nach § 271 St.G.B., strafbare Handlung liegt jedenfalls vor.

rührenden Testaments ein vom Erblasser wirklich herrührendes Testament durch Streichung des vom Erblasser eingesetzten Erben X und Bezeichnung seiner eigenen Person als Erbe gefälscht und dann veranlaßt haben, daß das gefälschte Testament von dem ahnungslosen Erblasser in amtliche Verwahrung gebracht worden ist, dann soll nach § 2339 Abs. 2 die Erbunwürdigkeit des V als nicht eingetreten behandelt werden, wenn das von V gefälschte Testament vor dem Eintritt des Erbfalls etwa dadurch unwirksam wird, daß der von dem Erblasser eingesetzte X vor dem Erblasser stirbt! Ein Standpunkt, der zu solchen Ergebnissen führt, kann doch wohl nicht der richtige sein.

Zur Vervollständigung des über den Abs. 2 von § 2339 bereits Gesagten ist endlich noch darauf aufmerksam zu machen, daß diese Bestimmung offenbar auch von Einfluß auf die Beurtheilung des in der Nr. 2 von § 2339 Abs. 1 hervorgehobenen Falles der Erbunwürdigkeit ist. Denn wenn ein Erblasser von dem V zunächst vorsätzlich und widerrechtlich verhindert worden ist, eine Verfügung von Todeswegen zu errichten oder aufzuheben, einige Zeit später aber dann doch eine Verfügung von Todeswegen getroffen oder die errichtete Verfügung aufgehoben hat, so wird man im Sinne des Abs. 2 von § 2339 sagen müssen, daß V, weil er seine Absicht, den Erblasser an der Errichtung oder Aufhebung einer Verfügung von Todeswegen zu verhindern, schließlich doch nicht erreicht habe, als erbunwürdig *nicht* zu behandeln ist. Auch dieses Ergebniß ist nicht befriedigend. Beispiel: Der Erblasser ist an der Aufhebung des Testaments, laut dessen er seinen nächsten gesetzlichen Erben übergangen und den entfernteren gesetzlichen Erben V zum Alleinerben eingesetzt hatte, von diesem zunächst vorsätzlich und widerrechtlich gehindert worden. Später gelingt es ihm aber doch noch, einen Widerruf zu Stande zu bringen. Beim Tode des Erblassers stellt sich heraus, daß Derjenige, welchen der Erblasser als seinen nächsten gesetzlichen Erben betrachtete, kurz vorher gestorben ist und daß nun doch V, zwar nicht als Testamentserbe, wohl aber als gesetzlicher Erbe berufen ist. Entspricht es hier unserem Rechtsgefühl, daß V, auch wenn von einer ihm zu Theil gewordenen Verzeihung gar keine Rede sein kann, bloß deshalb als erbunwürdig *nicht* gilt, weil es dem Erblasser in einem von ihm benützten günstigen Augenblick doch noch möglich war, seinen Widerrufswillen zum Ausdruck zu bringen?

III. Seine Erbunwürdigkeit bildet für den zur Erbfolge Berufenen zunächst kein Hinderniß des Anfalls der Erbschaft. Allein, sobald dieser erfolgt ist, kann der Erbschaftserwerb des Erbunwürdigen von Jedem angefochten werden, welchem der Wegfall desselben, sei es auch nur mittelbar, zu Statten kommt. Einem erbunwürdigen Nacherben gegenüber kann jedoch die Anfechtung schon erfolgen, sobald die Erbschaft dem Vorerben angefallen ist. Die Anfechtung geschieht mittels Klage, welche innerhalb der im § 2082 für die Anfechtung von letztwilligen Verfügungen bestimmten Frist zu erheben und darauf zu richten ist, daß der Erbe für unwürdig erklärt wird. Ist dies rechtskräftig ausgesprochen, so gilt der Anfall an den Erbunwürdigen als nicht erfolgt und wird die Erbschaft nach rückwärts hin als Demjenigen angefallen behandelt, welcher, dafern der Unwürdige vor dem Erbfall gestorben wäre, schon von vornherein als Erbe in Betracht gekommen sein würde. Vgl. §§ 2340 bis 2342, 2344. Diese Behandlung ist im Ganzen eine zutreffende. Nur nach einer Richtung hin liegt ein offenbarer Mißstand vor. Nach § 2080 Abs. 1 ist zur Anfechtung einer erzwungenen oder auf entscheidendem Irrthum beruhenden letztwilligen Verfügung nur Derjenige berechtigt, welchem „die Aufhebung der letztwilligen Verfügung unmittelbar zu Statten kommen würde". Der zu solcher Anfechtung Berechtigte kann nun möglicher Weise erbunwürdig sein. Ein hierher gehöriger drastischer Fall liegt z. B. vor, wenn des Erblassers nächster gesetzlicher Erbe G, welcher weiß, daß der Erblasser beabsichtigt, ihn von der gesetzlichen Erbfolge auszuschließen, diesen noch in letzter Stunde durch widerrechtliche Drohung zur Einsetzung der H, welche G's Frau ist und mit welcher sich leicht verständigen zu können er erwarten darf, bestimmt. Der Erblasser stirbt, und der H fällt die Erbschaft an. Zur Anfechtung des nach § 2078 anfechtbaren Testaments ist nach § 2080 Abs. 1 nur Derjenige berechtigt, welchem die Aufhebung der letztwilligen Verfügung „unmittelbar zu Statten kommen würde". In unserem Falle ist somit nur der erbunwürdige G anfechtungsberechtigt, da die Aufhebung der letztwilligen Verfügung nur ihm als nächstem gesetzlichen Erben zu Statten kommen würde. Allein gerade für ihn wird die Anfechtungsmöglichkeit Nichts weiter sein, als ein Pressionsmittel, dessen er sich nöthigen Falles seiner Frau gegenüber bedienen wird, um das ihm entsprechende praktische Resultat zu erzielen; zur Anfechtung selbst aber wird er gewiß nicht schreiten, weil die Vornahme derselben zur voraussichtlichen Folge hätte, daß nun ihm gegenüber die Erbunwürdigkeit geltend gemacht und die Erbunwürdigkeitserklärung durchgesetzt wird. Die beiden Gatten G und H werden sich also auf's Beste vertragen, und Niemand kann ihnen etwas anhaben: der eingesetzten H nicht, weil der einzige Anfechtungsberechtigte

G guten Grund hat, das Testament nicht anzufechten, und dem G nicht, weil ihm die Erbschaft, eben weil er die Einsetzung der H nicht angefochten hat, noch gar nicht angefallen ist. Mit Rücksicht hierauf hätte daher, bei richtiger Behandlung, überall dort, wo der nach § 2080 Anfechtungsberechtigte erbunwürdig ist, die Anfechtungsbefugniß Demjenigen gewährt werden sollen, welchem ihre Ausübung zu Statten kommen würde, wenn vom Erbunwürdigen abgesehen wird.[4])

IV. Gegenüber einem erbunwürdigen Vermächtnißnehmer oder einem den Pflichttheilsanspruch geltend machenden Pflichttheilsberechtigten erfolgt die Anfechtung nicht durch Klage, sondern nach den Grundsätzen, welche für die Anfechtung von auf mangelhafter Willensbestimmung beruhenden Vermächtnißverfügungen gelten (§ 2345).

---

[4]) Auf diesen Punkt war bereits in des Verfassers Anfechtung letztwilliger Verfügungen S. 58 ff. aufmerksam gemacht.

3. Abschnitt.

Der Erwerb der Erbschaft.

1. Kapitel. Annahme und Ausschlagung.

1. Im Allgemeinen.

§ 30.

I. Es ist eine viel verhandelte und von den Gesetzgebungen verschieden beantwortete Frage, ob die Erbschaft dem Erben schon von Rechtswegen, jedoch mit der Möglichkeit der Ausschlagung, oder erst durch eine auf den Erwerb gerichtete Willenserklärung des Erben, d. i. durch Antritt, erworben werden soll. Das Gesetz entscheidet sich im Anschluß an das preußische und französische Recht für das Erstere (§ 1942), und darein werden sich auch Diejenigen zu finden haben, welche die zweite Lösung für zweckmäßiger halten.[1])

II. Obschon die Erbschaft auf den Erben von Rechtswegen übergeht, so giebt es doch, abgesehen von dem schon in anderem Zusammenhange besprochenen Falle, daß der Fiskus gesetzlicher Erbe geworden ist, wegen der jedem anderen Erben eröffneten Möglichkeit der Ausschlagung ein Stadium, während dessen ungewiß ist, ob der zunächst eingetretene Erbschaftserwerb als ein nur provisorischer oder als definitiver zu gelten haben wird. Diese Ungewißheit findet ihre Erledigung im letzteren Sinne, wenn der Erbe entweder 1. die für die Ausschlagung bestimmte Frist verstreichen ließ, ohne ausgeschlagen zu haben, oder 2. wenn er noch vor der Verstreichung der Ausschlagungsfrist seinen Willen, die Erbschaft anzunehmen, in unzweideutiger und für ihn verbindlicher Weise zum Ausdruck gebracht hat. Mit Bezug auf beide Fälle spricht das Gesetz von „Annahme der Erbschaft" (welche freilich nur im zweiten Falle wirklich erfolgt ist, im ersten aber als erfolgt gilt), und zwar insofern mit Recht, als die rechtliche Folge in beiden

---

[1]) Vgl. besonders Bähr, Gegenentwurf S. 390 ff., aber auch Eck a. a. O. S. 2, 3.

Fällen genau dieselbe ist und darin besteht, daß die Erbschaft vom Erben, der sie bereits „angenommen“ hat, nicht mehr ausgeschlagen werden kann und der Erbschaftserwerb somit ein definitiver geworden ist. Vgl. § 1943.

III. Die Erklärung über Annahme oder Ausschlagung der Erbschaft kann nicht vor dem Erbfall, aber sofort nach dem Eintritte desselben stattfinden, und ist unwirksam, wenn sie unter einer Bedingung oder Zeitbestimmung erfolgt oder auf einen Theil der angefallenen Erbschaft, des angefallenen Erbtheils beschränkt wird (§§ 1946, 1947, 1950).

IV. Die Ausschlagung ist gegenüber dem Nachlaßgericht in öffentlich beglaubigter Form zu erklären; sie kann auch durch einen Bevollmächtigten erfolgen, dessen öffentlich beglaubigte Vollmacht der Erklärung beigefügt oder innerhalb der Ausschlagungsfrist nachgebracht werden muß (§ 1945). Die Frist zur Ausschlagung beträgt regelmäßig sechs Wochen und nur dann sechs Monate, wenn der Erblasser seinen letzten Wohnsitz nur im Auslande gehabt hat oder wenn sich der Erbe bei dem Beginne der Frist im Auslande aufhält. Die Frist beginnt regelmäßig mit dem Zeitpunkt, in welchem der Erbe von dem Anfall und dem Grunde der Berufung Kenntniß erlangt hat, im Falle einer Berufung von Todeswegen jedoch nicht vor der Verkündigung der Verfügung.[2]) Da das Recht zur Ausschlagung der Erbschaft vererblich ist, so kann auch noch der Erbe des Erben die von diesem definitiv noch nicht erworbene Erbschaft ausschlagen, und zwar, soweit sich nicht aus § 1944 eine längere Frist ergiebt, jedenfalls solange, als die Ausschlagungsfrist, welche dem Erbeserben bezüglich der Erbschaft des Erben zukommt, noch nicht verstrichen ist. Von mehreren Erben des Erben kann jeder den seinem Erbtheil entsprechenden Theil der Erbschaft ausschlagen. Die Ausschlagung erstreckt sich im Zweifel auf alle dem Erben zur Zeit der Erklärung bekannten Berufungsgründe. Vgl. §§ 1944, 1952, 1949 Abs. 2.

V. Die Erklärung der Annahme der Erbschaft kann nicht nur gegenüber dem Nachlaßgericht, sondern auch durch Bethätigung des Annahmewillens (pro herede gestio) erfolgen. Die Entscheidung darüber, worin solche Bethätigung zu erblicken ist, überläßt das Gesetz mit Recht der freien Beurtheilung. Vgl. §§ 1943, 1945.

---

[2]) Auf den Lauf der Frist finden die für die Verjährung geltenden Vorschriften der §§ 203, 206 entsprechende Anwendung (§ 1944 Abs. 2).

VI. Wer durch Verfügung von Todeswegen als Erbe berufen ist, ohne diese aber gesetzlicher Erbe wäre, kann als eingesetzter Erbe ausschlagen und als gesetzlicher Erbe annehmen. Wer ferner durch Testament und durch Erbvertrag als Erbe berufen ist, kann hier annehmen und dort ausschlagen oder umgekehrt. Der zu mehreren Erbtheilen derselben Erbschaft Berufene kann, wenn die Berufungen auf verschiedenen Gründen beruhen, den einen Erbtheil annehmen und den anderen ausschlagen; andernfalls, d. h. wenn die Berufung auf demselben Grunde beruht, gilt die Annahme oder Ausschlagung des einen Erbtheils auch für den anderen, selbst wenn dieser erst später anfällt. In verschiedenen Testamenten des Erblassers enthaltene Berufungen derselben Person zu mehreren Erbtheilen beruhen nach der Auffassung des Gesetzes auf demselben Grunde; das Gleiche gilt für die vertragsmäßige Berufung derselben Person zu mehreren Erbtheilen in verschiedenen Erbverträgen, welche der Erblasser mit derselben Vertragspartei geschlossen hat. Immerhin kann aber der Erblasser dem von ihm auf mehrere Erbtheile eingesetzten Erben gestatten, den einen Erbtheil anzunehmen und den anderen auszuschlagen. Vgl. §§ 1948, 1951.

VII. Die Annahme (auch die durch Versäumung der Ausschlagungsfrist erfolgte) und die Ausschlagung der Erbschaft können bei Vorhandensein eines Anfechtungsgrundes (vgl. §§ 119, 120, 123) durch in öffentlich beglaubigter Form dem Nachlaßgericht gegenüber abzugebende Erklärung angefochten werden. Eine besondere Bestimmung trifft das Gesetz hinsichtlich des Falles, wo der Erbe über den Berufungsgrund im Irrthum war; hier soll die Annahme wegen dieses Irrthums, schon ohne Anfechtung, als gar nicht erfolgt gelten. Ohne solche Normirung würde man sich in diesem Falle für die, abgesehen von jeder Anfechtung eintretende Unwirksamkeit keineswegs entscheiden können, ja vielleicht sogar die Anfechtung als unzulässig bezeichnen müssen, weil nur ein Irrthum im Beweggrund vorlag. Die Anfechtung der Annahme der Erbschaft gilt als Ausschlagung und die Anfechtung der Ausschlagung als Annahme. Vgl. §§ 1954 bis 1957 und 1949 Abs. 1; über die Frist zur Anfechtung Genaueres in § 1954.

VIII. Wird die Erbschaft ausgeschlagen, so gilt sie, weil der Anfall an den Ausschlagenden als gar nicht erfolgt anzusehen ist, nach rückwärts hin als Demjenigen angefallen, welchem sie, dafern der Ausschlagende den Anfall nicht erlebt hätte, schon von vornherein angefallen sein würde. Vgl. § 1953 (woselbst auch Näheres über die dem Nachlaßgericht im Falle einer Ausschlagung obliegenden Verpflichtungen).

2. Erbschaftliche Verhältnisse vor der Annahme der Erbschaft.

§ 31.

I. Ist der Erbe zur Zeit des Erbfalls zwar erzeugt, aber noch nicht geboren, so kann die schwangere Mutter, wenn sie außer Stande ist, sich selbst zu erhalten, bis zur Entbindung standesmäßigen Unterhalt aus dem Nachlaß oder, wenn auf das erwartete Kind nur ein Theil der Erbschaft entfällt, aus diesem Erbtheil verlangen. Bei der Bemessung des Erbtheils ist anzunehmen, daß nur ein Kind geboren wird. Vgl. § 1963.

II. Solange der Erbe die Erbschaft nicht angenommen hat, können Ansprüche, welche sich gegen den Nachlaß richten, nicht gegen den Erben gerichtlich geltend gemacht werden und sind Zwangsvollstreckungen wegen eigener Verbindlichkeiten des Erben in den Nachlaß ebensowenig zulässig als Zwangsvollstreckungen wegen Nachlaßverbindlichkeiten in das nicht zum Nachlaß gehörende Vermögen des Erben (vgl. § 1958 B.G.B. und den in Aussicht genommenen § 692b C.P.O.). Zur Fortsetzung eines die Erbschaft betreffenden Rechtsstreites ist der Erbe vor der Annahme derselben nicht verpflichtet (vgl. den in Aussicht genommenen Zusatz zu § 217 Abs. 2 C.P.O.). Wird über das Vermögen des Erben Konkurs eröffnet, so steht die Entscheidung über Annahme oder Ausschlagung der Erbschaft doch nur dem Gemeinschuldner zu (vgl. den in Aussicht genommenen Zusatz zu § 5 K.O.).

III. Durch von ihm vorläufig besorgte erbschaftliche Geschäfte ist der später ausschlagende Erbe dem zum definitiven Erwerb gelangenden Erben gegenüber nach den Grundsätzen der Geschäftsführung ohne Auftrag berechtigt und verpflichtet; die Wirksamkeit der von ihm vor der Ausschlagung über Nachlaßgegenstände getroffenen unaufschiebbaren Verfügungen wird durch die Ausschlagung ebensowenig berührt als die Wirksamkeit der Rechtshandlungen Dritter, welche dem Erben als solchem gegenüber vorzunehmen waren, thatsächlich aber einem Erben gegenüber erfolgt sind, der später ausgeschlagen hat (§ 1959).

IV. Bis zur Annahme der Erbschaft und desgleichen, wenn der Erbe unbekannt oder wenn ungewiß ist, ob er die Erbschaft angenommen hat, hat das Nachlaßgericht[1]) für die Sicherung des Nachlasses zu sorgen

[1]) Unberührt bleiben die landesgesetzlichen Vorschriften, nach welchen für die dem Vormundschaftsgericht oder dem Nachlaßgericht obliegenden Verrichtungen andere als gerichtliche Behörden zuständig sind (Art. 147 Abs. 1 E.G.).

(§ 1960 Abs. 1).[2]) Die bei solcher Sachlage zu treffende Fürsorge kann insbesondere bestehen: in der Anlegung von Siegeln, in der Hinterlegung von Geld, Werthpapieren und Kostbarkeiten, in der Anordnung der Aufnahme eines Nachlaßverzeichnisses, in der Bestellung eines Nachlaßpflegers,[3]) d. i. eines Pflegers für Denjenigen, welcher sich als Erbe herausstellen wird (§ 1960 Abs. 2), und eventuell in der Erlassung einer öffentlichen Aufforderung zur Anmeldung der Erbrechte (§ 1965).

2. Kapitel. Rechtsverhältniß unter mehreren Erben.

§ 32.

I. Bei Vorhandensein mehrerer Erben wird der Nachlaß gemeinschaftliches Vermögen derselben. Im Gegensatz zum römischen Recht, welchem Entwurf I gefolgt war,[1]) und in wesentlichem Anschluß an das preußische Recht regelt das B.G.B. das Verhältniß unter Miterben hinsichtlich der Zeit vor der Auseinandersetzung nach den Grundsätzen der gesammten Hand. Die wesentliche Folge dieser Behandlung ist, daß die Erben über einzelne, zum Nachlaß gehörende Gegenstände nur gemeinschaftlich verfügen können, einem Miterben allein dagegen ein Verfügungsrecht selbst hinsichtlich des seinem Erbtheil entsprechenden Antheils an diesen Gegenständen versagt ist. Außerdem ist noch hervorzuheben, daß Nachlaßschuldner an alle Erben gemeinschaftlich zu leisten haben und daß gegen eine zum Nachlaß gehörende Forderung vom Schuldner eine Forderung nicht aufgerechnet werden kann, welche ihm nur gegen einen einzelnen Miterben zusteht. Vgl. §§ 2032, 2033

---

[2]) Unberührt bleiben die landesgesetzlichen Vorschriften, nach welchen das Nachlaßgericht auch unter anderen als den im § 1960 Abs. 1 des B G.B. bezeichneten Voraussetzungen die Anfertigung eines Nachlaßverzeichnisses sowie bis zu dessen Vollendung die erforderlichen Sicherungsmaßregeln, insbesondere die Anlegung von Siegeln, von Amtswegen anordnen kann oder soll (Art. 140 E.G.).

[3]) Ueber die Stellung des Nachlaßpflegers vgl. noch §§ 1961, 1962, 2012. Dem Nachlaßpfleger kann auch die Verwaltung des Nachlasses anvertraut werden (§ 2017). Eine wichtige Aufgabe desselben besteht insbesondere in der Vertretung Desjenigen, welcher sich als Erbe herausstellen wird, gegen Ansprüche, die sich gegen den Nachlaß richten. Damit es an solcher Vertretung nicht fehle, muß das Nachlaßgericht in den Fällen des § 1960 Abs. 2 auf Verlangen des Anspruchberechtigten einen Nachlaßpfleger bestellen (§ 1961).

[1]) Vgl. Gierke, Der Entwurf und das deutsche Recht S. 563 ff. und desselben Personengemeinschaften und Vermögensinbegriffe in Bekker's und Fischer's Beiträgen Heft 18 S. 83 ff., ferner Eck a. a. O. S. 39 ff.

Abs. 2, 2038 (welcher Vorschriften über die den Erben gemeinschaftlich zustehende Verwaltung des Nachlasses enthält), 2039, 2040.

II. Während bei anderen Verhältnissen der gesammten Hand ein einzelner Mitberechtigter über seinen Antheil am Gesammtgut überhaupt ebensowenig zu verfügen vermag (vgl. §§ 719, 1442, 1471), als er dies hinsichtlich eines einzelnen zum Gesammtgut gehörenden Gegenstandes kann, verhält sich dies in ersterer Beziehung bei einer unter Miterben bestehenden Gemeinschaft anders. Aus Zweckmäßigkeitsgründen ist hier jedem Miterben die Verfügung über seinen Antheil an dem Nachlaß gestattet. Der hierauf gerichtete Vertrag — und nicht minder die von dem neuen Erwerber des Erbtheils bezüglich desselben angestrebte und nach gleichen Grundsätzen zu behandelnde Uebertragung (§ 2037) — bedarf der gerichtlichen oder notariellen Beurkundung. Vgl. § 2033. Hat ein Miterbe seinen Antheil an einen Dritten verkauft, so steht den übrigen Miterben ein in den §§ 2034 bis 2037 genauer geregeltes Vorkaufsrecht zu. Ist gegen das dem Theilerben eingeräumte Recht zur Uebertragung seines Erbtheils auch an und für sich Nichts einzuwenden, so darf doch nicht verschwiegen werden, daß zwischen der Bestimmung des § 2033 einer- und den Bestimmungen des Gesetzes über den Erbschaftskauf (vgl. §§ 2371 ff.) andererseits ein offenbarer Widerspruch besteht. Zufolge der letzteren ist nämlich der Alleinerbe, welcher die Erbschaft verkauft, gar nicht in der Lage, dem Käufer durch einen einheitlichen Uebertragungsakt die Erbenstellung zu verschaffen, denn wenn schon der Käufer, welcher die Erbschaft vom Alleinerben gekauft hat, nach § 2382, unbeschadet der Fortdauer der Haftung des Verkäufers, von dem Abschlusse des Kaufes an für die Nachlaßverbindlichkeiten haftet, so wird er doch Eigenthümer der zum Nachlaß gehörenden Sachen erst durch Auflassung bezw. Uebergabe und Gläubiger der zum Nachlaß gehörenden Forderungen erst durch Uebertragung (Cession) u. dgl. Ist der Nachlaß jedoch etwa zweien Erben A und B, wir wollen annehmen, jedem zur Hälfte, angefallen und erwirbt C, nachdem er schon vorher den Antheil des A nach Maßgabe des § 2033 an sich gebracht hatte, später noch, vor der Auseinandersetzung, den Antheil des B, so befindet er sich bezüglich der zum Nachlaß gehörenden Rechte dadurch allein schon, ohne Auflassung, Uebergabe, Cession, in der Stellung eines Alleinerben.

Der Widerspruch wird besonders eklatant, wenn man an die Möglichkeit denkt, daß A, der voraussieht, daß sein Miterbe B wegfallen dürfte, dem C 1. seinen (des A) vorläufigen Erbtheil und 2. für den

Fall, daß ihm der Erbtheil des B gleichfalls anfallen sollte, auch diesen im Sinne des § 2033 überträgt. Tritt der unter Z. 2 erwähnte Fall späterhin wirklich ein, so gelangt C, nachdem er schon vorher zufolge der Verfügung unter Z. 1 die Stellung eines Theilerben erlangt hat, dadurch in die Stellung eines Alleinerben. War dagegen der unter Z. 2 berührte Fall, ohne daß die Parteien dies wußten, zur Zeit der Vornahme der Uebertragung bereits eingetreten, so hat diese, weil A damals schon Alleinerbe war, die beabsichtigte Wirkung vollständig verfehlt. Im sechsten Abschnitt dieser Darstellung wird übrigens auf die ganze Frage noch zurückzukommen sein.

III. Jeder Miterbe kann in der Regel jederzeit die Auseinandersetzung der Erbengemeinschaft begehren. Ausnahmen hiervon treten ein: a) Wenn und solange die Erbtheile wegen der zu erwartenden Geburt eines Miterben oder wegen der ausstehenden Entscheidung über eine Ehelichkeitserklärung, über die Bestätigung einer Annahme an Kindesstatt oder über die staatliche Genehmigung einer vom Erblasser errichteten Stiftung noch unbestimmt sind. b) Wenn der Erblasser die sofortige Auseinandersetzung durch letztwillige Verfügung ausgeschlossen hat. Hierdurch kann jedoch der Nachlaß nicht auf unabsehbare Zeit gebunden werden; eine solche Verfügung des Erblassers unterliegt vielmehr ähnlichen Schranken wie die Uebertragung der Verwaltung des Nachlasses an einen Testamentsvollstrecker, und hört auch dann auf, für den Erben bindend zu sein, wenn wichtige Gründe ein Abgehen von derselben rechtfertigen. c) Die Auseinandersetzung erfährt endlich, wenn auch nur ein Miterbe darauf besteht, einen Aufschub bis zur Beendigung des zum Zweck der Ermittelung der Nachlaßgläubiger bereits eingeleiteten oder doch unverzüglich beantragten Aufgebotsverfahrens (vgl. § 1970), dafern es aber zu einem eigentlichen Aufgebot der Nachlaßgläubiger gar nicht kommt, sondern nur zu einer seitens eines Miterben an die Gläubiger gerichteten öffentlichen Aufforderung zur Anmeldung ihrer Forderungen (vgl. § 2061) bis zum Ablauf der Anmeldungsfrist. Vgl. §§ 2042 bis 2045.

IV. Für die Durchführung der Auseinandersetzung unter Miterben gelten im Allgemeinen dieselben Grundsätze wie für die Auseinandersetzung einer Gemeinschaft überhaupt (§ 2042). Besonders hervorzuheben ist nur Folgendes:

1. Aus dem Nachlaß, der, soweit erforderlich, in Geld umzusetzen ist, sind zunächst die Nachlaßverbindlichkeiten zu berichtigen. Sind diese noch nicht fällig oder streitig, so sollen die entsprechenden Beträge zu-

rückbehalten werden. Eine im Verhältniß zu den übrigen Miterben nur von einem oder einigen Miterben zu tragende Nachlaßverbindlichkeit ist nicht aus der Gesammtmasse, sondern nur aus dem Antheile des zum Tragen der Last verpflichteten Miterben zu berichtigen. Der nach der Berichtigung der Nachlaßverbindlichkeiten verbleibende Ueberschuß gebührt den Erben nach dem Verhältniß der Erbtheile. Gemeinschaftlich bleiben Schriftstücke, welche sich auf die persönlichen Verhältnisse des Erblassers, auf dessen Familie oder auf den ganzen Nachlaß beziehen. Vgl. §§ 2046, 2047.

2. Für die Auseinandersetzung kann der Erblasser durch letztwillige Verfügung besondere Anordnungen treffen, und zwar auch in der Weise, daß dieselbe nach dem billigen Ermessen eines Dritten erfolgen soll. Ist einem Miterben durch Anordnung des Erblassers gestattet, ein zum Nachlaß gehörendes Landgut zu übernehmen, so soll im Zweifel der Ertragswerth des Landguts als maßgebend angenommen werden. Vgl. §§ 2048, 2049 und zu dem letzteren Art. 137 E.G.

3. Bei der Auseinandersetzung unter neben einander erbenden Abkömmlingen des Erblassers hat auch die schon an anderer Stelle (vgl. oben § 25) besprochene Ausgleichung von Vorausempfängen zu erfolgen. Hier ist nur mehr nachzutragen, daß jeder Miterbe den übrigen Erben auf Verlangen über die von ihm zur Ausgleichung zu bringenden Zuwendungen Auskunft zu ertheilen hat (§ 2057).

4. Stellt sich nach der unter den Miterben getroffenen Auseinandersetzung heraus, daß einem derselben etwas zugetheilt worden ist, was mit Unrecht als zum Nachlaß gehörend angenommen wurde, und hat dieser Miterbe in Folge dessen das Recht an dem ihm zugetheilten Gegenstande nicht erlangt, auf dessen Erwerb er rechnen durfte, so hat ihm nach dem im § 2042 berufenen § 757 wegen dieses Mangels im Rechte jeder der übrigen Miterben zu seinem Antheile in gleicher Weise wie ein Verkäufer Gewähr zu leisten. Ein Verkäufer haftet aber wegen eines von ihm zu vertretenden Mangels im Rechte nach den §§ 433 bis 444 und nach dem im § 440 für maßgebend erklärten § 325 insbesondere dem Käufer auf Schadensersatz wegen Nichterfüllung. Diese beim Kaufvertrag zutreffende Behandlung führt aber bei der Theilung einer Gemeinschaft überhaupt und bei der Auseinandersetzung einer Erbschaft insbesondere zu der Billigkeit widersprechenden Ergebnissen. Beispiel: Eine Erbschaft besteht thatsächlich aus einem auf 20 000 Mk. geschätzten Grundstück und Werthpapieren, welche gleichfalls mit zusammen 20 000 Mk.

in Ansatz gebracht werden. Die beiden, zu gleichen Theilen eingesetzten Erben kommen überein, daß der eine von ihnen, A, das Grundstück, der andere, B, die Werthpapiere zu übernehmen habe. Bevor jedoch A noch als Eigenthümer des Grundstücks eingetragen worden ist, wird der zu Gunsten des Erblassers vorgenommene Eigenthumseintrag von einem Dritten bestritten. Während des zwischen A und dem Dritten geführten und mit dem Siege des Letzteren endigenden Rechtsstreites ist der Werth des Grundstücks auf 24 000 gestiegen, der Werth der Papiere dagegen auf 16 000 gefallen. Nach dem Gesetze kann A vom B die Hälfte dessen verlangen, was er hätte, wenn ihm das Eigenthum an dem Grundstück gewährt worden wäre, d. i. den Betrag von 12 000, so daß dem B nach Berichtigung dieses Anspruchs nur mehr 4000 verbleiben. Daß diese Entscheidung, zu deren Rechtfertigung man sich mit Unrecht auf römisches Recht[2]) beruft, der Natur der Sache nicht entspricht, sondern widerspricht, ist offenbar. Die Billigkeit würde vielmehr verlangen, daß, nachdem sich eine wesentliche Voraussetzung der vorgenommenen Theilung als unrichtig erwiesen hat, zu neuer Theilung geschritten wird. Vgl. auch § 779.

3. Kapitel. Erbschein.

§ 33.

I. Der Erbschein ist ein Zeugniß, welches dem Erben, gleichviel, ob er durch Gesetz, Testament oder Erbvertrag berufen ist, auf seinen Antrag vom Nachlaßgericht über sein Erbrecht und, wenn er nur Theilerbe ist, über die Größe des Erbtheils ertheilt wird (§ 2353). Die aus den Bedürfnissen des Verkehrs hervorgegangene und in einem großen Theil Deutschlands (besonders in Preußen) bereits eingebürgerte und bewährte Einrichtung des Erbscheins ist im B.G.B. mit Recht beibehalten worden und hat in demselben auch eine im Wesentlichen befriedigende Ausgestaltung gefunden.

II. Wer die Ertheilung eines Erbscheins verlangt, hat dem Nachlaßgericht die dem gestellten Antrage entsprechenden Angaben zu machen

---

[2]) An Quellenstellen kommen in Betracht: l. 14 C. 3. 36, l. 25 § 21 D. 10. 2 und l. 10 § 2 D. 10. 3 Da jedoch die beiden Digestenstellen eine von den Interessenten bezüglich der eventuellen Eviktion getroffene Abmachung voraussetzen, so bleibt nur die Codexstelle als maßgebend übrig. Darnach wird in einem Falle, wie er im Texte angenommen worden ist, mit actio praescriptis verbis geholfen, und hat somit der Beklagte zu leisten, was der bona fides entspricht.

(vgl. bezüglich des gesetzlichen Erben § 2354, bezüglich des gewillkürten § 2355) und die Richtigkeit derselben theils geradezu nachzuweisen, zum andern Theil aber wenigstens vor Gericht oder einem Notar an Eidesstatt zu versichern. Der Erbschein ist vom Nachlaßgericht nur zu ertheilen, wenn es nach den von ihm für nothwendig erachteten Ermittelungen und vorgenommenen Beweisaufnahmen die zur Begründung des Antrags erforderlichen Thatsachen für festgestellt erachtet, dafern aber über das Erbrecht ein Rechtsstreit anhängig ist, nicht bevor der Gegner des Antragstellers gehört worden ist. Vgl. §§ 2356 bis 2360.

III. Sind mehrere Erben vorhanden, so ist auf Antrag auch nur eines Erben ein gemeinschaftlicher Erbschein zu ertheilen. In dem Antrag sind die Erben und ihre Erbtheile anzugeben, und bezüglich solcher Erben, die nicht Mitantragsteller sind, hat sich die Angabe auch darauf zu erstrecken, daß sie die Erbschaft angenommen haben. Vgl. § 2357.

IV. Hat der Erblasser einen Testamentsvollstrecker ernannt, so ist dies im Erbschein anzugeben, und in den einem Vorerben ertheilten Erbschein ist aufzunehmen, daß, unter welchen Voraussetzungen und zu Gunsten welcher Person die Nacherbfolge angeordnet ist, ferner, ob und in welchem Maße die Rechtsstellung des Vorerben von der regelmäßigen abweicht. Vgl. §§ 2363, 2364.

V. Stellt sich der Erbschein, über dessen Richtigkeit das Nachlaßgericht erforderlichen Falles auch von Amtswegen Ermittelungen veranstalten kann, als unrichtig heraus, so ist er einzuziehen und, wenn er nicht sofort erlangt werden kann, für kraftlos zu erklären. Auch kann der wirkliche Erbe von dem Besitzer eines unrichtigen Erbscheins nicht nur die Herausgabe desselben an das Nachlaßgericht, sondern auch Auskunft über den Bestand der Erbschaft und den Verbleib der Erbschaftsgegenstände verlangen. Das erstere Recht steht ohne Weiteres auch dem Nacherben[1]) und dem Testamentsvollstrecker zu. Vgl. §§ 2361 bis 2364.

VI. Zu Gunsten des durch Erbschein als Erbe Ausgewiesenen spricht die, natürlich jederzeit widerlegbare, Vermuthung, daß ihm das angegebene Erbrecht zustehe und daß er nicht durch andere als die angegebenen Anordnungen beschränkt sei.[2]) Noch viel weiter gehende Be-

[1]) Und zwar schon vor dem Eintritte des Falles der Nacherbfolge, denn nach diesem Eintritte ist der als Nacherbe Eingesetzte „wirklicher Erbe“.

[2]) Eine Vermuthung dafür, daß der Erblasser Eigenthümer der zur Erbschaft thatsächlich gehörenden Sachen gewesen sei, wird durch den Erbschein nicht begründet.

deutung aber hat der Erbschein für Dritte, welche von dem durch Erbschein Ausgewiesenen Erbschaftsgegenstände an sich bringen oder Befreiungen von einem zur Erbschaft gehörenden Rechte erlangen u. dgl.; denn zu Gunsten dieser Dritten[3]) gilt der Inhalt des Erbscheins, soweit obige Vermuthung reicht, geradezu als richtig, dafern der Dritte die Unrichtigkeit nicht kennt und auch nicht weiß, daß das Nachlaßgericht die Rückgabe wegen Unrichtigkeit verlangt hat. Vgl. § 2365 bis 2367.

VII. Auch einem Testamentsvollstrecker hat das Nachlaßgericht auf Antrag ein Zeugniß über die Ernennung zu ertheilen. Es hat die vom Erblasser bezüglich der Vermögensverwaltung angeordneten Beschränkungen und Erweiterungen zu enthalten. Mit der Beendigung des Amtes des Testamentsvollstreckers wird dieses Zeugniß, auf welches sonst die Vorschriften über den Erbschein entsprechende Anwendung zu finden haben, von selbst kraftlos. Vgl. § 2368.

VIII. Der nach VI. dritten Personen, welche sich mit dem durch Erbschein ausgewiesenen vermeintlichen Erben in gutem Glauben[4]) eingelassen haben, zu Theil werdende Schutz soll in einem besonderen Falle selbst dann eintreten, wenn der vermeintliche Erbe einen Erbschein nicht erlangt hat. Die Voraussetzungen dieses besonderen Falles sind: 1. daß eine für todt erklärte Person den Zeitpunkt des bei der Todeserklärung angenommenen Todes überlebt hat oder schon vor diesem Zeitpunkte gestorben ist; 2. daß sich der Dritte mit Demjenigen eingelassen hat, welcher nach Maßgabe der durch die Todeserklärung begründeten Todesvermuthung Erbe des für todt Erklärten sein würde, und 3. daß der Dritte die Unrichtigkeit der Todeserklärung nicht kannte und auch nicht wußte, daß die Todeserklärung in Folge einer Anfechtungsklage aufgehoben worden ist (§ 2370). Es sei gestattet, hieran die bescheidene Frage zu knüpfen, ob dem Dritten der hier in Frage stehende Schutz zukommen soll, wenn er zwar nicht weiß, daß die Todeserklärung zu Unrecht erfolgt ist, wohl aber, daß das Nachlaßgericht dem vermeintlichen Erben die Ertheilung des von ihm verlangten Erbscheins wegen einer bereits erfolgten Anfechtung der Todeserklärung verweigert hat?

---

[3]) Hat der durch Erbschein Ausgewiesene über Erbschaftsgegenstände unentgeltlich verfügt, so kommt übrigens die Bestimmung des § 816 Abs. 1 Satz 2 zur Anwendung.

[4]) Wenn im Texte der Kürze wegen von dem guten Glauben des Dritten gesprochen wird, so ist dabei natürlich nicht an „guten Glauben" im Sinne des § 932 zu denken. Worauf es für den nach den §§ 2366, 2367 eintretenden Schutz des Dritten ankommt, ist lediglich nach den Vorschriften über den Erbschein zu beurtheilen.

4. Abschnitt.

Haftung des Erben für die Nachlaßverbindlichkeiten.

1. Kapitel. Haftung des Alleinerben.

I. Die Haftungsgrundsätze.

§ 34.

Eines der schwierigsten gesetzgeberischen Probleme ist die befriedigende Regelung der Haftung des Erben für die Nachlaßverbindlichkeiten. Die möglichen Hauptlösungen sind:

1. Der Erbe haftet den Nachlaßgläubigern schlechthin unbeschränkt nicht nur mit dem Nachlaß, sondern auch mit seinem persönlichen Vermögen, und zwar ohne alle Rücksicht auf den Werth des Nachlasses.

2. Der Erbe haftet grundsätzlich nur mit dem Nachlaß (cum viribus hereditatis) und mit seinem sonstigen Vermögen nur insoweit, als er sich durch sein Gebahren den Nachlaßgläubigern verantwortlich gemacht hat oder als Werthe aus dem Nachlaß in sein persönliches Vermögen übergegangen sind.

3. Der Erbe haftet zwar grundsätzlich nicht über den Werth hinaus, welchen die Erbschaft in dem für die Bewerthung derselben als maßgebend erklärten Zeitpunkt hatte (also nicht ultra vires hereditatis), in Ansehung des sich hiernach ergebenden Gesammtbetrages der Haftung aber nicht allein mit dem Nachlaß, sondern auch mit seinem persönlichen Vermögen.

Bei allen diesen Lösungen ist dann wieder eine sehr verschiedenartige Ausgestaltung möglich, welche insbesondere auch dadurch gewonnen werden kann, daß mehrere Hauptlösungen mit einander kombinirt werden.

Eine ganz eigenartige Lösung unseres Problems lieferte der Entwurf I in seinen Bestimmungen über das sogenannte Inventarrecht.

Dieselbe konnte jedoch der Kritik[1]) nicht Stand halten und ist von der zweiten Kommission aufgegeben worden. Die Regelung, welche die Haftung des Erben im B.G.B. gefunden hat, bedeutet unzweifelhaft einen erheblichen Fortschritt gegenüber dem Entwurf I. Unerfreulich sind jedoch die nicht geringen Schwierigkeiten, welche die hierher gehörigen Vorschriften des Gesetzes dem Verständniß bereiten. Dieselben sind bereits in verschiedener Weise aufgefaßt worden. Ein hervorragender Praktiker[2]) hat sich dahin ausgesprochen, daß der Erbe zufolge dieser Bestimmungen grundsätzlich nach Maßgabe der oben unter 3. 1 aufgestellten Formel zu haften habe. Die der Reichstagsvorlage beigegebene Denkschrift (S. 263) glaubt dagegen mit Bezug auf § 1943 Abs. 1 der Reichstagsvorlage, d. i. den jetzigen § 1967 Abs. 1 („der Erbe haftet für die Nachlaßverbindlichkeiten"), sagen zu dürfen, daß hierbei zunächst nur eine Haftung mit dem Nachlaß gemeint sei. Allein weder diese noch jene Auffassung wird dem Standpunkte des Gesetzes, welcher sich auf eine ganz einfache Formel überhaupt nicht zurückführen läßt, vollkommen gerecht. Die aus den Vorschriften des B.G.B. sich ergebenden Haftungsgrundsätze sind vielmehr folgende:

I. Bis zur „Annahme der Erbschaft" haftet der Erbe für die Nachlaßverbindlichkeiten mit seinem nicht zur Erbschaft gehörenden Vermögen überhaupt gar nicht. Vgl. oben § 31 dieser Darstellung.

II. Sobald der Erbschaftserwerb ein definitiver geworden ist, haftet der Erbe für die Nachlaßverbindlichkeiten, abgesehen von besonderen Voraussetzungen, nicht nur mit dem Nachlaß, sondern auch mit seinem sonstigen Vermögen.[3]) Die Geltung dieses Grundsatzes wird zwar durch § 1967 noch nicht bewiesen, wohl aber einerseits durch den erst später zu besprechenden Inhalt der §§ 1975, 1990 bis 1992 und andererseits durch folgende, im Gesetze theils direkt, theils indirekt aufgestellte Folgesätze. 1. Soweit Rechtsverhältnisse durch Vereinigung von Recht und Verbindlichkeit oder Belastung in einer Person überhaupt erlöschen, tritt diese Erlöschung grundsätzlich auch ein, wenn solche Vereinigung durch den Erbschaftserwerb herbeigeführt wird. Die hiervon in den §§ 1976 und 1991 gemachten Ausnahmen beweisen mit Sicherheit die Geltung der Regel. 2. Sobald der Erbe die Erbschaft angenommen hat, sind Zwangsvollstreckungen zu Gunsten

---

[1]) Vgl. besonders Gierke, Der Entwurf und das Deutsche Recht S. 557 ff. Eck a. a. O. S. 7 ff., Bähr a. a. O. S. 409 ff., Bernhöft a. a. O. S. 93 ff.

[2]) Vgl. Bingner a. a. O. S. 598.

[3]) So mit Recht auch Bingner an dem Anm. 2 a. O.

von Nachlaßgläubigern in das persönliche Vermögen des Erben und zu Gunsten von Gläubigern des Erben, welche nicht Nachlaßgläubiger sind, in zum Nachlaß gehörende Gegenstände grundsätzlich zulässig. Vgl. § 696 (in der in Aussicht genommenen neuen Fassung) und den in Aussicht genommenen § 696c C.P.O. 3. Der Erbe ist grundsätzlich berechtigt (argumentum a contrario aus § 1984), über Nachlaßgegenstände frei zu verfügen, was er offenbar nicht schlechthin sein könnte, wenn er den Nachlaßgläubigern lediglich mit dem Nachlaß zu haften hätte.

III. Unter bestimmten Voraussetzungen treten verschieden geartete Beschränkungen der Haftung des Erben für die Nachlaßverbindlichkeiten ein. Zur Herbeiführung dieser Voraussetzungen, welche übrigens zum Theil auch ohne den Willen des Erben verwirklicht werden können, ist der Erbe grundsätzlich befugt und, indem er von dieser Befugniß entsprechenden Gebrauch macht, vermag er seine Haftung für die Nachlaßverbindlichkeiten derart zu beschränken, daß er für dieselben mit seinem nicht zum Nachlaß gehörenden Vermögen — soweit in dasselbe nicht etwa Werthe aus dem Nachlaß übergegangen sind — überhaupt nicht oder doch nicht über den Werth des Nachlasses hinaus[4]) haftet. Und da ein vorsichtiger Erbe nicht versäumen wird, sich der ihm vom Gesetze zum Zwecke der Beschränkung der Haftung angebotenen Mittel auch zu bedienen, so wird die Haftung eines solchen Erben eine unbeschränkte zumeist nicht sein. Beschränkungen der Haftung des Erben können insbesondere herbeigeführt werden:

1. Gegenüber einzelnen Nachlaßgläubigern durch deren, mit eigenthümlichen Wirkungen verbundene „Ausschließung" im Aufgebotsverfahren (§§ 1970 bis 1973) oder im Falle des § 1974.

2. Gegenüber allen Gläubigern (mit Ausnahme derjenigen, welchen gegenüber die Haftung des Erben aus besonderen Gründen eine unbeschränkbare geworden ist):

a) durch Geltendmachung der die Haftung des Erben für die Nachlaßverbindlichkeiten mit seinem nicht zur Erbschaft gehörenden Vermögen allerdings nur vorübergehend abwehrenden „aufschiebenden Einreden" der §§ 2014 bis 2017 seitens des Erben;

[4]) Ein solcher Fall der Haftung des Erben mit seinem ganzen Vermögen, aber nicht ultra vires hereditatis, liegt vor, wenn es zur Einsetzung einer Nachlaßverwaltung nicht gekommen ist und die Einrede des § 1990 aus dem Grunde versagt, weil der Werth des Nachlasses zur Deckung der Nachlaßverbindlichkeiten ausreicht.

b) durch die, sei es auf Antrag des Erben, sei es eines Nachlaßgläubigers, zum Zwecke der Befriedigung der Nachlaßverbindlichkeiten erfolgte Anordnung einer Nachlaßverwaltung oder durch die Eröffnung des Nachlaßkonkurses (§§ 1975 ff.);

c) durch die Geltendmachung der Einrede der beschränkten Haftung nach den §§ 1990 bis 1992.

IV. Die dem Erben nach III zum Zwecke der Beschränkung der Haftung für die Nachlaßverbindlichkeiten zur Verfügung stehenden Mittel versagen jedoch den Dienst, wenn die Haftung des Erben schon vorher dadurch eine nicht mehr beschränkbare und somit schlechthin unbeschränkte geworden ist, daß er entweder

1. die ihm vom Nachlaßgerichte nach § 1994 zur Errichtung des Inventars bestimmte Frist (Inventarfrist) versäumt hat; oder

2. absichtlich eine erhebliche Unvollständigkeit der im Inventar enthaltenen Angabe der Nachlaßgegenstände herbeigeführt, oder in der Absicht, die Nachlaßgläubiger zu benachtheiligen, die Aufnahme einer nicht bestehenden Nachlaßverbindlichkeit bewirkt oder die Ertheilung der zur Aufnahme des Inventars erforderlichen Auskunft verweigert oder absichtlich in erheblichem Maße verzögert hat (§ 2005); oder

3. von dem ihm nach dem in Aussicht genommenen § 205 c K.O.[5]) zustehenden Rechte Gebrauch macht.

Ein nach Z. 1 bis 3 schlechthin unbeschränkt haftender Erbe kann — jedoch unbeschadet der ihm allerdings noch zustehenden Berufung auf eine bereits vor dem Eintritt eines der vorerwähnten Umstände erfolgt gewesenen „Ausschließung" eines Nachlaßgläubigers — von nun an Nachlaßgläubiger nicht mehr „ausschließen" (vgl. oben III Z. 1), die unter III Z. 2a und c bezeichneten Einreden nicht mehr geltend machen und ist auch zur Stellung des Antrags auf Anordnung einer Nachlaßverwaltung nicht mehr befugt; kommt es aber zur letzteren auf Antrag eines Nachlaßgläubigers oder wird über den Nachlaß Konkurs eröffnet, so werden dem Erben die für ihn nachtheiligen Folgen der schlechthin unbeschränkten Haftung doch nicht mehr abgenommen. Vgl. § 2013 und die weiter folgende Darstellung des Einzelnen.

---

[5]) Nach dieser Bestimmung kann der Erbe der Eröffnung des Verfahrens widersprechen, wenn der Antrag auf Eröffnung des Nachlaßkonkurses erst zwei Jahre nach der Annahme der Erbschaft gestellt wird. Macht er aber von diesem Rechte Gebrauch, „so haftet er für die Nachlaßverbindlichkeiten unbeschränkt". Durch § 205 c K.O. sollen übrigens die Vorschriften der §§ 1973, 1974 B.G.B. unberührt bleiben.

II. Inventarerrichtung.

§ 35.

I. Das Inventar ist ein vom Erben entweder aus freien Stücken oder auf Verlangen eines Nachlaßgläubigers errichtetes Verzeichniß des Nachlasses, welches, im Falle rechtzeitiger und ordnungsmäßiger Aufnahme, nach § 2009 im Verhältniß zwischen dem Erben und den Nachlaßgläubigern die Vermuthung begründet, daß zur Zeit des Erbfalls weitere Nachlaßgegenstände als die angegebenen nicht vorhanden gewesen seien. Die Aufnahme des Inventars hat vornehmlich den Zweck, dem Nachlaßgläubiger, welcher sie beantragt, einen Einblick in die Verhältnisse des Nachlasses und dadurch zugleich die Entscheidung darüber zu ermöglichen, ob er die Anordnung der Nachlaßverwaltung oder die Eröffnung des Konkurses über den Nachlaß beantragen oder hiervon absehen soll.

II. Ist der Erbe mit der Einreichung des Inventars beim Nachlaßgericht nicht bereits zuvorgekommen (§ 1993), so hat ihm dieses, jedoch nur auf Antrag eines Nachlaßgläubigers,[1]) der seine Forderung glaubhaft gemacht hat, zur Errichtung des Inventars eine Frist (Inventarfrist) zu bestimmen (§ 1994). Dem Fiskus als gesetzlichem Erben kann (auf daß ihm die Beschränkbarkeit seiner Haftung unter allen Umständen gesichert bleibt), unbeschadet seiner Pflicht, den Nachlaßgläubigern über den Bestand des Nachlasses Auskunft zu ertheilen, eine Inventarfrist nicht bestimmt werden (§ 2011). Unzulässig ist die Bestimmung einer Inventarfrist auch gegenüber einem nach den §§ 1960 und 1961 bestellten Nachlaßpfleger (welcher natürlich durch sein Verhalten dem Erben die Möglichkeit der Haftungsbeschränkung nicht entziehen kann) und während der Dauer der Nachlaßverwaltung oder des Nachlaßkonkurses. Die bereits erfolgte Bestimmung einer Inventarfrist wird ferner unwirksam, wenn es hinterher, aber noch bevor sie versäumt ist, zur Anordnung einer Nachlaßverwaltung oder zur Eröffnung des Nachlaßkonkurses kommt. (Vgl. §§ 2012, 2000.) Die Inventarfrist soll zunächst auf mindestens einen Monat, höchstens drei Monate, bestimmt, kann aber auf Antrag des Erben nach Ermessen des Nachlaßgerichts auch verlängert werden. Ueber Beginn und Lauf der Inventarfrist vgl. §§ 1995 bis 1999 und § 2008.[2]) Daß die Versäumung

[1]) Von Rechtswegen ist der Erbe zur Errichtung eines Inventars also nicht verpflichtet.

[2]) Ist die Angabe der Nachlaßgegenstände unvollständig, ohne daß ein Umstand vorliegt, in Folge dessen der Erbe ohnedies bereits schlechthin unbeschränkt haftet

der Inventarfrist[3]) die Unbeschränkbarkeit der Haftung des Erben zur Folge hat, ist schon früher hervorgehoben worden. Hier ist nur noch zu bemerken, daß diese Rechtsfolge in solchen Fällen zu unleugbaren Härten führen kann, wo der Erbe zunächst die Ausschlagungsfrist und dann die Inventarfrist lediglich deshalb versäumt hat, weil er nach seiner Beurtheilung der maßgebenden und ihm vollständig bekannt gewordenen Umstände Grund zur Annahme zu haben glaubte, daß er als Erbe überhaupt nicht berufen sei, und wo später zu Recht erkannt wird, daß die Berufung zur Erbfolge allerdings stattgefunden hat.[4])

III. Zur Errichtung des Inventars muß der Erbe eine zuständige Behörde oder einen zuständigen Beamten oder Notar zuziehen. Die ihm gestellte Inventarfrist vermag er aber schon dadurch zu wahren, daß er vor Ablauf derselben den Antrag auf Aufnahme des Inventars beim Nachlaßgerichte stellt, worauf dann dieses das Inventar entweder selbst[5]) aufnimmt oder aufnehmen läßt. Befindet sich bei dem Nachlaßgericht schon ein den gesetzlichen Anforderungen entsprechendes Inventar, so braucht der Erbe vor Ablauf der Inventarfrist dem Nachlaßgericht gegenüber nur zu erklären, daß dieses Inventar als von ihm eingereicht gelten soll. (Vgl. §§ 2002 bis 2004.) Das Inventar, dessen Einsicht Jedem zu gestatten ist, der ein rechtliches Interesse glaubhaft macht (§ 2010), hat die bei dem Eintritte des Erbfalls[6]) vorhandenen Nachlaßgegenstände und die Nachlaßverbindlichkeiten vollständig anzugeben und soll auch die zur Bestimmung des Werthes der Nachlaßgegenstände erforderliche Beschreibung und die Angabe des Werthes enthalten (§ 2001). Daß der Nachlaßbestand seit dem Erbfall Veränderungen erfahren haben kann, wird hier nicht gebührend berücksichtigt, und daß dies nicht geschieht, ist um so auffallender, wenn

(§ 2005 Abs. 1), so kann dem Erben zur Ergänzung eine neue Inventarfrist bestimmt werden (§ 2005 Abs. 2).

[3]) Der Erbe, welcher eine Inventarfrist nicht versäumen konnte, weil ihm keine gestellt war, büßt dagegen dadurch, daß er nicht aus freien Stücken zur Inventarserrichtung geschritten ist, die Möglichkeit der Beschränkung seiner Haftung nicht ein.

[4]) Vgl. die Fälle des § 2077, in welchen es oft sehr zweifelhaft sein wird, ob die letztwillige Verfügung des Erblassers wirksam oder unwirksam ist.

[5]) Nach Art. 148 E.G. können die Landesgesetze die Zuständigkeit des Nachlaßgerichts zur Aufnahme des Inventars ausschließen.

[6]) Vgl. Motive V S. 618 (zu dem mit § 2001 B.G.B., abgesehen von stylistischen Kleinigkeiten, vollständig übereinstimmenden § 2105 von Entwurf I): „Nicht in Frage kommen die Veränderungen, welche in Ansehung des Nachlasses eingetreten sind, während derselbe in den Händen des Nachlaßpflegers, des Testamentsvollstreckers oder des Erben selbst sich befand."

man erwägt, daß das Inventar zur Zeit des Erbfalls geradezu niemals, nicht selten aber sehr erheblich später errichtet wird.

IV. Auf Verlangen eines Nachlaßgläubigers hat der Erbe die Richtigkeit des Inventars, dessen Vervollständigung ihm aber vorher noch gestattet ist, durch Offenbarungseid zu bekräftigen.[7]) Eine wiederholte Leistung des Eides kann von demselben oder auch von einem anderen Gläubiger nur verlangt werden, wenn Grund zur Annahme besteht, daß dem Erben nach der Eidesleistung weitere Nachlaßgegenstände bekannt geworden sind. (Vgl. § 2006[8]).) Da unter „Nachlaßgegenständen" im Sinne des § 2006 mit Rücksicht auf § 2001 nur die „bei dem Eintritt des Erbfalls vorhandenen Nachlaßgegenstände" verstanden werden können, so fragt man sich unwillkürlich, warum sich der Offenbarungseid auf zwar zur Zeit des Erbfalls noch nicht vorhanden gewesene, später aber zum Nachlaß hinzugekommene Gegenstände nicht beziehen soll?

III. Beschränkungen der Haftung des Erben.

1. Ausschließung von Nachlaßgläubigern.

§ 36.

I. Auf Antrag des für die Nachlaßverbindlichkeiten nicht bereits schlechthin unbeschränkt haftenden Erben [vgl. § 2013[1]) und den i. A. genommenen § 836 gg C.P.O.] hat das Nachlaßgericht die Nachlaßgläubiger im Wege des Aufgebotsverfahrens unter Androhung der die Rechtsnachtheile des § 1973 mit sich bringenden Ausschließung zur Anmeldung ihrer Forderungen aufzufordern (vgl. § 1970 und den i. A. genommenen § 836 ee C.P.O.). Durch dieses Aufgebot werden aber nicht betroffen:

1. Pfandgläubiger, Gläubiger, die im Konkurse den Pfandgläubigern gleichstehen oder bei der Zwangsvollstreckung in das unbe-

[7]) Der Offenbarungseid ist vom Erben dahin zu leisten, „daß er nach bestem Wissen die Nachlaßgegenstände so vollständig angegeben habe, als er dazu im Stande sei" (§ 2006).

[8]) „Sind durch Landesgesetz die Verrichtungen des Nachlaßgerichts einer anderen Behörde als einem Gericht übertragen, so ist für die Abnahme des im § 2006 des B.G.B. vorgeschriebenen Offenbarungseides das Amtsgericht zuständig, in dessen Bezirk die Nachlaßbehörde ihren Sitz hat" (Art 147 Abs. 2 E.G.).

[1]) Die Vorschriften des § 2013 sind für die Haftung des Erben überaus wichtig, weil sie eine ganze Reihe leicht zu übersehender Ausnahmen von den Regeln enthalten, welche an anderen Stellen des Gesetzes für die Haftung des Erben aufgestellt werden.

wegliche Vermögen ein Recht auf Befriedigung aus diesem Vermögen haben, und Gläubiger, deren Ansprüche durch eine Vormerkung gesichert sind oder denen im Konkurse ein Aussonderungsrecht zusteht, — aber nur soweit, als die diesen Gläubigern zukommenden Rechte auf Befriedigung aus den ihnen besonders haftenden Gegenständen oder auf Aussonderung in Frage kommen (§ 1971);

2. Pflichttheilsrechte, Vermächtnisse und Auflagen (§ 1972), und zwar aus dem von der Gesetzgebungskommission für maßgebend erachteten Grunde, weil der Erbe von diesen Belastungen in aller Regel schon vor der Einleitung des Aufgebotsverfahrens Kenntniß haben wird.

Liegt einer dieser Ausnahmsfälle nicht vor, so ist die Ausschließung eines Nachlaßgläubigers, trotz der Bestimmung des § 829 der C.P.O., sehr wohl möglich, obschon der Erbe von dem Vorhandensein desselben schon vor der Erlassung des Ausschlußurtheils Kenntniß gehabt hatte; auch wird dem unter solchen Umständen ausgeschlossenen Gläubiger die Bestimmung des § 834 Abs. 2 Z. 6 C.P.O. nicht immer zu Statten kommen können.[2])

II. Die Folgen der „Ausschließung" sind für die durch sie betroffenen Gläubiger folgende:

1. Vermag der Erbe zu beweisen, daß der Nachlaß durch die Befriedigung der nicht ausgeschlossenen Gläubiger bereits erschöpft ist oder auch nur „erschöpft wird", so kann er die Befriedigung der ausgeschlossenen Gläubiger gänzlich verweigern. Bei der Feststellung des zur Befriedigung der nicht ausgeschlossenen Gläubiger Erforderlichen haben jedoch die Verbindlichkeiten aus Pflichttheilsrechten, Vermächtnissen und Auflagen, soweit sie zur Zeit, in welcher der ausgeschlossene Gläubiger seine Forderung „geltend macht",[3]) noch nicht befriedigt sind, außer Ansatz zu bleiben (§ 1973 Abs. 1).[4])

---

[2]) Daß sich hieraus Mißstände ergeben müssen, wird nicht bezweifelt werden können.

[3]) Daß eine gerichtliche Geltendmachung der Forderung erfolgt sei, wird nicht gefordert, denn wo das Gesetz so beschaffene Geltendmachung verlangt, hebt es dies besonders hervor; vgl. z. B. §§ 1329, 1380, 1394, 1400, 1407, 1958, 2212. Trotzdem kann von einer Geltendmachung der Forderung im Sinne des § 1973 jedenfalls dann noch nicht die Rede sein, wenn der Erbe nach der erfolgten Ausschließung des Gläubigers lediglich, wir wollen aber zugleich annehmen, sichere Kenntniß erlangt hat. In solchem Falle also darf der Erbe nach § 1973 Abs. 1 Pflichttheilsansprüche, welche wegen Nichtberücksichtigung der Forderung des ausgeschlossenen Gläubigers ganz oder doch zum Theil fiktiver Natur sind, zum offenbaren Nachtheil des ausgeschlossenen Gläubigers befriedigen!

[4]) Nach der Reichstagsvorlage (§§ 1947, 1948) hätten die ohnedies schon

2. Den nach Deckung des, nach Maßgabe von Z. 1 zur Befriedigung der nicht ausgeschlossenen Gläubiger sich herausstellenden, Erfordernisses verbleibenden Ueberschuß des Nachlasses hat der Erbe dem ausgeschlossenen Gläubiger zum Zwecke der Befriedigung im Wege der Zwangsvollstreckung nach den Vorschriften über die Herausgabe einer ungerechtfertigten Bereicherung herauszugeben, dafern er es nicht vorzieht, diese Herausgabe durch Zahlung des Werthes des vom Nachlaß noch Vorhandenen abzuwenden (§ 1973 Abs. 2).

3. Sind mehrere ausgeschlossene Gläubiger vorhanden, so ist der Erbe nicht verpflichtet, ihre Befriedigung nach einer gewissen Rangordnung zu bewirken. Reicht der Nachlaß also zur Befriedigung aller ausgeschlossenen Gläubiger nicht aus, so entscheidet das Zuvorkommen.[5]) Die rechtskräftige Verurtheilung des Erben zur Befriedigung eines ausgeschlossenen Gläubigers wirkt jedoch einem anderen Gläubiger gegenüber wie die Befriedigung (§ 1973 a. E.). Eine Verantwortlichkeit des Erben aus dem Grunde (vgl. § 1980), daß er, obschon er von der Ueberschuldung des Nachlasses Kenntniß oder nur aus Fahrlässigkeit keine Kenntniß hatte, die Stellung des Antrags auf Eröffnung des Nachlaßkonkurses versäumt, tritt den ausgeschlossenen Gläubigern gegenüber nicht ein.[6])

---

dadurch begünstigten Ansprüche aus Pflichttheilsrechten, Vermächtnissen und Auflagen, daß sie im Aufgebotsverfahren **nicht** ausgeschlossen werden können, den Ansprüchen der ausgeschlossenen Nachlaßgläubiger unbedingt vorgehen sollen. Dies war unannehmbar und ist von der Reichstagskommission, auf deren Veranlassung die im Texte erwähnte Bestimmung in das Gesetz aufgenommen worden ist, mit Recht beanstandet worden (vgl. den Kommissionsbericht S. 9 ff.). Vom sachlichen Standpunkte aus wäre es aber freilich wünschenswerth gewesen, wenn die nach verschiedenen Richtungen hin unhaltbaren Vorschriften der Reichstagsvorlage über die Ausschließung von Nachlaßgläubigern einer grundsätzlichen Umarbeitung unterzogen worden wären.

[5]) Vgl. auch die Denkschrift S. 271.

[6]) Vom Standpunkt der Reichstagsvorlage aus verstand sich dies schon aus dem Grunde von selbst, weil nach den zugleich in Aussicht genommenen Bestimmungen der K.O. (vgl. die Ausführungen im Texte unter Z. 4) ausgeschlossene Gläubiger weder zur Stellung des Antrags auf Eröffnung des Nachlaßkonkurses noch zur Geltendmachung ihrer Forderungen in diesem Konkurse berechtigt sein sollten. Hat aber das B.G.B. diesen Standpunkt auch verlassen, so ist doch für die Haftung des Erben gegenüber den im Aufgebotsverfahren ausgeschlossenen Nachlaßgläubigern vorerst nur § 1973 maßgebend. Dabei muß aber freilich mit der Möglichkeit gerechnet werden, daß die erst noch zu erwartenden und hinsichtlich der hier berührten Punkte noch nicht einmal formulirt vorliegenden konkursrechtlichen Bestimmungen eine Aenderung bringen können.

4. Die Stellung des Antrags auf Anordnung einer Nachlaßverwaltung ist, dafern die allgemeinen Voraussetzungen hierzu vorhanden sind, den ausgeschlossenen Gläubigern nicht versagt (§ 1981 Abs. 2). Zum Antrag auf Eröffnung des Nachlaßkonkurses sollte dagegen ein ausgegeschlossener Gläubiger nach dem laut der Denkschrift i. A. genommenen § 205 b K.O. nicht berechtigt sein, und nach dem ebendaselbst i. A. genommenen § 205 i K.O. sollte er den Anspruch, bezüglich dessen er ausgeschlossen ist, im Nachlaßkonkurse auch nicht geltend machen können. Allein dieser Standpunkt ist als schon dadurch aufgegeben anzusehen,[7]) daß das B.G.B. (1973 Abs. 1 Satz 2) im Gegensatz zur Reichstagsvorlage (§ 1948) den Erben, welchem ausgeschlossene Gläubiger gegenüberstehen, verpflichtet, aus dem vom Nachlaß noch Vorhandenen diese doch noch vor den (nicht ausgeschlossenen) Verbindlichkeiten aus Pflichttheilsrechten, Vermächtnissen und Auflagen zu befriedigen. Die noch zu erwartenden Bestimmungen zur K.O. werden daher auch wesentlich anders lauten müssen, als in der Denkschrift vorausgesetzt worden ist.

III. Die an die Ausschließung im Aufgebotsverfahren geknüpften Wirkungen treten zum Nachtheil eines nicht (nach § 1971) bevorrechteten Nachlaßgläubigers auch dann ein, wenn er seine Forderung dem für die Nachlaßverbindlichkeiten nicht bereits (vgl. § 2013) schlechthin unbeschränkt haftenden Erben gegenüber erst fünf Jahre nach dem Erbfall geltend gemacht hat und auch nicht beweisen kann, daß sie dem Erben schon vor dem Ablauf der fünf Jahre bekannt geworden ist (§ 1974 Abs. 1 Satz 1 und Abs. 3). Diese Bestimmung gilt einerseits auch für die unter § 1972 fallenden Ansprüche aus Pflichttheilsrechten, Vermächtnissen und Auflagen, mag nun ein Aufgebotsverfahren, durch welches diese Ansprüche (nach der hier in Frage stehenden Richtung) überhaupt nicht betroffen werden, stattgefunden haben[8]) oder nicht, läßt aber andererseits wieder diejenigen Nachlaßforderungen unberührt, welche in dem eingeleitet gewesenen Aufgebotsverfahren angemeldet worden sind (§ 1974 Abs. 1 Satz 1 a. E.). Gehören aber zu den hiernach ausgeschlossenen Verbindlichkeiten solche,

---

[7]) Das Aufgeben des im Texte bezeichneten Standpunktes vollzieht sich übrigens noch deutlicher durch die im Texte unter III besprochene Bestimmung des § 1974 Abs. 2; denn hier wird bereits als selbstverständlich vorausgesetzt, daß auch ausgeschlossene Gläubiger am Nachlaßkonkurse Theil nehmen. Vgl. auch den Bericht der Reichstagskommission S. 10.

[8]) Hinsichtlich dieses Punktes war § 1949 der Reichstagsvorlage fehlerhaft gefaßt.

welche unter § 1972 fallen, so macht sich der Erbe verantwortlich, wenn er aus dem vom Nachlaß noch Vorhandenen einen Gläubiger dieser Gruppe, z. B. also einen ausgeschlossenen Vermächtnißnehmer, befriedigt, obschon ein anderer ausgeschlossener und durch den Nachlaßbestand jetzt nicht mehr gedeckter Gläubiger derselben Gruppe, z. B. ein ausgeschlossener Pflichttheilsberechtigter, welcher Jenem im Falle des Nachlaßkonkurses im Range vorangehen würde, seine Forderung bereits geltend gemacht hat (§§ 1974 Abs. 2, 1973 Abs. 1 Satz 2).[9])

Die dem § 1974 B.G.B. entsprechende Bestimmung des § 1949 der Reichstagsvorlage ließ es als möglich erscheinen, daß unter Umständen alle oder doch die meisten Nachlaßgläubiger aller Gerechtigkeit zuwider als ausgeschlossen zu behandeln waren. So z. B., wenn im Falle einer bezüglich des verschollenen Erblassers vorgenommenen Todeserklärung mit Rücksicht auf die vorliegenden Umstände und unter Anwendung des § 18 ein um volle fünf Jahre hinter der Todeserklärung zurückliegender Zeitpunkt als Zeitpunkt des Todes des Erblassers, womit zugleich der Zeitpunkt des Erbfalls gegeben ist, angenommen wird. Nach der Reichstagsvorlage würden bei solcher Sachlage alle nicht bevorrechteten Nachlaßgläubiger, deren Forderungen dem Erben vor dem Ablaufe von fünf Jahren seit dem Erbfall nicht bekannt geworden sind, als ausgeschlossen zu betrachten gewesen sein und die Folgen davon zu tragen gehabt haben. Dieselbe Entscheidung ergab sich nach der Reichstagsvorlage übrigens auch in dem Falle, wo es bezüglich des verschollenen Erblassers zu einer Todeserklärung deshalb nicht gekommen ist, weil sich im Laufe des eingeleiteten Verfahrens zur Evidenz herausgestellt hat, daß der Erblasser schon vor mehr als fünf Jahren gestorben ist. Die Reichstagskommission hat hieran zu bessern versucht, und auf ihre Veranlassung ist in den § 1974 Abs. 1 B.G.B. als Satz 2 folgende Bestimmung aufgenommen worden: „Wird der Erblasser für todt erklärt, so beginnt die (sonst von dem Erbfalle an laufende) fünfjährige Frist nicht vor der Erlassung des die Todeserklärung aussprechenden Urtheils." Hierdurch ist allerdings, wenigstens bei einer Gruppe von Fällen, offenbarer Widersinn vermieden. Allein die Bestimmung ist nicht ausreichend, sie

[9]) Eine dem Abs. 2 von § 1974 entsprechende Bestimmung fehlte noch in der Reichstagsvorlage (§ 1949); ihre Einfügung ergab sich als nothwendige Konsequenz der in Anm. 4 besprochenen Aenderung der Vorschrift des § 1948 der Reichstagsvorlage.

trifft bereits den oben unmittelbar vorher erwähnten Fall nicht mehr und ebensowenig zahlreiche andere Fälle,[10]) welche hierbei vorkommen können. Wenn im Berichte der Reichstagskommission (S. 11) hervorgehoben wird, daß der Gesetzgeber nicht Kasuistik zu treiben habe, so ist dem gewiß beizustimmen. Allein ein Gesetzgeber, welcher diese vermeiden will, muß statt selbst in sie zu verfallen, am richtigen Punkte einzugreifen verstehen. Die wesentlichsten Bedenken gegen die Vorschrift des § 1974 entspringen daraus, daß die in demselben für maßgebend erklärte fünfjährige Frist schon von dem Erbfalle an zu laufen beginnt, und die meisten dieser Bedenken würden entfallen, wenn der Anfangspunkt der Frist ganz allgemein hinausgeschoben worden wäre.[11])

2. Aufschiebende Einreden.

§ 37.

I. Dem nicht bereits schlechthin unbeschränkt haftenden Erben müssen, bevor er die erforderliche Uebersicht über den Stand des Nachlasses gewinnen und darnach seine weiteren Entscheidungen treffen konnte, vorläufige Abwehrmittel gegen das Andrängen der Nachlaßgläubiger gewährt werden. Anders verhält es sich nur, wenn dem Erben ein schon zur Zeit des Erbfalls im Sinne des § 1971 bevorrechteter und lediglich sein Vorrecht geltend machender Gläubiger gegenübersteht. Vgl. § 2016.

II. Die hier in Betracht kommenden Abwehrmittel behandelt das B.G.B. in den §§ 2014 bis 2017, mit welchen wieder die in Aussicht genommenen §§ 696a und 696b C.P.O. in Zusammenhang stehen:

1. Der Erbe ist darnach bis zum Ablauf der ersten drei Monate nach der Annahme der Erbschaft (vgl. aber auch § 2017), jedoch nicht über die Zeit der Errichtung des Inventars hinaus, berechtigt, die Berichtigung von Nachlaßverbindlichkeiten zu verweigern. Hat aber der Erbe noch vor Ablauf eines Jahres seit der Annahme der Erbschaft (vgl. aber auch hier § 2017) den Antrag auf Erlassung des Aufgebots der Nachlaßgläubiger gestellt und ist der Antrag zugelassen, so kann er die Berichtigung von Nachlaßverbindlichkeiten bis zur Be-

---

[10]) Man denke z. B. nur daran, daß der wahre Erbe erst fünf Jahre nach dem Erbfall von seinem Erbrecht Kenntniß erlangt.

[11]) So könnte man sich z. B. sehr wohl denken, daß die fünfjährige Frist erst vom Zeitpunkte der Annahme der Erbschaft an zu laufen hätte.

endigung des Aufgebotsverfahrens verweigern. Dies sind die „aufschiebenden Einreden" der §§ 2014, 2015.

2. Nach dem in Aussicht genommenen § 696a C.P.O. sollen übrigens die unter 3. 1 erwähnten aufschiebenden Einreden die Verurtheilung des Erben nicht hindern, sondern diesen nur zu dem Verlangen berechtigen, daß die von Nachlaßgläubigern in das Nachlaßvermögen oder in das persönliche Vermögen des Erben geführte Zwangsvollstreckung für die Dauer der Fristen der §§ 2014, 2015 auf die zur Vollziehung eines Arrestes zulässigen Maßregeln beschränkt werden. Das gleiche Recht ist dem (für die Nachlaßverbindlichkeiten nicht bereits schlechthin unbeschränkt haftenden) Erben durch den i. A. genommenen § 696b C.P.O. auch gegenüber einer von einem Gläubiger, der nicht Nachlaßgläubiger ist, auf zum Nachlaß gehörende Gegenstände geführten Zwangsvollstreckung gewährt.

3. Anordnung der Nachlaßverwaltung und Eröffnung des Nachlaßkonkurses.

a) Gemeinsame Grundsätze.

§ 38.

1. Die Anordnung einer Nachlaßverwaltung sowohl wie die Eröffnung des Konkurses über den Nachlaß hat immer[1]) zur Folge, daß der Nachlaß denjenigen Gläubigern des Erben, welche nicht Nachlaßgläubiger sind, als Befriedigungsobjekt entzogen wird und somit ausschließlich zur Befriedigung der Nachlaßgläubiger zu dienen hat. Vgl. § 1984 Abs. 2 und den i. A. genommenen § 205d K.O. Die zu Gunsten der persönlichen Gläubiger des Erben vor der Anordnung der Nachlaßverwaltung oder vor der Eröffnung des Nachlaßkonkurses in den Nachlaß erwirkten Maßregeln der Zwangsvollstreckung sind im ersteren Falle auf Begehren des Nachlaßverwalters aufzuheben (vgl. Abs. 2 des i. A. genommenen § 696c C.P.O.[1a]) und im zweiten Falle nach dem bereits erwähnten § 205d K.O. den Nachlaßgläubigern gegenüber ohnedies unwirksam.

---

[1]) Dies gilt, abgesehen von der in der Anm. 1a erwähnten Ausnahme, selbst dann, wenn der Erbe für die Nachlaßverbindlichkeiten bereits schlechthin unbeschränkt haftet.

[1a]) Eine Ausnahme von dem im Texte Gesagten soll nach der angeführten Bestimmung jedoch dann eintreten, wenn der Erbe für die Nachlaßverbindlichkeiten bereits schlechthin unbeschränkt haftet; die erwähnten Maßregeln der Zwangsvollstreckung werden in diesem Falle, ungeachtet der auf Antrag eines Nachlaßgläubigers angeordneten Nachlaßverwaltung, nicht aufgehoben.

II. Beide Fälle haben sodann miteinander gemein, daß sich die Haftung des Erben, dafern nur nicht schon vor der Anordnung der Nachlaßverwaltung, vor der Eröffnung des Nachlaßkonkurses ein Umstand eingetreten ist, vermöge dessen der Erbe für die Nachlaßverbindlichkeiten schlechthin unbeschränkt zu haften hat,[2]) hier und dort grundsätzlich auf den Nachlaß (Haftung cum viribus hereditatis) beschränkt. Vgl. § 1975,[3]) aber auch § 2013; ferner den i. A. genommenen § 696c Abs. 1 C.P.O.

III. Außerdem gelten in beiden Fällen noch folgende Grundsätze:

1. Die in Folge des Erbfalls durch Vereinigung erloschenen Rechtsverhältnisse sind als nicht erloschen zu behandeln (§ 1976).

2. Die ohne Zustimmung des nicht schlechthin unbeschränkt haftenden Erben von einem Nachlaßgläubiger gegen eine nicht zum Nachlaß gehörende Forderung des Erben erfolgte Aufrechnung ist nunmehr als nicht erfolgt anzusehen, und dasselbe gilt, wenn ein Gläubiger, der nicht Nachlaßgläubiger ist, die ihm gegen den Erben zustehende Forderung gegen eine zum Nachlaß gehörende Forderung aufgerechnet hat (§§ 1977, 2013). Darnach bleibt die Aufrechnung also auch im letzteren Falle wirksam, wenn der Erbe schlechthin unbeschränkt haftet; die sachliche Angemessenheit dieser Bestimmung läßt sich deshalb bezweifeln, weil ihr zufolge die Unbeschränktheit der Haftung des Erben den Nachlaßgläubigern schädlich werden kann.

3. Für die bisherige Verwaltung ist der Erbe den Nachlaßgläubigern so verantwortlich, als ob er die Verwaltung vor der Annahme der Erbschaft als Geschäftsführer ohne Auftrag und nach derselben als Beauftragter geführt hätte. Bezüglich der sich aus dieser Verwaltung ergebenden Ansprüche haftet also der grundsätzlich nur nach II haftende Erbe allerdings auch persönlich. Eine solche Verantwortlichkeit des Erben kann auch dadurch eintreten, daß er, obschon er von der nicht bloß durch Vermächtnisse und Auflagen herbeigeführten Ueberschuldung des Nachlasses Kenntniß hatte oder wenigstens hätte haben müssen, die unverzügliche Stellung des Antrags auf Eröffnung des

---

[2]) Mit Unrecht behauptet Gareis a. a. O. S. 397, daß die Eröffnung des Nachlaßkonkurses „stets die Haftung des Erben zur Beschränkung auf die Nachlaßaktiven herabsetzt".

[3]) Da die Haftung des Erben unter den im Texte bezeichneten Voraussetzungen schon von Rechtswegen eine auf den Nachlaß beschränkte ist, kann hier von einer Einrede der beschränkten Haftung, mit welcher Gareis a. a. O. S. 395, 396 operiren zu wollen scheint, keine Rede sein.

Konkurses über den Nachlaß versäumt. (Vgl. §§ 1978, 1980[4].) Für den ohnedies schlechthin unbeschränkt haftenden Erben können jedoch diese Fälle der Verantwortlichkeit nicht weiter in Betracht kommen. Vgl. § 2013.

4. Hatte der Erbe Nachlaßverbindlichkeiten bereits berichtigt, so müssen die Nachlaßgläubiger dies als für Rechnung des Nachlasses erfolgt gelten lassen, wenn der Erbe den Umständen nach annehmen durfte, daß der Nachlaß zur Berichtigung aller Nachlaßverbindlichkeiten ausreiche. Einem für die Nachlaßverbindlichkeiten schlechthin unbeschränkt haftenden Erben kann aber natürlich auch dies nicht zu Statten kommen. (Vgl. §§ 1979, 2013.)

b) Nachlaßverwaltung.

§ 39.

I. Das Nachlaßgericht hat eine Nachlaßverwaltung, d. i. eine Nachlaßpflegschaft zum Zwecke der Befriedigung der Nachlaßgläubiger (§ 1975), anzuordnen: 1. auf Antrag des Erben, dafern er für die Nachlaßverbindlichkeiten nicht bereits schlechthin unbeschränkt haftet (§§ 1981 Abs. 1, 2013); 2. auf innerhalb von zwei Jahren seit der Annahme der Erbschaft gestellten Antrag eines Nachlaßgläubigers, wenn Grund zur Annahme besteht, daß die Befriedigung der Nachlaßgläubiger durch das Verhalten oder die Vermögenslage des Erben gefährdet wird (1981 Abs. 2). Ist eine den Kosten entsprechende Masse nicht vorhanden, so kann die verlangte Anordnung der Nachlaßverwaltung in beiden Fällen abgelehnt werden. Wird dem Antrag stattgegeben, so hat das Nachlaßgericht die Anordnung der Nachlaßverwaltung zu veröffentlichen. (Vgl. § 1982, 1983.)

II. Mit der Anordnung der Nachlaßverwaltung verliert der Erbe die Befugniß, den Nachlaß zu verwalten und über ihn zu verfügen. Folgerichtig haben daher auch die §§ 6, 7 K.O. entsprechende Anwendung zu finden. An Stelle des Erben ist der eingesetzte Nachlaßverwalter zur Verwaltung des Nachlasses und zur Berichtigung der Nachlaßverbindlichkeiten berufen, und nur ihm gegenüber können Ansprüche, welche sich gegen den Nachlaß richten, geltend gemacht werden.

---

[4]) Einem durch Aufgebotsverfahren ausgeschlossenen oder einem solchen gleichzuhaltenden Gläubiger gegenüber haftet jedoch der Erbe auch im Falle der späteren Anordnung einer Nachlaßverwaltung oder der Eröffnung des Nachlaßkonkurses nur nach Maßgabe der §§ 1973, 1974.

Der für sein Gebahren den Nachlaßgläubigern selbstverständlich verantwortliche Nachlaßverwalter hat den Nachlaß dem Erben erst nach Berichtigung und, sofern diese noch nicht thunlich ist, nach Sicherstellung der bekannten Nachlaßgläubiger auszuantworten. Für die Führung seines Amtes kann der Nachlaßverwalter eine angemessene Vergütung verlangen. (Vgl. §§ 1984 bis 1987.)

III. Die Nachlaßverwaltung endigt: 1. mit der Ausantwortung des nach Befriedigung oder Sicherstellung der bekannten Nachlaßverbindlichkeiten verbliebenen Ueberschusses an den Erben (§ 1986); 2. mit der Eröffnung des Nachlaßkonkurses; 3. durch die vom Nachlaßgericht Mangels einer den Kosten entsprechenden Masse verfügte Aufhebung. (Vgl. § 1988.)

Wie der Erbe im Falle 1 (in Betreff des Falles 3 vgl. § 41 dieser Darstellung) für die noch nicht befriedigten Nachlaßverbindlichkeiten zu haften hat, richtet sich nach allgemeinen Grundsätzen: er haftet also möglicher Weise schlechthin unbeschränkt oder, wenn die Voraussetzungen schlechthin unbeschränkter Haftung nicht vorliegen, gegenüber ausgeschlossenen Gläubigern nach § 1973 und gegenüber nicht ausgeschlossenen nach den §§ 1990, 1991.

c) Nachlaßkonkurs.

§ 40.

I. Im Falle der Ueberschuldung des Nachlasses kommt es regelmäßig zur Eröffnung des Nachlaßkonkurses. Dieselbe wird dadurch nicht gehindert, daß der Erbe die Erbschaft noch nicht angenommen hat oder für Nachlaßverbindlichkeiten bereits schlechthin unbeschränkt haftet. Die Eröffnung des Verfahrens kann beantragt werden: 1. von dem Erben (über den Fall, daß eine Ehefrau Erbin ist, vgl. den i. A. genommenen § 205a K.O.); 2. von dem Nachlaßverwalter, von einem anderen Nachlaßpfleger sowie von einem mit der Verwaltung des Nachlasses betrauten Testamentsvollstrecker; 3. von jedem[1]) Nachlaßgläubiger (von einem Vermächtnißnehmer und dem wegen Vollziehung einer Auflage Klagberechtigten jedoch nur, wenn über das Vermögen des Erben Konkurs eröffnet ist). In den Fällen 2 und 3 kann der Erbe dem erst zwei Jahre nach der Annahme der Erbschaft gestellten Antrag widersprechen. Im Falle solchen Widerspruchs haftet der Erbe aber nicht

---

[1]) Vgl. aber auch das oben S. 136 über die i. A. genommenen §§ 205b, 205i K.O. Gesagte.

ausgeschlossenen Gläubigern schlechthin unbeschränkt, womit den Letzteren bei schlechten Vermögensverhältnissen des Erben freilich wenig gedient ist. Vgl. die §§ 204, 205 (in den i. A. genommenen neuen Fassungen), 205 b und 205 c (beide i. A. genommen) K.O.

III. Obschon hier auf die Einzelheiten des Nachlaßkonkurses nicht eingegangen werden kann, so mögen doch folgende Punkte besonders hervorgehoben werden:

1. Die vom Erben vor der Eröffnung des Verfahrens vorgenommene Erfüllung von Pflichttheilsansprüchen, Vermächtnissen oder Auflagen ist in gleicher Weise anfechtbar wie eine unentgeltliche Verfügung des Erben. Vgl. den i. A. genommenen § 205 e K.O.

2. Der für die Nachlaßverbindlichkeiten nicht schlechthin unbeschränkt haftende Erbe kann die ihm gegen den Erblasser zustehenden Ansprüche im Nachlaßkurse geltend machen; auch tritt er rücksichtlich einer von ihm berichtigten Nachlaßverbindlichkeit, dafern die Berichtigung nicht als für Rechnung des Nachlasses erfolgt gilt, an die Stelle des Gläubigers. Vgl. den i. A. genommenen § 205 h K.O.

3. Die Eigenthümlichkeit des Nachlaßkonkurses, in welchem nach Befriedigung der Gläubiger des Erblassers auch Pflichttheilsansprüche und nach denselben Vermächtnisse und Auflagen berücksichtigt werden müssen, bringt es mit sich, daß diesen erst mit dem Erbfall entstandenen Ansprüchen andere Ansprüche (z. B. auf seit der Eröffnung des Verfahrens laufende Zinsen von den Forderungen gegen den Erblasser, auf Entrichtung von Geldstrafen, auf Erfüllung eines vom Erblasser geleisteten Schenkungsversprechens) vorangestellt werden, welche in anderen Konkursfällen ganz außer Betracht bleiben. Vgl. den i. A. genommenen § 205 k K.O.

III. Dafern der Erbe nicht schon zur Zeit der Eröffnung des Nachlaßkonkurses für die Nachlaßverbindlichkeiten unbeschränkt haftete, hat er nach Beendigung des Konkurses durch Vertheilung der Masse oder durch Zwangsvergleich für die unbefriedigt gebliebenen Nachlaßverbindlichkeiten nur mehr nach den für die Haftung gegenüber einem ausgeschlossenen Gläubiger maßgebenden Grundsätzen zu haften (§§ 1989, 2013).

4. Einrede der beschränkten Haftung.

§ 41.

Eine Beschränkung seiner Haftung kann der noch nicht schlechthin unbeschränkt haftende Erbe endlich noch in folgenden Fällen herbeiführen:

I. Ist die Einleitung oder Fortführung der Nachlaßverwaltung oder des Nachlaßkonkurses Mangels einer entsprechenden Masse unthunlich, so kann der Erbe die Befriedigung eines Nachlaßgläubigers insoweit verweigern, als der Nachlaß nicht ausreicht, muß dann aber, was von diesem noch vorhanden ist, zum Zwecke der Befriedigung des Gläubigers im Wege der Zwangsvollstreckung herausgeben. Hinsichtlich der Frage, was zum Nachlasse gehört (vgl. besonders § 1976), ferner, ob und in welchem Maße der Erbe wegen seines Gebahrens mit dem Nachlaß Ersatz zu leisten oder zu beanspruchen hat, gilt dasselbe, wie im Falle der Anordnung der Nachlaßverwaltung. Verantwortlich wird der Erbe insbesondere, wenn er Verbindlichkeiten aus Pflichttheilsrechten, Vermächtnissen und Auflagen unter Umständen berichtigt, welche im Falle des Konkurses die Befriedigung ausschließen würden. Soweit aber der Erbe die von ihm vorgenommene Befriedigung eines Gläubigers überhaupt in Anrechnung bringen kann, wirkt die rechtskräftige Verurtheilung zur Befriedigung wie diese selbst. (Vgl. §§ 1990, 1991, 2013.)

II. Beruht die Ueberschuldung des Nachlasses auf Vermächtnissen und Auflagen, so ist der Erbe zur Einrede der beschränkten Haftung ohne Weiteres befugt, selbst wenn die im Eingang von I erwähnten Voraussetzungen nicht vorliegen; ja er kann in diesem Falle sogar die Herausgabe der noch vorhandenen Nachlaßgegenstände (aber natürlich unbeschadet der Verantwortlichkeit nach § 1991) durch Zahlung des gegenwärtigen Werthes abwenden und dadurch die Gläubiger von dem Vortheil einer vielleicht baldigst zu erwartenden Werthsteigerung ausschließen. (Vgl. §§ 1992, 2013.)

IV. Haftung des Nacherben und des Vorerben nach dem Eintritt des Falles der Nacherbfolge.

§ 42.

I. Die Haftung des Nacherben für die Nachlaßverbindlichkeiten richtet sich im Wesentlichen nach den allgemeinen Grundsätzen. Im Besonderen ist zu sagen:

1. Das vom Vorerben errichtete Inventar kommt auch dem Nacherben zu Statten (§ 2144 Abs. 2). Wie verhält es sich aber, wenn der Vorerbe, obschon er die ihm gesetzt gewesene Inventarfrist gewahrt hat, für die Nachlaßverbindlichkeiten lediglich deshalb schlechthin unbeschränkt haftet, weil er absichtlich eine erhebliche Unvollständigkeit der im Inventar enthaltenen Angabe der Nachlaßgegenstände herbeigeführt, oder

in der Absicht, die Nachlaßgläubiger zu benachtheiligen, die Aufnahme einer nicht bestehenden Nachlaßverbindlichkeit bewirkt oder bei der Aufnahme des Inventars die Ertheilung der erforderlichen Auskunft verweigert oder absichtlich in erheblichem Maße verzögert hat (vgl. § 2005)? Daß sich hieraus eine schlechthin unbeschränkte Haftung auch des Nacherben nicht ergeben kann, ist selbstverständlich. Allein kommt auch in diesem Falle das vom Vorerben errichtete Inventar dem Nacherben zu Statten oder kann dem letzteren auf Antrag eines Nachlaßgläubigers abermals eine Inventarfrist gesetzt werden? Mit Rücksicht auf Abs. 2 von § 2005 wird man sich für die zweite Alternative zu entscheiden haben.

2. Hatte der Vorerbe ein Inventar noch nicht errichtet, so ist es ganz zweifellos, daß auf Antrag eines Nachlaßgläubigers dem Nacherben eine Inventarfrist bestimmt werden kann. Hierbei drängt sich aber freilich die Frage auf, was der Nacherbe in dem von ihm errichteten Inventar zu verzeichnen hat? Gilt auch für das vom Nacherben errichtete Inventar die Vorschrift des § 2001, und hat also der Nacherbe, der vielleicht von den zur Zeit des Erbfalls obwaltenden Verhältnissen gar keine Ahnung hat, in das von ihm zu errichtende Inventar lediglich die beim Eintritte des Erbfalls vorhanden gewesenen Nachlaßgegenstände aufzunehmen? Dagegen scheint zu sprechen, daß bei beschränkter Haftung des Nacherben nach der ausdrücklichen Bestimmung des § 2144 an Stelle des Nachlasses Dasjenige tritt, was der Nacherbe mit Einschluß der ihm gegen den Vorerben als solchen zustehenden Ansprüche aus der Erbschaft erlangt. Allein eine auch für den Inhalt des vom Nacherben etwa aufzunehmenden Inventars maßgebende Vorschrift kann hierin schon mit Rücksicht auf den zweiten Absatz des § 2144 nicht gefunden werden; denn wenn, wie es hier heißt: „das von dem Vorerben errichtete Inventar auch dem Nacherben zu Statten kommt", so kann dies nur darauf beruhen, daß das ordnungsmäßig aufgenommene Inventar, mag es nun vom Vorerben oder vom Nacherben errichtet worden sein, immer denselben, durch § 2001 bestimmten, Inhalt hat. Dieses Ergebniß ist aber doch ein seltsames. Denn welchen Sinn soll es haben, wenn ein erst viele Jahre nach dem Erbfall in die Erbenrolle eintretender Nacherbe ein Inventar errichtet, in welchem die bei dem Eintritte des Erbfalls vorhandenen Nachlaßgegenstände angegeben und bewerthet werden?

3. Selbst wenn der Nacherbe, weil er z. B. die ihm bestimmte Inventarfrist versäumt hat, für die Nachlaßverbindlichkeiten im Allge-

meinen schlechthin unbeschränkt haftet, so kann er doch den gegen ihn vom Vorerben geltend gemachten Ansprüchen gegenüber die Beschränkung seiner Haftung geltend machen (§ 2144 Abs. 3).

II. Dem für die Nachlaßverbindlichkeiten schlechthin unbeschränkt haftenden Vorerben wird von seiner Haftung durch den Eintritt des Nacherben Nichts abgenommen. Abgesehen von diesem Falle haftet der Vorerbe nach dem Eintritte der Nacherbfolge noch insoweit,[1]) als der Nacherbe nicht haftet, und kann er die Berichtigung der Nachlaßverbindlichkeiten nach den für die Einrede der beschränkten Haftung maßgebenden Grundsätzen insoweit verweigern, als Dasjenige nicht ausreicht, was ihm von der Erbschaft gebührt. (Vgl. § 2145.)[2])

V. Schlechthin unbeschränkte Haftung des Erben gegenüber einzelnen Nachlaßgläubigern.

§ 43.

Eine solche Haftung*) kann sich, abgesehen von dem Falle einer besonderen Verabredung, 1. dadurch ergeben, daß dem als Erben des Schuldners verurtheilten Beklagten die Beschränkung seiner Haftung im Urtheile nicht vorbehalten wurde, dafern nicht einer der Ausnahmsfälle vorliegt, wo solcher Vorbehalt zur späteren Geltendmachung der beschränkten Haftung gar nicht erforderlich ist (vgl. § 695 C.P.O. in der i. A. genommenen neuen Fassung).

2. Verweigert der Erbe nach der Errichtung des Inventars die Leistung des ihm auf Verlangen eines Nachlaßgläubigers auferlegten Offenbarungseides, so haftet er demjenigen Gläubiger schlechthin unbeschränkt, der den Antrag gestellt hat. Das Gleiche gilt, wenn der Erbe ohne hinreichende Entschuldigung weder in dem Termine noch in einem auf Antrag des Gläubigers bestimmten neuen Termin erscheint. Vgl. § 2006; an der Bestimmung desselben ist unbefriedigend, daß

---

[1]) Die Haftung des Vorerben den Gläubigern gegenüber bleibt aber auch hinsichtlich derjenigen Nachlaßverbindlichkeiten bestehen, welche ihm im Verhältnisse zum Nacherben zur Last fallen (§ 2145 Abs. 1 Satz 2).

[2]) Ueber die dem Vorerben im Interesse der Nachlaßgläubiger auferlegte Verpflichtung zur Anzeige des Eintrittes der Nacherbfolge beim Nachlaßgericht vgl. § 2146.

*) Dadurch, daß der Erbe lediglich einzelnen Nachlaßgläubigern schlechthin unbeschränkt haftet, wird das Recht des Erben zur Stellung des Antrags auf Anordnung der Nachlaßverwaltung ebensowenig ausgeschlossen als die Anwendung der §§ 1977 bis 1980 (§ 2013 Abs. 2).

unter Umständen jeder einzelne Nachlaßgläubiger, auf daß der Erbe auch ihm schlechthin unbeschränkt hafte, bemüßigt sein wird, das vergebliche Verlangen auf Leistung des Offenbarungseides durch den Erben zu stellen.

2. Kapitel. Haftung mehrerer Erben.

§ 44.

I. Durch den Uebergang der Erbschaft auf mehrere Erben sollen die Nachlaßgläubiger in Betreff der Verfolgung ihrer Ansprüche weder empfindlich benachtheiligt, noch grundlos begünstigt werden. Um Ersteres zu vermeiden und doch auch Letzteres nicht herbeizuführen, bestimmt das Gesetz einerseits im Gegensatz zum römischen Recht, daß mehrere Erben für die gemeinschaftlichen Nachlaßverbindlichkeiten grundsätzlich als Gesammtschuldner zu haften haben (§ 2058), durchbricht es aber andererseits wieder die Geltung dieses Satzes sowohl rücksichtlich der Zeit vor wie rücksichtlich der Zeit nach der Theilung des Nachlasses durch sehr weitreichende Ausnahmen.

II. Vor der Theilung der Erbschaft gestaltet sich die Haftung mehrerer Erben also:

1. Die Nachlaßgläubiger können die Befriedigung aus dem ungetheilten Nachlasse von sämmtlichen Miterben verlangen (§ 2059 Abs. 2).

2. Den Nachlaßgläubigern steht es aber auch zu, gegen die einzelnen, als Gesammtschuldner haftenden Miterben vorzugehen. Auf Grund des nur gegen den einzelnen Miterben vollstreckbaren Urtheils jedoch kann der Nachlaßgläubiger zwar Zwangsvollstreckung in den „Antheil" dieses Miterben an dem Nachlasse, nicht aber in den ungetheilten Nachlaß und nur mit zweifelhaftem Erfolge in das sonstige Vermögen des verurtheilten Miterben führen. Denn dieser kann bis zur Theilung des Nachlasses die Berichtigung von Nachlaßverbindlichkeiten aus seinem sonstigen Vermögen in der Regel vollständig und, dafern es sich um eine Nachlaßverbindlichkeit handelt, hinsichtlich welcher er eine Beschränkung seiner Haftung auf die Kräfte der Erbschaft nicht mehr geltend machen kann, wenigstens insoweit verweigern, als die vom Gläubiger verlangte Befriedigung die dem Erbtheil des Miterben entsprechende Quote der Verbindlichkeit übersteigt (§ 2059).[1] Es ist

---

[1]) Vgl. übrigens auch den i. A. genommenen § 696f C.P.O.

übrigens noch die im § 2059 nicht berücksichtigte[2]) Möglichkeit in Betracht zu ziehen, daß zum Nachtheil eines Miterben bereits eine der Voraussetzungen eingetreten ist, unter welchen er nicht bloß für „eine" Nachlaßverbindlichkeit, sondern für „die Nachlaßverbindlichkeiten" überhaupt über die Kräfte der Erbschaft hinaus zu haften hat. Es entsteht dann die Frage, ob der Miterbe auch in solchem Falle die Befriedigung des Gläubigers insoweit verweigern kann, als die von demselben verlangte Befriedigung die dem Erbtheil des Miterben entsprechende Quote der Verbindlichkeit übersteigt? Mit Rücksicht auf den Gesammtinhalt des § 2059 wird dies zu bejahen sein.

III. Ungleich wichtiger wird die solidarische Haftung der Miterben nach der Theilung des Nachlasses; denn jetzt kann von einem, dem in Anspruch genommenen Miterben zustehenden Rechte zur Verweisung des Gläubigers auf den ungetheilten Nachlaß selbstverständlich nicht mehr die Rede sein. Erwägungen anderer Art scheinen aber gewisse Ausnahmen von dem Grundsatze der solidarischen Haftung der Miterben auch rücksichtlich der Zeit nach der Theilung der Erbschaft zu rechtfertigen. Denn selbst vorsichtige Miterben können zur Abwendung der für sie gefährlichen solidarischen Haftung nicht mehr thun, als daß sie die zur Ermittelung der Nachlaßverbindlichkeiten erforderlichen Schritte einleiten und die ihnen bekannt gewordenen Nachlaßverbindlichkeiten noch vor der Theilung berichtigen. Die Möglichkeit, daß andere und vielleicht sehr erhebliche Nachlaßverbindlichkeiten erst später bekannt werden, ist aber natürlich nicht ausgeschlossen; und gerade in Betreff dieser erst nachträglich hervorgekommenen Nachlaßverbindlichkeiten scheint nun die den Miterben auferlegte solidarische Haftung unbillig zu sein. Darauf beruhen die Bestimmungen der §§ 2060 und 2061, deren Grundgedanke sich dahin zusammenfassen läßt, daß die Miterben rücksichtlich der erst nach der Theilung bekannt gewordenen Nachlaßverbindlichkeiten, auf deren Nichtbestand zu rechnen sie guten Grund hatten, nicht als Gesammtschuldner, sondern nur nach Verhältniß ihrer Erbtheile zu haften haben. Bei der Durchführung geht aber das Gesetz über diesen Grundgedanken hier und da, in gewiß nicht zu rechtfertigender Weise, noch hinaus.

1. Zur Ermittelung der Nachlaßverbindlichkeiten steht den Miterben zunächst der Weg des Aufgebotsverfahrens offen. Ist die Einleitung dieses Verfahrens, sei es auch nur von einem für die Nachlaß-

[2]) Denn § 2059 spricht nur von dem Falle, daß der Erbe für „eine Nachlaßverbindlichkeit unbeschränkt" haftet.

verbindlichkeiten nicht bereits schlechthin unbeschränkt haftenden[3]) Miterben, beantragt worden, so haften die Miterben den durch Ausschlußurtheil ausgeschlossenen Gläubigern nach der Theilung nicht solidarisch, sondern nur antheilmäßig. Hierbei ist aber wohl zu beachten, daß das Aufgebotsverfahren, soweit nur in Frage kommt, ob die Miterben nach der Theilung nicht solidarisch, sondern nur antheilmäßig haften sollen, in noch weiterem Umfange zulässig ist, als wenn an die Ausschließung im Aufgebotsverfahren die Folge des § 1973 geknüpft ist. Im letzteren Falle werden Pflichttheilsrechte, Vermächtnisse und Auflagen durch das Aufgebot nicht betroffen (§ 1972). Handelt es sich jedoch nur um die Ausschließung der Gläubiger von dem Rechte, die Miterben nach der Theilung als Gesammtschuldner in Anspruch zu nehmen, so ist das Aufgebot auch den soeben bezeichneten Gläubigern gegenüber wirksam (§ 2060 Nr. 1). Nach Nr. 1 von § 2060 soll sich das Aufgebot hier aber auch noch auf „die Gläubiger, denen der Miterbe unbeschränkt haftet", mit erstrecken. Hierbei ist nicht nur an Fälle, in welchen ein Miterbe einzelnen Nachlaßgläubigern unbeschränkt haftet, sondern auch an eine Sachlage etwa folgender Art zu denken. Der Erbe A, welcher den wegen Versäumung der ihm gesetzten Inventarfrist für die Nachlaßverbindlichkeiten bereits schlechthin über die Kräfte der Erbschaft hinaus haftenden B zum Miterben hat, beantragt die Einleitung des Aufgebotsverfahrens. An der Haftung des B über die Kräfte der Erbschaft hinaus kann in solchem Falle durch das Ausschlußurtheil Nichts mehr geändert werden (vgl. den i. A. genommenen § 836nn C.P.O.). Allein nach der Theilung haftet auch B den durch das Aufgebot ausgeschlossenen Gläubigern nur antheilmäßig. Alles dies also ist in Nr. 1 von § 2060 ausgesprochen. Bei der Fassung der Vorschrift ist übrigens offenbar die Möglichkeit übersehen worden,[4]) daß den Erben eine nach § 2060 Nr. 1 ausgeschlossene Nachlaßverbindlichkeit nach dem Ausschlußurtheil, aber doch noch vor der Theilung des Nachlasses, bekannt wird. Nach dem klaren Wortlaut von § 2060 haften die Erben, welche die Theilung des Nachlasses nun eiligst erledigen, für diese Nachlaßverbindlichkeit, obschon sie ihnen schon vor der Theilung bekannt geworden war, nur antheilmäßig. Diese Entscheidung entbehrt jeder sachlichen Rechtfertigung.

[3]) Vgl. den i. A. genommenen § 836gg C.P.O.

[4]) Vgl. hierzu die Fassung der im Texte unter 1a besprochenen Bestimmung des § 2061 Abs. 1: „soweit nicht vor dem Ablaufe der Frist die Anmeldung erfolgt oder die Forderung ihm zur Zeit der Theilung bekannt ist".

1a. Zum Zwecke der Abwendung der solidarischen Haftung für die erst nach der Theilung bekannt gewordenen Nachlaßverbindlichkeiten kann übrigens jeder Miterbe[5]) — statt die Einleitung des eigentlichen Aufgebotsverfahrens zu beantragen — die Nachlaßgläubiger lediglich öffentlich auffordern, ihre Forderungen binnen sechs Monaten entweder bei ihm oder bei dem Nachlaßgericht anzumelden. Diese Aufforderung ist auf Kosten des sie erlassenden Erben durch den Deutschen Reichsanzeiger und durch das für die Bekanntmachungen des Nachlaßgerichts bestimmte Blatt zu veröffentlichen. Die Frist beginnt mit der letzten Einrückung. In diesem Falle haftet jeder Miterbe — nicht bloß derjenige, welcher die Aufforderung ergehen ließ — rücksichtlich der weder angemeldeten noch ihm vor der Theilung bekannt gewordenen Nachlaßverbindlichkeiten nur antheilmäßig, und zwar auch dann, wenn er zur Beschränkung seiner Haftung auf das aus dem Nachlaß Erlangte nicht mehr befugt ist. (Vgl. § 2061.)

2. Nur antheilmäßige Haftung tritt ferner — ganz abgesehen von den Voraussetzungen unter 1 und 1a — rücksichtlich derjenigen Nachlaßverbindlichkeiten ein, welche erst später als fünf Jahre nach dem Erbfall dem Miterben gegenüber geltend gemacht und diesem vor Ablauf der fünf Jahre auch nicht bekannt geworden sind. Diese Vorschrift findet jedoch einerseits auf nach § 1971 bevorrechtete Ansprüche, ferner auf die in dem eingeleitet gewesenen Aufgebotsverfahren[6]) angemeldeten Forderungen keine Anwendung, kommt dagegen andererseits auch einem solchen Miterben zu Statten, welcher die Befugniß zur Beschränkung seiner Haftung bereits eingebüßt hat[7]) (§ 2060 Nr. 2). Auf zwei Punkte ist noch besonders aufmerksam zu machen.

a) Es ist möglich, daß eine Nachlaßforderung, obschon rücksichtlich ihrer die oben erwähnten Voraussetzungen zutreffen, doch noch vor der Theilung des zu ihrer Befriedigung hinreichenden Nachlasses geltend

---

[5]) Also im Gegensatz zu der Vorschrift des i. A. genommenen § 836 gg C.P.O. auch derjenige Miterbe, welcher für die Nachlaßverbindlichkeiten bereits schlechthin unbeschränkt haftet.

[6]) Der Möglichkeit, daß eine Nachlaßforderung zwar nicht in dem gar nicht eingeleiteten Aufgebotsverfahren, dafür aber in Folge der von einem Miterben nach § 2061 veranstalteten öffentlichen Aufforderung angemeldet worden ist, wird in der Nr. 2 von § 2060 nicht gedacht. Darf man trotzdem das in der letzteren Bestimmung bezüglich der Anmeldung im Aufgebotsverfahren Gesagte auch auf die in § 2061 erwähnte Anmeldung beziehen? Das wird doch wohl zu bejahen sein.

[7]) Es verhält sich in dieser Beziehung also hier anders als mit der durch § 2013 eingeschränkten Anwendung des § 1974.

gemacht oder den Miterben wenigstens bekannt wird. Warum soll es den Miterben hier gestattet sein, durch eiligst vorgenommene Theilung nicht nur die Befriedigung des Gläubigers aus dem ungetheilten Nachlaß, sondern auch ihre solidarische Haftung nach der Theilung auszuschließen?

b) Die vollständige Verwirklichung der Voraussetzungen, an welche Nr. 2 von § 2060 die nur antheilmäßige Haftung knüpft, kann möglicher Weise auch erst nach der bereits erfolgten Theilung der Erbschaft eintreten. In diesem Falle scheint es der freilich nicht ganz deutlichen Absicht des Gesetzes zu entsprechen, daß die bereits vorhanden gewesene solidarische Haftung des Miterben sich hinterher in eine nur antheilmäßige verwandelt.

3. Nach § 2060 Nr. 3 haften die Miterben für die Nachlaßverbindlichkeiten endlich nur antheilmäßig, wenn der Nachlaßkonkurs eröffnet und durch Vertheilung der Masse oder durch Zwangsvergleich beendigt worden ist. Hierdurch ist ohne zureichenden Grund ohne Weiteres auch der Fall mitgetroffen, daß der Nachlaßkonkurs erst nach der Theilung des Nachlasses eröffnet wird (vgl. den i. A. genommenen Abs. 2 von § 204 K.O.), so daß in Folge dessen die seit der Theilung des Nachlasses bis zur Beendigung des Konkursverfahrens durch Vertheilung der Masse oder Zwangsvergleich solidarisch haftenden Miterben von nun an nur mehr antheilmäßig zu haften haben.

Abgesehen von den soeben unter 3. 1 bis 3 hervorgehobenen Fällen haften die Miterben nach der Theilung der Erbschaft für die Nachlaßverbindlichkeiten solidarisch.

IV. Die unter III und IV dargestellten Bestimmungen über die Haftung mehrerer Erben für die Nachlaßverbindlichkeiten vor und nach der Theilung der Erbschaft sind viel zu wenig einfach und klar gedacht, als daß sie sich allseitig bewähren könnten. Einige Bedenken gegen dieselben wurden schon im Laufe der vorhergehenden Darstellung vorgebracht. Weitere Mißstände werden sich wahrscheinlich nach folgenden Richtungen ergeben: In nicht ganz seltenen Fällen wird es zweifelhaft sein und deshalb einen Gegenstand des Streites bilden, ob die Theilung des Nachlasses bereits erfolgt ist, und in anderen Fällen werden die Erben dadurch, daß sie nur einzelne zum Nachlaß gehörende, etwa mit Pfandrechten überlastete, Gegenstände ungetheilt lassen, sich der praktischen Vortheile der Theilung erfreuen können, ohne ihre Nachtheile tragen zu müssen. Was ist ferner Rechtens, wenn bei Vorhandensein der Erben A, B und C der Miterbe C mit einigen Vermögensstücken aus dem Nachlaß abgefunden ist, A und B dagegen noch in der Erbengemeinschaft bleiben? Ueberaus verwunderlich ist sodann folgende civilprocessualische Subtilität, welche aber zugleich geeignet ist, die Mangelhaftigkeit des eingreifenden materiellen Rechtes zu illustriren. Tritt ein Nachlaßgläubiger, bezüglich dessen die Voraussetzungen von § 2060 Nr. 1 oder Nr. 2 vorhanden sind, gegen einen zur Geltendmachung der Beschränkung seiner Haftung auf das aus dem Nachlaß ihm Gebührende nicht mehr befugten Miterben noch vor der Theilung klagend auf, so ist der Beklagte in dem gleichfalls noch vor der Theilung ergehenden Urtheil auf Verlangen des Klägers in solidum zu verurtheilen. Schreitet der Gläubiger hierauf zur Zwangsvollstreckung in das persönliche Vermögen des Miterben, so kann dieser „bis zur Theilung", also nicht mehr nach derselben, die Einschränkung der Zwangsvollstreckung auf den seinem Erbtheil entsprechenden Theil der Verbindlichkeit verlangen (§ 2059). Versteht es der Miterbe jedoch, die Theilung derart zu betreiben, daß sie noch vor der Schöpfung des Urtheils erfolgt, so darf er dem Gläubiger zur Zahlung in solidum überhaupt nicht mehr verurtheilt werden (§ 2060). Darnach ist also auf das unredliche Verfahren des Miterben geradezu ein Preis gesetzt.

V. Mit der bisher erörterten Frage, ob mehrere Erben für die Nachlaßverbindlichkeiten als Gesammtschuldner oder nur antheilmäßig zu haften haben, darf die hiervon wesentlich verschiedene Frage, ob die einzelnen Miterben nur mit dem, was ihnen aus dem Nachlasse gebührt, oder auch mit ihrem sonstigen Vermögen haften, nicht verwechselt werden. Es ist vielmehr sehr wohl möglich, daß die nur antheilmäßig haftenden Miterben rücksichtlich des in Betracht kommenden Antheils der Nachlaßverbindlichkeiten mit ihrem gesammten Vermögen haften, solidarisch haftende Miterben dagegen nur mit dem aus der Erbschaft ihnen Gebührenden. Die Entscheidung der Frage aber, ob und in welchem Umfange zu Gunsten des einzelnen Miterben eine Beschränkung der Haftung eintreten kann, regelt sich im Allgemeinen nach denselben Grundsätzen, welche für den Alleinerben gelten. Nur kommt die Errichtung des Inventars durch einen Miterben auch den übrigen Erben zu Statten, dafern diese nur nicht in Folge bereits früher eingetretener Umstände schlechthin über das, was ihnen aus der Erbschaft zukommt, hinaus zu haften haben (§ 2063 Abs. 1). Ein für die Nachlaßverbindlichkeiten schlechthin unbeschränkt haftender Miterbe würde in Ermangelung einer besonderen Bestimmung auch den übrigen Erben, soweit sie zugleich Nachlaßgläubiger sind, unbeschränkt zu haften haben. Dies könnte aber, wenigstens unter Umständen, zu Unbilligkeiten führen, und um dies zu vermeiden, gestattet das Gesetz auch dem im Allgemeinen unbeschränkt haftenden Miterben die Geltendmachung der beschränkten Haftung den übrigen Erben gegenüber. (Vgl. § 2063 Abs. 2.)

VI. Während es zur Eröffnung des Konkurses über den Nachlaß auch noch nach der Theilung desselben kommen kann (vgl. die i. A. genommene neue Fassung von § 204 K.O.), ist die Anordnung einer Nachlaßverwaltung nach der Theilung des Nachlasses ausgeschlossen. Vor der Theilung des Nachlasses kann die Nachlaßverwaltung, unbeschadet des Antragsrechtes eines Nachlaßgläubigers, von den Erben nur gemeinschaftlich beantragt werden. (Vgl. § 2062.)

VII. In diesen Zusammenhang gehört endlich noch die nicht ganz leicht verständliche Bestimmung des § 2007:

> Ist ein Erbe zu mehreren Erbtheilen berufen, so bestimmt sich seine Haftung für die Nachlaßverbindlichkeiten in Ansehung eines jeden der Erbtheile so, wie wenn die Erbtheile verschiedenen Erben gehörten. In den Fällen der Anwachsung und des § 1935 gilt dies nur dann, wenn die Erbtheile verschieden beschwert sind.

Darnach hat man folgende Unterscheidungen zu machen:

1. Zu dem ursprünglichen Erbtheil kommt ein weiterer Erbtheil durch Anwachsung (§§ 2094, 2095), oder es tritt eine nach § 1935 zu beurtheilende Erhöhung des ursprünglichen gesetzlichen Erbtheils ein, und in beiden Fällen sind die Erbtheile nicht verschieden belastet. Dann sind die dem Erben zugefallenen zwei Erbtheile rücksichtlich der Haftung für die Nachlaßverbindlichkeiten nach § 2007 als ein Erbtheil zu behandeln. Haftet also der Erbe rücksichtlich des ursprünglichen Erbtheils bereits schlechthin unbeschränkt, so kann auch in Ansehung des ihm anwachsenden Erbtheils oder der ihm nach § 1935 zukommenden Erhöhung seines ursprünglichen Erbtheils von einer Beschränkung der Haftung nicht mehr die Rede sein.

2. Erwirbt ein Erbe nach § 1927 (Berücksichtigung der mehrfachen Verwandtschaft des Erben mit dem Erblasser im Falle der Theilung nach Stämmen in den ersten drei Ordnungen der gesetzlichen Erbfolge) oder nach § 1934 (d. i., wenn der überlebende Ehegatte bei der gesetzlichen Erbfolge zugleich als Verwandter des Erblassers erbt) oder nach § 2098 (Berufung des Theilerben als Ersatzerbe für den weggefallenen Miterben) mehrere Erbtheile, so bestimmt sich die Haftung des Erben für die Nachlaßverbindlichkeiten so, als ob die Erbtheile verschiedenen

Erben gehörten. Eine Konsequenz davon ist insbesondere, daß der Erbe, welcher rücksichtlich des Erbtheils Nr. 1 bereits schlechthin unbeschränkt zu haften hat, in Ansehung des Erbtheils Nr. 2 selbst dann, wenn die Annahme des ersteren auch die des letzteren nothwendig in sich schließt,[8]) der Vortheile der Beschränkbarkeit der Haftung noch immer theilhaftig ist.

3. In den Fällen der Anwachsung eines Erbtheils und der Erhöhung des ursprünglichen Erbtheils nach § 1935 tritt dieselbe Behandlung wie unter Z. 2 ein, „wenn die Erbtheile verschieden beschwert sind". Die Erbtheile sind aber bereits verschieden beschwert, wenn auf den Erbtheil Nr. 1 ein Vermächtniß gelegt ist, welches den Erbtheil Nr. 2 nicht mitbelastet, oder umgekehrt. Beispiel: Des Erblassers Söhne A und B, von welchen der letztere mit einem kleinen Vermächtnisse zu Gunsten des X beschwert ist, sind die nächsten gesetzlichen Erben. A nimmt an und wird rücksichtlich des von ihm zunächst erworbenen Erbtheils dadurch schlechthin unbeschränkt haftbar, daß er die ihm bestimmt gewesene Inventarfrist versäumt; später wird B für erbunwürdig erklärt und fällt in Folge dessen auch sein Erbtheil nach § 1935 dem A zu. Es ist schwer zu begreifen, warum A in diesem Falle in Ansehung des ihm zugefallenen Erbtheils des B lediglich wegen des zu Gunsten des X ausgesetzten Vermächtnisses allen Nachlaßgläubigern gegenüber der Vortheile der Beschränkbarkeit seiner Haftung noch theilhaftig sein soll.

---

[8]) Vgl. § 30 (unter VI) dieser Darstellung.

5. Abschnitt.

Erbschaftsanspruch.

§ 45.

I. Wird dem Erben die Erbschaft oder ein Theil derselben durch einen Dritten vorenthalten, so stehen ihm zur Erlangung des ihm Vorenthaltenen zunächst diejenigen Einzelansprüche zu, welche sich für ihn aus Rechtsverhältnissen, in welche er durch Erbfolge eingetreten ist, ergeben, also Eigenthumsansprüche, Ansprüche wegen Besitzverletzung, Ansprüche auf Herausgabe ungerechtfertigter Bereicherung u. dgl. Allein unter Umständen ist dem Erben auch die Stellung eines Gesammtanspruchs gestattet, welcher sich schlechtweg auf Alles erstreckt, was der Beklagte aus der Erbschaft erlangt hat. Dieser, der römischen hereditatis petitio nachgebildete Gesammtanspruch wird im Gesetze als „Erbschaftsanspruch" bezeichnet. Während jedoch die hereditatis petitio nicht nur gegen den possessor pro herede, sondern auch gegen den possessor pro possessore angestellt werden kann, steht dem Erben der „Erbschaftsanspruch" des B.G.B. nur gegen den possessor pro herede, nicht auch gegen den possessor pro possessore zu. Das Gesetz drückt dies in seinem § 2018 folgendermaßen aus:

> Der Erbe kann von Jedem, der auf Grund eines ihm in Wirklichkeit nicht zustehenden Erbrechts etwas aus der Erbschaft erlangt hat (Erbschaftsbesitzer), die Herausgabe des Erlangten verlangen.

Damit ist gemeint, daß der Erbschaftsanspruch nur gegen Denjenigen zulässig sein soll, welcher die Erbschaft oder einen Theil derselben als Erbprätendent in Besitz genommen hat (possessor pro herede),[1]) nicht dagegen gegen einen solchen Besitzer von Erbschaftssachen, welcher die

---

[1]) Die für das Recht des B.G.B. bedeutungslose Frage, ob sich der „Erbschaftsbesitzer" des § 2018 mit dem possessor pro herede des römischen Rechts (vgl. darüber z. B. Köppen, Lehrbuch des heutigen römischen Erbrechts Abth. I S. 327) vollständig deckt, braucht hier nicht erörtert zu werden.

Erbschaft einfach als gute Beute behandelt hat, ohne sich ein Erbrecht anzumaßen (possessor pro possessore). Die technische Bezeichnung des B.G.B. für den possessor pro herede ist „Erbschaftsbesitzer"; als solcher hat übrigens auch Derjenige zu gelten, welcher die Erbschaft durch Vertrag von einem possessor pro herede an sich gebracht hat (§ 2030). Maßgebend für diese Behandlung war vorzugsweise Folgendes: Einerseits das Bestreben, dem Erbschaftsanspruch dadurch eine feste Begrenzung zu geben, daß er nur in Fällen gewährt wird, wo mit dem Streite über die Erbschaft ein Streit über das Erbrecht Hand in Hand geht. Sodann aber auch die von den Redaktoren des Gesetzes als durchschlagend betrachtete Erwägung, daß ein Gesammtanspruch gegen den possessor pro possessore praktisch aus dem Grunde entbehrlich sei, weil der Erbe in den hierher gehörigen Fällen, mit Rücksicht auf die im B.G.B. anerkannte Vererblichkeit des Besitzes (§ 857), mit Rücksicht ferner auf den durch § 1007 gegebenen petitorischen Anspruch aus früherem Besitz und mit Rücksicht auf das (die condictio possessionis mitbegreifende) Kondiktionenrecht ohnedies hinreichend geschützt sei. Hieran ist so viel richtig, daß der Erbe, ganz abgesehen von jedem Gesammtanspruch, durch die Bestimmungen des B.G.B. sowohl dem possessor pro herede wie dem possessor pro possessore gegenüber ungleich besser gestellt ist als nach römischem und gemeinem Recht. Beispiel: Ein Dritter okkupirt Sachen, welche thatsächlich zum Nachlaß gehören, bezüglich welcher aber dem Erblasser nachweisbar nur Besitz, aber nicht Eigenthum oder publizianisches Recht zugestanden hatte. Nach römischem Rechte gewährte dem Erben hier nur die hereditatis petitio den erforderlichen Schutz. Nach dem Rechte des B.G.B. aber vermag der Erbe hier mit Rücksicht auf § 857 die Besitzklage und nach Versäumung der Frist des § 864 die condictio possessionis anzustrengen. Allein hierdurch ist die Ueberflüssigkeit der Gewährung eines Gesammtanspruchs gegen den possessor pro possessore noch immer nicht erwiesen. Von wirklich entscheidender Bedeutung sind folgende Punkte: 1. Entspringen für den Erben aus der Gewährung eines Gesammtanspruchs Vortheile, deren er in Ermangelung eines solchen Gesammtanspruchs entbehrt? 2. Liegen, dafern man die Frage unter Z. 1 bejaht, ganz besondere Gründe vor, dem Erben die aus der Gewährung eines Gesammtanspruchs sich ergebenden Vortheile zu versagen, wenn ihm ein possessor pro possessore gegenübersteht?[2]) Beantwortet man die Frage unter Z. 1 verneinend, so hat

[2]) Neben dem, was im Texte vom Standpunkte des klagenden Erben aus bemerkt worden ist, kommt übrigens noch in Betracht, daß sich daraus, daß er einem

die Gewährung eines Gesammtanspruchs überhaupt keinen Sinn, und in Konsequenz hiervon müßte man daher auch dahin kommen, dem Erben einen Gesammtanspruch auch gegen den possessor pro herede zu versagen. Obschon diese Auffassung in der Gesetzgebungskommission nicht unvertreten war, so hat das B.G.B. doch nicht in diesem Sinne entschieden; es giebt vielmehr dem Erben gegen den possessor pro herede allerdings einen Gesammtanspruch, dessen Werth und Bedeutung gerade hierdurch deutlich anerkannt wird. Stimmt man aber dem Gesetze hierin bei, so wird man sich kaum davon überzeugen können, daß der Gesammtanspruch dann überflüssig sei, wenn der Erbe einem Gegner gegenübersteht, welcher die Erbschaft nicht als possessor pro herede, sondern als possessor pro possessore in Besitz genommen hat. Beispiel: Der bisherige gesetzliche Vertreter eines bereits verstorbenen Kindes benützt die ihm noch zur Verfügung stehende Legitimation, um sich in den Besitz einer Erbschaft zu setzen, welche dem Kinde angefallen wäre, wenn es den Anfall der Erbschaft erlebt hätte. Wer so vorgeht, ist im Sinne des § 2018 nicht „Erbschaftsbesitzer" (possessor pro herede), sondern possessor pro possessore. Ungeachtet dessen ist nicht einzusehen, warum ihm gegenüber nicht der Erbschaftsanspruch begründet sein soll.[3]) Eine andere Konsequenz des § 2018 ist, daß dem Erben auch gegen Testamentsvollstrecker und Nachlaßpfleger, welche die Herausgabe des Nachlasses grundlos verweigern, ein Gesammtanspruch nicht zusteht.

II. Einen dem Erbschaftsanspruch analogen Anspruch gewährt das Gesetzbuch dem für todt erklärten Herrn eines Vermögens, welcher den in der Todeserklärung angenommenen Zeitpunkt seines Todes überlebt hat, und desgleichen auch demjenigen, dessen Tod ohne Todeserklärung mit Unrecht angenommen worden ist (§ 2031). Da für diesen Anspruch die für den Erbschaftsanspruch geltenden Grundsätze maßgebend sind, so kann auch er nur einem Erbschaftsbesitzer, d. h. nur einem solchen Gegner, welcher das Vermögen des Klägers oder einen Theil desselben als Erbprätendent in Besitz genommen hat, gegenüber geltend gemacht werden. Die Voraussetzungen für den Gesammtanspruch des § 2031 treffen also nicht zu, wenn ein Verschollener, dessen Tod, sei es

---

Gesammtanspruch gegenübersteht, auch für den Beklagten recht erhebliche und der Billigkeit entsprechende Vortheile ergeben können.

[3]) Durch das im Texte Bemerkte soll übrigens dagegen, daß das Gesetz dem Erben den Erbschaftsanspruch gegen Denjenigen versagt, welcher lediglich eine einzelne Erbschaftssache eigenmächtig okkupirt hat, nicht das geringste Bedenken erhoben werden.

mit, sei es ohne Todeserklärung, mit Unrecht angenommen worden ist, gegen Denjenigen auftritt, welcher es verstanden hat, sich dadurch in den Besitz des Vermögens des Klägers zu setzen, daß er sich selbst als der bisher verschollen gewesene Herr dieses Vermögens aufspielte.

III. Das Gesetz legt dem „Erbschaftsbesitzer" mit Recht die Verpflichtung auf, dem Erben über den Bestand der Erbschaft und über den Verbleib der Erbschaftsgegenstände Auskunft zu ertheilen (§ 2027 Abs. 1). Würde nun diese Verpflichtung nur den possessor pro herede im Sinne des § 2018 und nicht auch den possessor pro possessore treffen, so ergäbe sich schon hieraus allein der große Werth des dem Erben gegen den possessor pro herede gewährten Erbschaftsanspruchs und zugleich eine grundlose Begünstigung desjenigen, welcher eine fremde Erbschaft, ohne sich dabei ein Erbrecht anzumaßen, okkupirt hat. Um diesen Mißstand zu vermeiden, trifft das Gesetz die von dem einmal eingenommenen Standpunkte aus gewiß zu billigende Bestimmung, daß die Verpflichtung zur Auskunft über den Bestand der Erbschaft und den Verbleib der Erbschaftsgegenstände auch Demjenigen obliegt, welcher, ohne Erbprätendent zu sein, eine Sache aus dem Nachlaß in Besitz nimmt, bevor der Erbe den Besitz thatsächlich ergriffen hatte (§ 2027 Abs. 2). Das Gesetz geht aber auch darüber noch hinaus und giebt dem Erben — damit einem zweifellosen Bedürfnisse entsprechend — außerdem noch das Recht, von Demjenigen, welcher sich zur Zeit des Erbfalls mit dem Erblasser in häuslicher Gemeinschaft befunden hat, Auskunft darüber zu verlangen, welche erbschaftliche Geschäfte er geführt hat und was ihm über den Verbleib der Erbschaftsgegenstände bekannt ist. Besteht Grund zur Annahme, daß die Auskunft nicht mit der erforderlichen Sorgfalt ertheilt worden ist, so hat der Verpflichtete auf Verlangen des Erben den Offenbarungseid dahin zu leisten: daß er seine Angaben nach bestem Wissen so vollständig gemacht habe, als er dazu im Stande ist (§ 2028).

IV. Für den Erbschaftsanspruch gelten folgende Grundsätze:

1. Der Kläger hat einerseits sein Erbrecht zu erweisen und andererseits, daß der Beklagte die Erbschaft oder einen Theil derselben als Erbprätendent in Besitz genommen oder auch nur in der bezeichneten Eigenschaft etwas aus der Erbschaft erlangt hat (§ 2018).[4]) Dagegen

[4]) Schon hieraus ergiebt sich ein für den Kläger aus der Gewährung des Erbschaftsanspruchs erwachsender recht erheblicher Vortheil. Denn wer z. B. den Eigenthumsanspruch (§ 985) geltend macht, muß den gegenwärtigen Besitz des Beklagten beweisen.

obliegt dem Kläger nicht auch der Beweis, daß der Beklagte noch etwas von der Erbschaft in Händen hat. Behauptet Beklagter vielmehr, daß dies nicht mehr der Fall sei, so trifft ihn die Beweislast.

2. Der Erbschaftsanspruch geht auf Alles, was der Erbschaftsbesitzer aus der Erbschaft erlangt hat; dazu gehört aber auch das von diesem mit den Mitteln der Erbschaft Erworbene und gehören nicht minder die von ihm aus der Erbschaft gezogenen Nutzungen, mit Einschluß auch derjenigen Früchte, an welchen er das Eigenthum erworben hat (§§ 2018 bis 2020).[5] Auf die Ersitzung einer Sache, welche er als eine zur Erbschaft gehörende im Besitze hat, kann sich der Erbschaftsbesitzer dem Erben gegenüber nicht berufen, solange der Erbschaftsanspruch nicht verjährt ist (§ 2026).[6] Soweit der Erbschaftsbesitzer zur Herausgabe der aus der Erbschaft erlangten Gegenstände außer Stande ist, bestimmt sich seine Verpflichtung nach den Vorschriften über die Herausgabe einer ungerechtfertigten Bereicherung (§ 2021).[7]

Im Besonderen ist noch zu sagen:

a) Wegen seines Gebahrens mit der Erbschaft ist der gutgläubige Erbschaftsbesitzer rücksichtlich der Zeit vor der Rechtshängigkeit des Erbschaftsanspruchs nicht verantwortlich.

b) Von dem Zeitpunkt der Rechtshängigkeit an haftet er jedoch für jedes Verschulden, insbesondere auch wegen schuldbarer Versäumung von Nutzungen, die er nach den Regeln einer ordnungsmäßigen Wirthschaft hätte ziehen können (§§ 2023, 987, 989). Ist der Erbschaftsbesitzer um einen Geldbetrag bereichert, so hat er denselben vom Zeitpunkt der Rechtshängigkeit an nach Maßgabe des § 291 zu verzinsen (§§ 2021, 818 Abs. 4).

c) Ist der Erbschaftsbesitzer beim Beginne des Erbschaftsbesitzes nicht in gutem Glauben,[8] so haftet er dem Erben schon von vornherein so, wie der gutgläubige Erbschaftsbesitzer von dem Eintritte der Rechtshängigkeit an haftet. Erfährt der bisher in gutem Glauben gewesene Erbschaftsbesitzer erst hinterher, daß er der wahre Erbe nicht

---

[5]) In Betreff der für den Kläger weniger günstigen Behandlung der analogen Frage im Falle der Geltendmachung des Eigenthumsanspruchs vgl. § 993.

[6]) Dafern der Erbe mit dem Einzelanspruch vorgehen müßte, würde sich der Beklagte auf die Ersitzung mit Erfolg berufen können.

[7]) Dies entspricht dem Grundgedanken des für das römische Recht maßgebenden S. C. Inventianum; vgl. Dernburg, Pandekten III § 172.

[8]) Ueber den Begriff des guten Glaubens vgl. § 932 Abs. 2.

ist, so tritt die vorerwähnte Steigerung der Haftung[9]) mit der Erlangung dieser Kenntniß ein. (Vgl. § 2024.)

d) Hat der Erbschaftsbesitzer einen Erbschaftsgegenstand durch eine strafbare Handlung erlangt, so haftet er nach den Vorschriften über den Schadensersatz wegen unerlaubter Handlungen. Ebenso verhält es sich grundsätzlich, wenn der Erbschaftsbesitzer sich den Besitz einer zur Erbschaft gehörenden Sache durch verbotene Eigenmacht verschafft hat. (Vgl. § 2025.) Hierbei ist aber Folgendes wohl zu beachten: Da der Besitz des Erblassers ohne Weiteres auf den Erben übergeht, so übt der Erbschaftsprätendent verbotene Eigenmacht im Sinne des § 858 schon dadurch, daß er sich den Besitz von zur Erbschaft gehörenden und nach § 857 vom wahren Erben (ohne thatsächliche Ergreifung) bereits besessenen Sachen auf eigene Faust verschafft. Haftet der Erbschaftsbesitzer in solchem Falle auf Schadensersatz? Das ist bezüglich des schlechtgläubigen Okkupanten selbstverständlich zu bejahen, wird dagegen bezüglich des gutgläubigen Erbschaftsbesitzers in § 2025 Satz 2 mit Recht verneint. Wie verhält es sich aber, wenn die Okkupation der zur Erbschaft gehörenden Sache erst erfolgt ist, nachdem der wahre Erbe von derselben auch schon thatsächlich Besitz ergriffen hatte? Die Antwort bleibt in Betreff des Erbschaftsbesitzers, welchem der Mangel des guten Glaubens nachgewiesen werden kann, natürlich dieselbe wie oben. Fehlt dagegen dem Erbschaftsbesitzer der gute Glaube bezüglich des Erbrechts nicht, so kommt es doch wieder darauf an, ob ihm bei der Okkupation der Sache ein Verschulden zur Last fiel oder nicht;[10]) ein solches Verschulden des Erbschaftsbesitzers wird aber schon dann anzunehmen sein, wenn er wußte oder wissen mußte, daß die von ihm okkupirte Sache bereits von einem Anderen, welcher sich später als der wahre Erbe herausstellt, ergriffen worden ist.

3. In Betreff der vom Erbschaftsbesitzer auf die Erbschaft gemachten Verwendungen, zu welchen insbesondere auch das zur Bestreitung von Lasten der Erbschaft oder zur Berichtigung von Nachlaßverbindlichkeiten Aufgewendete gehört (§ 2022 Abs. 2), ist folgender Maßen zu unterscheiden:

---

[9]) Auf die möglicher Weise durch Verzug herbeigeführte noch weitergehende Haftung ist hier nicht einzugehen.

[10]) Denn obschon verbotene Eigenmacht im Sinne des § 858 auch bei optima fides des in die fremde Besitzsphäre Eingreifenden möglich ist, so trifft den die verbotene Eigenmacht Verübenden eine Verpflichtung zur Leistung von Schadensersatz doch nur im Falle eines ihm zur Last fallenden Verschuldens (§ 823).

a) Befindet sich der Erbschaftsbesitzer in gutem Glauben, so kann er rücksichtlich der Zeit von der Erlangung des Erbschaftsbesitzes an bis zur Rechtshängigkeit des Erbschaftsanspruchs alle wie immer gearteten Verwendungen in Ansatz bringen[11]) und die Herausgabe der zur Erbschaft gehörenden Sachen verweigern, bis er wegen der nicht schon durch Anrechnung und Abzug gedeckten Verwendungen befriedigt wird (§ 2022 Abs. 1). Dieses Zurückbehaltungsrecht kann von dem Erbschaftsbesitzer nicht nur hinsichtlich der auf die zurückzubehaltenden Sachen selbst gemachten, sondern auch hinsichtlich anderer nach § 2022 überhaupt in Betracht kommenden Aufwendungen ausgeübt werden.[12])[13])

b) Die nach der Rechtshängigkeit des Erbschaftsanspruchs gemachten Verwendungen kann der gutgläubige Erbschaftsbesitzer nach den Vorschriften über die Geschäftsführung ohne Auftrag aber nur insoweit in Ansatz bringen, als sie sich als „nothwendige" (§§ 994, 995) darstellen (§ 2023 Abs. 2, § 994 Abs. 2, § 996).

c) Fehlt dem Erbschaftsbesitzer schon beim Beginn des Erbschaftsbesitzes der gute Glaube, oder erfährt er wenigstens später, daß er nicht der Erbe ist, so gilt das unter b) Gesagte im ersten Falle schon von vornherein und im zweiten Falle von der Erlangung der Kenntniß an (§ 2024).

d) Das Zurückbehaltungsrecht wegen Verwendungen entfällt, wenn der Beklagte den Erbschaftsbesitz überhaupt, oder doch wenigstens den Besitz derjenigen Sachen, deren Zurückbehaltung in Frage steht, durch eine vorsätzlich begangene unerlaubte Handlung erlangt hat (§§ 2022, 1000).

4. Der Erbschaftsanspruch verjährt in dreißig Jahren (§ 195).[14]) Die Verjährung beginnt mit dem Zeitpunkt, in welchem dem wahren Erben ein Anderer als Erbschaftsbesitzer im Sinne des § 2018 gegenübersteht. Hieran ist auch in dem Falle festzuhalten, wenn die Ent-

---

[11]) Gegenüber dem Eigenthumsanspruch kann der Besitzer den Ersatz der von ihm gemachten Verwendungen grundsätzlich nur in erheblich beschränkterem Maße verlangen; vgl. §§ 994 bis 996, aber auch § 2029.

[12]) Dies ist ein für den Beklagten daraus sich ergebender Vortheil, daß der Kläger einen Gesammtanspruch geltend macht. Vgl. aber auch § 2029.

[13]) Im Uebrigen finden auf das Recht des Erbschaftsbesitzers auf Ersatz der von ihm auf die Erbschaft gemachten Verwendungen die Bestimmungen der §§ 1001 bis 1003 Anwendung. Vgl. § 2022 Abs. 1, aber auch Abs. 3.

[14]) Vgl. aber auch 2031 Abs. 1 Satz 2.

stehung des dem wahren Erben zukommenden Erbschaftsanspruchs von der Ausübung eines demselben zustehenden Anfechtungsrechtes abhängig ist (§ 200).[15])

V. Macht der Erbe gegen den „Erbschaftsbesitzer" statt des Erbschaftsanspruchs Ansprüche, welche ihm in Ansehung der einzelnen Erbschaftsgegenstände zustehen, geltend, so bestimmt sich doch die Haftung des Beklagten nach den Vorschriften über den Erbschaftsanspruch (§ 2029).

---

[15]) Die Bestimmung des § 200 (deren sachlichen Inhalt der Verfasser dieser Darstellung wiederholt, zuletzt in Ihering's Jahrbüchern, Bd. 34 S. 362, 363 befürwortet hat) enthält insofern eine Ungenauigkeit, als ihr zufolge die Verjährung eines Anspruchs, dessen Entstehung davon abhängt, daß der Berechtigte von einem ihm zustehenden Anfechtungsrechte Gebrauch macht, mit dem Zeitpunkte beginnen soll, „von welchem an die Anfechtung zulässig ist". Beispiel: A ist der nächste gesetzliche Erbe des Erblassers, B ist in einem anfechtbaren Testamente des Erblassers als Alleinerbe eingesetzt. Nachdem der Nachlaß durch zehn Jahre von einem Testamentsvollstrecker verwaltet worden war, nimmt B denselben in Besitz. Einige Zeit später ficht A das Testament an. Frage: Wann beginnt die Verjährung des Erbschaftsanspruchs? Nach dem Wortlaute des § 200 schon mit dem Zeitpunkte des Erbfalls, denn von diesem Zeitpunkte an war die Anfechtung des Testaments bereits „zulässig". Diese Entscheidung ist aber deshalb verkehrt, weil die Verjährung des Erbschaftsanspruchs doch unmöglich beginnen kann, solange, ganz abgesehen von der erforderlichen Anfechtung, die Hauptvoraussetzung dieses Anspruchs, nämlich der Erbschaftsbesitz des B, noch nicht verwirklicht ist.

6. Abschnitt.

Erbschaftskauf.

§ 46.

I. Der Erbe kann die ihm angefallene Erbschaft veräußern, insbesondere verkaufen. Das Gesetz widmet diesen und verwandten Vorgängen in den §§ 2371 bis 2385 eingehende Bestimmungen, welche von dem besonderen Falle des Verkaufes einer angefallenen Erbschaft (Erbschaftskauf) ihren Ausgangspunkt nehmen. Die Vorschriften des Gesetzes über den „Erbschaftskauf" finden aber auch auf den Kauf einer von dem Verkäufer durch Vertrag erworbenen Erbschaft sowie auf andere Verträge, die auf die Veräußerung einer dem Veräußerer angefallenen oder anderweit von ihm erworbenen Erbschaft gerichtet sind (§ 2385 Abs. 1), Anwendung. Mit den nächstliegenden Fällen des Erbschaftskaufes hat man es zu thun, wenn der Alleinerbe die Erbschaft oder wenn ein Theilerbe seinen Erbtheil verkauft; möglich ist aber auch der Verkauf eines Bruchtheils der Erbschaft seitens des Alleinerben und der Verkauf eines Bruchtheils seines Erbtheils seitens eines Theilerben.

II. Der Erbschaftskauf bedarf nach § 2371 in allen Fällen der gerichtlichen oder notariellen Beurkundung. Die Durchführbarkeit dieser Vorschrift wird jedoch durch die Bestimmung des § 2033 in Zweifel gestellt. Denn nach der letzteren kann jeder Miterbe vor der Auseinandersetzung mittels eines gerichtlich oder notariell beurkundeten Vertrages über seinen Antheil an dem Nachlasse „verfügen". Dieser Vertrag des § 2033 ist kein obligatorischer, sondern ein auf Rechtsübertragung gerichteter Vertrag, und für ihn gelten daher auch die Grundsätze der §§ 398, 873, 929, nur mit dem, den §§ 398 und 929 gegenüber besonders hervorzuhebenden Unterschiede, daß zur Uebertragung des Erbtheils im Sinne des § 2033 gerichtliche oder notarielle Beurkundung des Vertrages erforderlich ist. Für den Effekt der beabsichtigten und in der vorgeschriebenen Form vorgenommenen Uebertragung des Erbtheils ist somit der Rechtsgrund, die causa derselben, ganz gleichgiltig. Wie verhält es sich darnach also, wenn ein Miterbe vor der Auseinandersetzung im Sinne des § 2033 über seinen Erbtheil

11*

auf Grundlage eines Kaufes oder eines sonstigen Veräußerungsgeschäftes, jedoch ohne vorher der Form des § 2371 genügt zu haben, „verfügt“? Ist in dem gerichtlich oder notariell beurkundeten Verfügungsvertrage auch das Kauf- oder sonstige obligatorische Veräußerungsgeschäft mitenthalten, so ist dadurch freilich auch der Anforderung des § 2371 (vgl. auch § 2385) entsprochen. Welche Beurtheilung hat aber einzutreten, wenn das nicht der Fall ist? Die „Verfügung“ über den Erbtheil freilich ist trotzdem wirksam. Allein wie steht es mit dem der erforderlichen Form ermangelnden Kauf- oder sonstigen Veräußerungsgeschäfte? Die Frage läßt sich in zwiefacher Weise entscheiden. Man kann nämlich entweder sagen, daß die Uebertragung des Erbtheils „ohne rechtlichen Grund“ (vgl. § 812) erfolgt sei und demgemäß vom Uebertragenden kondizirt werden könne. Oder man kann sich zur analogen Anwendung des im § 313 sich ausprägenden Gedankens entschließen und darnach entscheiden, daß der ohne Beobachtung der Form des § 2371 rücksichtlich des Erbtheils geschlossene Kauf- oder sonstige Veräußerungsvertrag seinem ganzen Inhalte nach giltig wird, wenn der Veräußerer nach Maßgabe des § 2033 über seinen Antheil an dem Nachlasse verfügt hat. Wer freilich der Bestimmung des § 313 nur singuläre Bedeutung beimißt, wird sich gegen ihre analoge Anwendung auf unseren Fall aussprechen und daher für die erste Alternative entscheiden müssen. Wer dagegen der Meinung ist, daß die Redaktoren des Gesetzes, dafern ihnen die eben berührte Frage zum Bewußtsein gekommen wäre, durch die Logik der Situation zur Anordnung der entsprechenden Anwendung des § 313 auf unseren Fall sich gedrängt gesehen hätten — und diese Annahme dürfte kaum zu weit gehen —, wird der zweiten Alternative den Vorzug geben.

III. Auf Erweiterungen, welche der erbrechtliche Erwerb des Verkäufers nach dem Abschlusse des Kaufes durch Anwachsung eines Erbtheils, durch eine nach § 1935 eintretende Erhöhung des verkauften gesetzlichen Erbtheils oder durch einen zu Gunsten des Verkäufers eintretenden Fall der Nacherbfolge erfährt, erstreckt sich der Verkauf im Zweifel nicht (§ 2373). Daß dem Verkäufer zugewendete Vorausvermächtnisse, und zwar auch insoweit, als er selbst beschwert ist, im Zweifel als nicht mitverkauft anzusehen sind, ist eine selbstverständliche Konsequenz der Behandlung, welche das Vorausvermächtniß im § 2150 gefunden hat. Nicht in gleichem Maße selbstverständlich, aber doch zu billigen, ist die im § 2373 noch enthaltene Vorschrift, daß im Zweifel auch Familienpapiere und Familienbilder als nicht mitverkauft zu gelten haben. Vortheile, welche sich aus dem Wegfall eines die verkaufte Erbschaft (den verkauften Erbtheil) belastenden Vermächtnisses oder einer solchen Auflage oder aus der Ausgleichungspflicht eines Miterben ergeben, gebühren dagegen in Ermangelung einer anderen Abrede dem Käufer (§ 2372), und dasselbe wird wohl auch rücksichtlich des aus dem Wegfall eines Nacherben erwachsenden Vortheils zu sagen sein.

IV. Schon von dem Abschlusse des Kaufes an trägt der Erbschaftskäufer die Gefahr[1]) des zufälligen Unterganges und der zufälligen Verschlechterung der Erbschaftsgegenstände. Von diesem Zeitpunkte an gebühren ihm die Nutzungen und hat er die Lasten zu tragen (§ 2380). Die auf die Zeit vor dem Verkauf fallenden Nutzungen verbleiben dem Verkäufer, der dafür aber auch grundsätzlich für die Lasten dieser Zeit (und zwar mit Einschluß der Zinsen der Nachlaßverbindlichkeiten) aufzukommen hat. Abgesehen von besonderer Vereinbarung treffen jedoch die von der Erbschaft zu entrichtenden Abgaben sowie die außerordentlichen Lasten, welche als auf den Stammwerth der Erbschaftsgegenstände gelegt anzusehen sind, schlechtweg den Käufer (§ 2379). Die vom Verkäufer vor dem Verkauf auf die Erbschaft gemachten nothwendigen Verwendungen hat der Käufer zu ersetzen; für andere Verwendungen hat er Ersatz nur soweit zu leisten, als durch sie der Werth der Erbschaft zur Zeit des Verkaufs erhöht ist (§ 2381). Was der Verkäufer auf Grund eines zur Erbschaft gehörenden Rechtes oder als Ersatz für die Zerstörung, Beschädigung oder Entziehung eines Erbschaftsgegenstandes oder durch ein auf die Erbschaft sich beziehendes Rechtsgeschäft erlangt hat, hat er dem Käufer herauszugeben (§ 2374). Wegen vor dem Verkauf verbrauchter oder unentgeltlich veräußerter Erbschaftsgegenstände ist der Verkäufer dem Käufer zum Ersatz des Werthes und wegen unentgeltlicher Belastung solcher Gegenstände zum Ersatz der Werthverminderung verpflichtet, vorausgesetzt, daß der Käufer diese Vorgänge nicht schon beim Abschlusse des Kaufes gekannt hat (§ 2375); der Schenker einer Erbschaft ist jedoch in den analogen Fällen dem Beschenkten zur Ersatzleistung nicht verpflichtet (§ 2385 Abs. 2). Die in Folge des Erbfalls durch Konfusion erloschenen Rechtsverhältnisse gelten im Verhältniß zwischen dem Erbschaftsverkäufer und Erbschaftskäufer als nicht erloschen und sind erforderlichen Falles wiederherzustellen (§ 2377).

---

[1]) Darin liegt eine sachlich gerechtfertigte Abweichung von der das Tragen der Gefahr beim Kaufe bestimmenden Regel des § 446.

V. Durch den Erbschaftskauf tritt der Käufer nicht ohne Weiteres in die Erbenstellung des Verkäufers ein, sondern erlangt er dem Letzteren gegenüber nur einen Anspruch darauf, nach Maßgabe des unter III und IV Gesagten dem praktischen Erfolge nach so gestellt zu werden, als ob er und nicht der Verkäufer Erbe geworden wäre.[2] Die Erfüllung der hieraus für den Verkäufer sich ergebenden Verpflichtungen gestaltet sich je nach den Umständen verschieden.

1. Der Theilerbe, welcher seinen Erbtheil noch vor der Auseinandersetzung mit seinen Miterben verkauft hat, ist offenbar zur Uebertragung desselben nach Maßgabe des § 2033 verpflichtet. Dabei entsteht aber die Frage, ob von einer Uebertragung im Sinne des § 2033 auch dann die Rede sein kann, wenn der Theilerbe nur einen Bruchtheil seines Erbtheils veräußert hat? Dies scheint aus folgendem Grunde bejaht werden zu müssen: Wenn einem Theilerben, welcher seinen vorläufigen Antheil an der Erbschaft veräußert und im Sinne des § 2033 übertragen hat, später ein weiterer Erbtheil durch Anwachsung zufällt, so gilt der letztere nach § 2373 im Zweifel als nicht mitveräußert und daher auch als nicht mitübertragen, obschon der dem ursprünglichen Antheile an der Erbschaft angewachsene Erbtheil grundsätzlich (vgl. §§ 2095, 2007) als besonderer Erbtheil gar nicht zu gelten hat. Mit Rücksicht hierauf kann daher auch die Möglichkeit einer Verfügung nach § 2033 über den Bruchtheil eines Erbtheils nicht mehr in Abrede gestellt werden.

2. Der die Erbschaft verkaufende Alleinerbe dagegen vermag dem Käufer durch einen einheitlichen Uebertragungsakt die Erbenstellung nicht zu verschaffen,[3] selbst dann nicht, wenn die Erbschaft in vollständiger Sonderung von dem sonstigen Vermögen des Erben von einem Testamentsvollstrecker oder Nachlaßpfleger verwaltet wird.[4] Um seinen Verpflichtungen aus dem Kaufvertrage nachzukommen, hat der Verkäufer in den hierher gehörigen Fällen die zur Zeit des Verkaufes vorhandenen Erbschaftsgegenstände dem Käufer nicht nur herauszugeben

[2]) Der § 2345 der Reichstagsvorlage, welcher das im Texte Gesagte, in allerdings nicht unanfechtbarer Fassung, auch zu gesetzlichem Ausdruck bringen wollte, ist auf Veranlassung der Reichstagskommission gestrichen worden. Vgl. den Bericht S. 24, 25. Von sachlichem Einfluß ist jedoch diese Streichung nicht gewesen.

[3]) Ebenso verhält es sich übrigens auch, wenn der Alleinerbe nur einen Bruchtheil der Erbschaft oder der Theilerbe seinen Erbtheil erst nach der Auseinandersetzung verkauft.

[4]) Gerade in den im Texte bezeichneten Fällen aber und dann etwa noch in dem weiteren Falle, wo der Nacherbe nach dem Eintritte des Falles der Nacherb-

(§ 2374), sondern nach der Beschaffenheit dieser Gegenstände auch die entsprechenden Uebertragungshandlungen: Auflassung, Uebergabe, Cession u. dgl. vorzunehmen.[5])

3. Die Haftung des Erbschaftsverkäufers wegen eines Mangels im Rechte beschränkt sich darauf, „daß ihm das Erbrecht zusteht, daß es nicht durch das Recht eines Nacherben oder durch die Ernennung eines Testamentsvollstreckers beschränkt ist, daß nicht Vermächtnisse, Auflagen, Pflichttheilslasten, Ausgleichungspflichten oder Theilungsanordnungen bestehen und daß nicht unbeschränkte Haftung gegenüber den Nachlaßgläubigern oder einzelnen von ihnen eingetreten ist". Den Schenker einer Erbschaft trifft auch diese Haftung nicht; hat er jedoch den Mangel im Rechte arglistig verschwiegen, so ist er dem Beschenkten zum Ersatz des daraus entstandenen Schadens verpflichtet. Fehler einer zur Erbschaft gehörenden Sache hat selbst der Verkäufer einer Erbschaft nicht zu vertreten. (Vgl. §§ 2376, 2385.)

Der Erbschafts**käufer** ist, abgesehen von der selbstverständlichen Verpflichtung zur Zahlung des Kaufpreises, dem Verkäufer **gegenüber** zur Erfüllung der Nachlaßverbindlichkeiten und rücksichtlich der vom Verkäufer bereits erfüllten Nachlaßverbindlichkeiten zum Ersatze verpflichtet (§ 2378).[6])

VI. Schon von dem Abschlusse des Kaufes an haftet der Erbschaftskäufer kraft Gesetzes den Nachlaßgläubigern, und zwar auch denjenigen, zu deren Befriedigung er im Verhältniß zum Verkäufer nicht verpflichtet ist. Diese Haftung kann durch Vereinbarung zwischen dem Käufer und dem Verkäufer nicht ausgeschlossen oder beschränkt werden. War die Haftung des Verkäufers für die Nachlaßverbindlichkeiten überhaupt oder für einzelne dieser Verbindlichkeiten zur Zeit des Verkaufs bereits zu einer schlechthin unbeschränkten geworden, so trifft die gleiche Haftung auch den Käufer. Abgesehen hiervon gelten für die Haftung des Käufers die Bestimmungen über die Beschränkung der Haftung des Erben. Demgemäß kann dem Käufer auf Antrag eines

---

folge an den Vorerben die noch im Besitze desselben befindliche Erbschaft verkauft, wäre die Zulassung eines einheitlichen Uebertragungsaktes besonders wünschenswerth.

[5]) Dies ist, ungeachtet der erfolgten Streichung des § 2345 der Reichstagsvorlage (vgl. Anm. 2), deshalb ganz zweifellos, weil es eben an einem einheitlichen Uebertragungsakte fehlt.

[6]) Die im Texte erwähnten Verpflichtungen des Käufers entfallen selbstverständlich hinsichtlich derjenigen Nachlaßverbindlichkeiten, für deren Nichtbestand der Verkäufer dem Käufer haftet.

Nachlaßgläubigers eine Inventarfrist gesetzt und in Betreff des von ihm errichteten Inventars die Leistung des Offenbarungseides auferlegt werden, und treffen ihn im Falle der Versäumung der Inventarfrist (§ 1994), in den Fällen des § 2005 Abs. 1 (d. i. bei unredlichem oder chikanösem Vorgehen bei der Inventarerrichtung) sowie in den Fällen des § 2006 Abs. 3 (d. i. bei Verweigerung des Offenbarungseides u. dgl.) die in den berufenen Bestimmungen des Gesetzes bezeichneten Folgen. Eine Modifikation erfährt das eben Gesagte jedoch insofern, daß die Errichtung des Inventars durch den Verkäufer dem noch nicht schlechthin unbeschränkt haftenden Käufer zu Statten kommt. Dafern der Käufer nur mit der Erbschaft zu haften hat, gelten seine Ansprüche aus dem Kaufe als zur Erbschaft gehörend. (Vgl. §§ 2382, 2383.)

Nicht ohne Schwierigkeit ist die Bestimmung der Haftung des Käufers für die Nachlaßverbindlichkeiten, wenn ihm nur ein Bruchtheil des Erbtheils des Verkäufers oder, dafern dieser Alleinerbe ist, nur ein Bruchtheil der Erbschaft verkauft ist. Kommt es den in solchem Falle gegen den Käufer vorgehenden Nachlaßgläubigern gegenüber rechtlich in Betracht, daß an den Käufer nur ein Bruchtheil dessen veräußert worden ist, was das Gesetz gerade mit Rücksicht auf die Nachlaßgläubiger als einheitlichen Erbtheil angesehen wissen will? Das wird zu verneinen sein.

Die im Vorhergehenden besprochene Haftung des Käufers nimmt dem Verkäufer von seiner Haftung gegenüber den Nachlaßgläubigern Nichts ab;[7][8]) die Errichtung des Inventars durch den Käufer kommt aber auch dem zu dieser Zeit nicht bereits schlechthin unbeschränkt haftenden Verkäufer zu Statten (§§ 2382 Abs. 1, 2383 Abs. 2). Auf daß den Nachlaßgläubigern die rechtzeitige Wahrung ihrer Interessen erleichtert werde, ist der Erbschaftsverkäufer ihnen gegenüber kraft Gesetzes verpflichtet, den Verkauf der Erbschaft und den Namen des Käufers unverzüglich dem Nachlaßgericht anzuzeigen; die Anzeige des Verkäufers wird übrigens durch die Anzeige des Käufers ersetzt (§ 2384).

[7]) Ueber eine Ausnahme hiervon vgl. § 2036.

[8]) Hat der zur Beschränkung seiner Haftung noch befugte Erbschaftsverkäufer von der Erbschaft Nichts mehr in Händen und macht er von seiner Befugniß Gebrauch, so haftet er praktisch freilich nicht mehr.

Druck von Dobrzynski & Walter in Berlin S.

FSC
www.fsc.org
MIX
Papier | Fördert gute Waldnutzung
FSC® C083411

Kolibri 360 GmbH
Ferdinand-Jühlke-Straße 7
99095 Erfurt, Deutschland
produktsicherheit@kolibri360.de